ŒUVRES
COMPLÈTES
DE JACQUES-HENRI-BERNARDIN
DE
SAINT-PIERRE.

TOME SIXIÈME.

DE L'IMPRIMERIE DE L.-T. CELLOT.

OEUVRES

COMPLÈTES

DE JACQUES-HENRI-BERNARDIN

DE

SAINT-PIERRE,

MISES EN ORDRE ET PRÉCÉDÉES DE LA VIE DE L'AUTEUR,

PAR L. AIMÉ-MARTIN.

> . . . . . Miseris succurrere disco.
> Æn., lib. I.

ÉTUDES DE LA NATURE.

TOME QUATRIÈME.

A PARIS,

CHEZ MÉQUIGNON-MARVIS, LIBRAIRE,
RUE DE L'ÉCOLE DE MÉDECINE, N° 9.

M. DCCC. XVIII.

PAUL
ET
VIRGINIE.

AVANT-PROPOS.

Je me suis proposé de grands desseins dans ce petit ouvrage. J'ai tâché d'y peindre un sol et des végétaux différents de ceux de l'Europe. Nos poëtes ont assez reposé leurs amants sur le bord des ruisseaux, dans les prairies et sous le feuillage des hêtres. J'en ai voulu asseoir sur le rivage de la mer, au pied des rochers, à l'ombre des cocotiers, des bananiers et des citronniers en fleurs. Il ne manque à l'autre partie du monde que des Théocrites et des Virgiles, pour que nous en ayons des tableaux au moins aussi intéressants que ceux de notre pays. Je sais que des voyageurs pleins de goût nous ont donné des descriptions enchantées de plusieurs îles de la mer du Sud; mais les mœurs de leurs habitants, et encore plus celles des Européens qui y abordent, en gâtent souvent le paysage. J'ai désiré réunir à la beauté de la nature entre les tropiques, la beauté morale d'une petite société. Je me suis proposé aussi d'y mettre en évidence plusieurs grandes vérités, entre autres celle-ci : que notre bonheur consiste à vivre suivant la nature et la vertu. Cependant il ne m'a point fallu imaginer de roman pour peindre des familles heureuses. Je puis assurer que celles dont je vais parler ont vraiment existé, et que leur histoire est vraie dans ses principaux événements. Ils m'ont été certifiés par plusieurs habitants que j'ai connus à l'Ile-de-France. Je n'y ai ajouté que quelques circonstances indifférentes, mais qui, m'étant personnelles, ont encore en cela même de la réalité. Lorsque j'eus formé, il y a quelques années, une esquisse fort imparfaite de cette espèce de pastorale, je priai une belle dame qui fréquentait le grand monde, et des hommes graves qui en vivaient loin, d'en entendre la lecture, afin de pressentir l'effet qu'elle produirait sur des lecteurs de caractères si différents : j'eus la satisfaction de leur voir verser à tous des larmes. Ce fut le seul jugement que j'en pus tirer, et c'était aussi tout ce que j'en voulais savoir. Mais comme souvent un grand vice marche à la suite d'un petit talent, ce succès m'inspira la vanité de donner à mon ouvrage le titre de Tableau de la Nature. Heureusement je me rappelai combien la nature même du climat où je suis né m'était étrangère; combien, dans des pays où je n'ai vu ses productions qu'en voyageur, elle est riche, variée, aimable, magnifique, mystérieuse, et combien je suis dénué de sagacité, de goût et d'expressions, pour la connaître et la peindre. Je rentrai alors en moi-même. J'ai donc compris ce faible essai sous le nom et à la suite de mes Études de la Nature, que le public a accueillies avec tant de bonté; afin que ce titre, lui rappelant mon incapacité, le fît toujours souvenir de son indulgence.

PRÉAMBULE.

Ce petit ouvrage n'est qu'un délassement de mes Études de la Nature, et l'application que j'ai faite de ses lois au bonheur de deux familles malheureuses. Il fut publié en 1786, et l'accueil qu'il reçut à sa naissance surpassa mon attente : on en fit des romances, des idylles et plusieurs pièces de théâtre. Un grand nombre de mères firent porter à leurs enfants les noms de Paul et de Virginie; enfin, la réputation de cette pastorale s'étendit dans toute l'Europe, et elle fut successivement traduite en anglais, en italien, en allemand, en hollandais, en polonais, en russe et en espagnol. Sans doute, j'ai obligation de ce succès unanime, chez des nations d'opinions si différentes, aux femmes, qui, par tout pays, ramènent de tous leurs moyens les hommes aux lois de la nature. Elles m'en ont donné une preuve évidente, en ce que la plupart de ces traductions ont été faites par des dames ou des demoiselles. J'ai été enchanté, je l'avoue, de voir mes enfants adoptifs revêtus de costumes étrangers par des mains maternelles ou virginales; et sans doute ils lui sont redevables d'une réputation qui semble s'étendre dès à présent vers la postérité.

Plusieurs personnes m'ont questionné sur le sujet de cet ouvrage. « Ce vieillard, m'ont-» elles dit, vous a-t-il en effet raconté cette » histoire? avez-vous vu les lieux que vous » avez décrits? Virginie a-t-elle péri d'une » manière aussi déplorable? comment une » fille peut-elle se résoudre à quitter la vie » plutôt que ses habits? ».

Je leur ai répondu : L'homme ressemble à un enfant. Donnez une rose à un enfant : d'abord il en jouit, bientôt il veut la connaître. Il en examine les feuilles, puis il les détache l'une après l'autre; et quand il en connaît l'ensemble, il n'a plus de rose. Télémaque, Clarisse, et tant d'autres sujets qui nous portent à la vertu, ou qui nous font verser des larmes, sont-ils vrais?

Au fond, je suis persuadé que ces personnes m'ont fait ces questions plutôt par un sentiment d'humanité que de curiosité. Elles étaient fâchées que deux amants si tendres et si heureux eussent fait une fin si funeste.

Plût à Dieu qu'il m'eût été libre de tracer à la vertu une carrière parfaite de bonheur sur la terre ! Mais, je le répète, j'ai décrit des sites réels, des mœurs dont on trouverait peut-être encore aujourd'hui des modèles dans quelques parties solitaires de l'Ile-de-France, ou de l'Ile-de-Bourbon qui en est voisine, et une catastrophe bien certaine, dont je peux produire, même à Paris, des témoignages irrécusables.

Un jour, étant au Jardin du Roi, une dame d'une figure très-intéressante, accompagnée de son mari, ayant su de M. Jean Thouin, chef de ce jardin, que j'étais l'auteur de Paul et Virginie, m'aborda pour me dire : « Ah ! Monsieur, que vous m'avez » fait passer une nuit terrible ! Je n'ai cessé » de gémir et de fondre en larmes. La per- » sonne dont vous avez décrit la fin malheu- » reuse avec tant de vérité, dans le naufrage » du Saint-Géran, était ma parente. Je suis » créole de Bourbon. » J'appris ensuite de M. Jean Thouin que cette dame était l'épouse de M. de Bonneuil, premier valet de chambre de Monsieur. Cette dame, depuis, a bien voulu me permettre de publier ici son témoignage sur la vérité de cette catastrophe, dont elle m'a rapporté des circonstances capables d'ajouter beaucoup à l'intérêt qu'inspirent la mort de cette sublime victime de la pudeur, et celle de son amant infortuné.

D'autres personnes ayant témoigné le désir que je fisse connaître avec quelques détails la vie de M. de La Bourdonnais, mes relations avec sa famille m'ont mis à même de les satisfaire.

« Sa principale vertu était l'humanité. Les monuments qu'il a établis à l'Ile-de-France sont garants de cette vérité...... »

En effet, j'ai vu dans cette île, où j'ai servi comme ingénieur du Roi, non-seulement des batteries et des redoutes qu'il avait placées aux lieux les plus convenables, mais des magasins et des hôpitaux très-bien distribués. On lui doit sur-tout un aqueduc de plus de trois quarts de lieue, par lequel il a amené les eaux de la petite rivière jusqu'au Port-Louis, où, avant lui, il n'y en avait pas de potable. Tout ce que j'ai vu dans cette île de plus utile et de mieux exécuté, était son ouvrage.

Ses talents militaires n'étaient pas moindres que ses vertus et ses talents d'administrateur. Nommé gouverneur des îles de France et de Bourbon, il battit, avec neuf vaisseaux, l'escadre de l'amiral Peyton, qui croisait sur la côte de Coromandel avec des forces très-supérieures. Après cette victoire, il fut aussitôt assiéger Madras, n'ayant pour toute armée de débarquement que dix-huit cents hommes, tant blancs que noirs. Après avoir pris cette métropole du commerce des Anglais dans l'Inde, il retourna en France. Des divisions s'étaient élevées entre lui et M. Dupleix, gouverneur de Pondichéry. Aussitôt après son arrivée dans sa patrie, il fut accusé d'avoir tourné à son profit les richesses de sa conquête, et en conséquence il fut mis à la Bastille sans autre examen. On lui opposait, comme principal témoin de ce délit, un simple soldat. Cet homme assurait, sur la foi du serment, qu'après la prise de Madras, étant en faction sur un des bastions de cette place, il avait vu, la nuit, des chaloupes embarquer quantité de caisses et de ballots sur le vaisseau de M. de La Bourdonnais. Cette calomnie était appuyée, à Paris, du crédit d'une foule d'hommes jaloux qui n'avaient jamais été aux Indes, mais qui, par tout pays, sont toujours prêts à détruire la gloire d'autrui. Le vainqueur infortuné de Madras assurait qu'il était impossible qu'on eût pu voir du bastion indiqué par le soldat cette embarcation, quand même elle aurait eu lieu. Mais il fallait le prouver; et, suivant la tyrannie exercée alors envers les prisonniers d'état, on lui avait ôté tout moyen de défense. Il s'en procura de toute espèce par des procédés fort simples, qui donneront une idée des ressources de son génie. Il fit d'abord une lame de canif avec un sou-marqué, aiguisé sur le pavé, et en tailla des rameaux de buis, sans doute distribués aux prisonniers, aux fêtes de Pâques. Il en fit un compas et une plume. Il suppléa au papier par des mouchoirs blancs, enduits de riz bouilli, puis séchés au soleil. Il fabriqua de l'encre avec de l'eau et de la paille brûlée. Il lui fallait sur-tout des couleurs pour tracer le plan et la carte des environs de Madras : il composa du jaune avec du café, et du vert avec des liards chargés de vert-de-gris, et bouillis. Je tiens tous ces détails de sa tendre fille, qui conserve encore avec respect ces monuments du génie qui rendit la liberté à son père. Ainsi, muni de canif, de compas, de règle, de plume, de papier, d'encre, et de couleurs de son invention, il traça, de ressouvenir, le plan de sa conquête, écrivit son mémoire justificatif, et y démontra évidemment que l'accusateur qu'on lui opposait, était un faux témoin, qui n'avait pu voir du bastion où il avait été posté, ni le vaisseau commandant, ni même l'escadre. Il remit secrètement ces moyens de défense à l'homme de loi qui lui servait de conseil. Celui-ci les porta à ses juges. Ce fut un coup de lumière pour eux. On le fit donc sortir de la Bastille, après trois ans de prison. Il languit encore trois ans après sa sortie, accablé de chagrin de voir toute sa fortune dissipée, et de n'avoir recueilli de tant de services importants que des calomnies et des persécutions. Il fut sans doute plus touché de l'ingratitude du gouvernement que de la jalousie triomphante de ses ennemis. Jamais ils ne purent abattre sa franchise et son courage, même dans sa prison. Parmi le grand nombre d'accusateurs qui y vinrent déposer contre lui, un directeur de la compagnie des Indes crut lui faire une objection sans réponse en lui demandant comment il avait si bien fait ses affaires, et si mal celles de la compagnie. « C'est, lui répon» dit La Bourdonnais, que j'ai toujours » fait mes affaires d'après mes lumières, et » celles de la compagnie d'après ses instruc» tions. »

Bernard-François Mahé de La Bourdonnais naquit à Saint-Malo en 1699, et est mort en 1754, âgé d'environ cinquante-cinq ans. O vous qui vous occupez du bonheur des hommes, n'en attendez point de récompense pendant votre vie. La postérité seule peut vous rendre justice. C'est ce qui est enfin arrivé au vainqueur de Madras et au fondateur de la colonie de l'Ile-de-France. Joseph Dupleix, son rival de gloire et de fortune dans l'Inde, et le plus cruel de ses persécuteurs, mourut peu de temps après lui, ayant, par une juste réaction de la Providence, éprouvé une destinée semblable dans les dernières années de sa vie. Le gouvernement donna à la veuve de M. de La Bourdonnais une pension de 2,400 livres, et honora de ses regrets la mémoire de cet homme illustre; enfin sa respectable fille me mande aujourd'hui que les habitants de l'Ile-de-France viennent, de leur propre mouvement, de lui faire à elle-même une pension, en mémoire des services qu'ils ont reçus de son père.

Je crois qu'aucun de mes lecteurs ne trouvera mauvais que je me sois un peu écarté de mon sujet, pour rendre quelques hommages aux vertus d'un grand homme malheureux, à celles de sa digne fille et d'une colonie reconnaissante.

Je suis vieux. Ma navigation est déjà avancée. Mais si la Providence, qui a dirigé ma faible nacelle au milieu de tant d'orages, retarde encore de quelques années mon arrivée au port, je les emploierai à rassembler d'autres études. Les fleurs tardives de mon printemps promettent encore quelques fruits pour mon automne. Si les rayons d'une aurore orageuse ont fait éclore les premiers, les feux d'un paisible couchant mûriront les derniers. J'ai décrit le bonheur passager de deux enfants élevés au sein de la nature, par des mères infortunées; j'essaierai de peindre le bonheur durable d'un peuple ramené à ses lois éternelles, par des révolutions.

Espérons de nos malheurs passés notre félicité à venir. Ce n'est que par des révolutions que l'intelligence divine elle-même développe ses ouvrages, et les conduit de perfections en perfections.

Elle n'a point renfermé dans un petit gland le chêne robuste couvert de son vaste feuillage. Elle n'y a déposé que le germe fragile de ses premiers éléments. Mais elle ordonne aux eaux du ciel et de la terre de le nourrir, aux rochers de recevoir dans leurs flancs ses racines profondes, aux tempêtes de les raffermir par leurs secousses, au soleil de les féconder, aux saisons de couvrir tour-à-tour ses bras noueux de verdure, de fleurs et de fruits, aux années de corroborer son tronc par de nouveaux cylindres, de l'élever au-dessus des forêts, et d'en faire un monument durable pour les animaux et pour les hommes.

Il en est de même de notre globe; il n'est pas sorti de ses mains tel que nous le voyons aujourd'hui. Elle a chargé les siècles de le rouler dans les cieux, et de le développer dans des périodes qui nous sont inconnues. Elle le créa d'abord dans la région des ténèbres et des hivers, enseveli sous un vaste océan de glaces, comme un enfant dans l'amnios au sein maternel. Bientôt son centre et ses pôles furent aimantés de diverses attractions, par le soleil qui parut à son orient. Ses eaux échauffées dans cette partie de son équateur, s'élevèrent en brumes épaisses dans l'atmosphère, dilatée par la chaleur; les vents les voiturèrent dans les airs, les pôles encore gelés les attirèrent, et les fixèrent en nouveaux océans de glaces aux extrémités de son axe, qu'ils tinrent en équilibre par leurs mobiles contre-poids. Devenu plus léger à son orient, il éleva son occident, encore immobile de froid et plus pesant, vers le soleil qui l'attirait. Alors il circula sur lui-même, en balançant ses pôles dans le cercle de l'année, autour de l'astre qui lui donnait le mouvement et la vie. Bientôt, à la surface de ses mers fluides, demi-épuisées par les mers aériennes et glaciales, qui en étaient sorties, apparurent les sommets graniteux de ses continents et de ses îles, comme les premiers ossements de son squelette.

Peu-à-peu ses eaux marines, saturées de lumière et de sels, étendirent autour d'eux leurs alluvions, et les transformèrent en vastes couches de roches calcaires; comme les eaux aériennes se changent en bois dans les végétaux, et la sève des végétaux en sang, en chair dans les animaux. Ainsi se formèrent dans la région des tempêtes, les rochers et les durs minéraux, ces ossemens et ces nerfs de la terre, où devaient s'attacher, comme des muscles, les vastes croupes des montagnes, et qui devaient supporter le poids des continents. Leurs fondemens caverneux, et encore mal assis, en paraissant à la lumière, se raffermirent par des tremblemens, et de leurs affreuses collisions, des tourbillons de fumée s'élevèrent à la surface des mers, qui annoncèrent les premiers volcans dont les feux devaient les épurer.

D'autres bouleversemens préparèrent d'autres organisations. Le globe, surchargé sur ses pôles de deux océans de glace de poids inégaux, et versatile, les présenta tour-à-tour au soleil; et tour-à-tour de vastes courants en sortirent, qui laboureront, chacun pendant six mois, ses deux hémisphères. Celui du nord creusa d'abord les contours de cet immense canal où l'Atlantique, semblable à un fleuve, renferme aujourd'hui ses eaux, et les verse, deux fois par jour, entre l'ancien et le nouveau monde. Celui du sud, au contraire, descendant d'un seul glacier, placé au sein du vaste océan de son hémisphère, et faisant équilibre avec la plus grande partie des continents opposés, versa, une seule fois par jour, sur leurs rivages, ses flots divergents dans le même temps et du même côté que le soleil en embrasait le pôle de ses rayons. Les torrents demi-glacés, qui s'en précipitèrent, découpèrent alors les côtes de l'ancien monde en nombreux archipels, en vastes baies, et en longs promontoires.

Le globe est un vaisseau céleste, sphérique, sans proue et sans poupe, propre à voguer, en tous sens, dans toute l'étendue des cieux. Le soleil en est l'aimant et le cœur; l'océan est le sang dont la circulation le rend mobile. L'astre du jour en opère la systole et la diastole; le flux et le reflux, par sa présence et son absence, par le jour et la nuit, par l'été et l'hiver, par les mers fluides et glaciales. Les pôles du globe changent avec les siècles, par les diverses pondérations de ses océans glacés. Il a été un temps où ceux qu'il a aujourd'hui dans notre méridien, étaient dans notre équateur; où nos zones torrides étaient projetées dans nos zones tempérées et glaciales; et celles-ci dans nos torrides; où les hivers régnaient sur d'autres contrées, et où les mers glacées s'échappaient de leur empire par d'autres canaux. Il en est de même de toutes les planètes. Leurs sphères, diversement inclinées vers le soleil, sont entre les mains de la Providence comme ces cylindres de musique, dont il suffit de relever ou d'abaisser les axes de quelques degrés pour en changer tous les concerts.

Ce ne fut sans doute que quand elle l'eut fait passer, si j'ose dire, par les périodes successives de l'enfance, de l'adolescence, de la puberté, qu'elle créa tour-à-tour les végétaux, les animaux et les hommes; comme elle fait produire successivement à un arbre, après certaine période d'années, des feuilles, des fleurs et des fruits. Mais ce fut dans les temps où le globe élevait à peine quelques portions de ses continents à la surface des mers, que les torrents de ses pôles couverts de glace, et ceux de ses montagnes les plus élevées creusèrent, en se précipitant, les nombreux amphithéâtres que le soleil devait éclairer de divers aspects, sous les mêmes latitudes. Ils excavèrent ces vallées vastes et profondes où errent aujourd'hui d'innombrables troupeaux. Ils escarpèrent les cimes aériennes de ces rochers qui font le charme de nos perspectives. Les tempêtes de l'atmosphère ajoutèrent à leur beauté. Elles transportèrent dans les airs les premières semences des forêts qui croissent sur leurs inaccessibles plateaux.

Ce fut l'Océan qui, de siècles en siècles, épuisant ses eaux par d'innombrables productions, éleva, en s'abaissant, les sommets de ses îles primitives; et, en reculant ses bords, les plaça au sein des continents. Ce sont leurs antiques pyramides qui couronnent à diverses hauteurs les chaînes des montagnes. Les unes sont couvertes de verdure; d'autres sont toutes nues comme au jour de leur naissance; d'autres, toujours entourées de neiges et de glaces, semblent au niveau des pôles; d'autres vomissent des tourbillons épais de flammes sulfureuses et bitumineuses, et paraissent avoir leur fondement au niveau des mers qui les alimentent. Les pics de Ténériffe et de l'Etna réunissent ce double empire, et, du sein des glaces et des feux, versent au loin l'abondance et la fécondité. Toutes ces pyramides aériennes, dont la plupart s'élèvent au-dessus de la moyenne région de l'air, ont pour bases les corps marins qui entourèrent leurs premiers berceaux. Toutes attirent, aujourd'hui, autour d'elles les vapeurs et les orages de l'atmosphère. Tantôt elles s'en couvrent comme d'un voile, et disparaissent à la vue; tantôt elles découvrent la tête, ou les flancs de leurs longs obélisques. Si le soleil alors les frappe de ses rayons, il les colore d'or et de pourpre, et répand sur leurs robes mobiles toutes les couleurs de l'arc-en-ciel. Elles apparaissent, au sein des tonnerres, comme des divinités bienfaisantes; les croupes qui les supportent, deviennent autant de mamelles qui répandent de toutes parts des pluies fécondantes; les cavernes profondes de leurs flancs sont des urnes d'où elles versent les fleuves qui fertilisent les campagnes jusqu'aux bords de l'Océan-leur père, et invitent les navigateurs à aborder sur ces mêmes rivages dont elles étaient l'épouvante dans les temps de leur origine.

Chaque siècle diminue l'empire de l'Océan tempétueux, et accroît celui de la terre paisible : voyez seulement les collines qui bordent de part et d'autre nos vallées; elles portent à leurs contours saillants les empreintes des dégradations des fleuves qui remplissaient jadis de leurs eaux tout l'intervalle qui les sépare. Le sol même des vallées et de leurs couches horizontales, ainsi que les coquillages fluviatiles, disséminés dans toute sa largeur, attestent qu'il a été formé sous les eaux. Mais jetez les yeux sur les terres les plus élevées de notre hémisphère; l'antique Scandinavie, séparée autrefois de la Norwège et du continent par de bruyants détroits qui communiquaient de la mer Glaciale à la mer Baltique, a cessé d'être une île : j'ai marché moi-même dans le fond de leurs bassins de granit. La mer Baltique, où j'ai navigué, baisse d'un pouce tous les quarante ans : on voit des diminutions semblables dans les mers de l'hémisphère austral. La Nouvelle-Hollande, dont les montagnes escarpées s'élèvent au-dessus des nuages, étend aujourd'hui ses flancs sablonneux au-dessus des flots; elle montre déjà au sein de ses marais saumâtres, des colonies florissantes d'Européens, jadis les fléaux de leur patrie : dans toutes les mers, des foules d'îles naissantes et de rochers à demi-submergés soulèvent, à travers les vagues irritées, leurs têtes noires couronnées de fucus, de glaïeuls, et de varechs. A leurs couleurs brunes et empourprées, à leurs bruits confus et rauques, aux nappes d'écume qui bouillonnent autour d'eux, on diroit de vieux tritons qui se disputent avec fureur de jeunes néréides. Un jour, ces écueils, si redoutables aux marins, offriront des asyles aux bergères ; après de nombreuses tempêtes, le détroit qui sépare l'Angleterre de la France se changera en guérets. Après d'interminables guerres, les Anglais et les Français verront leurs intérêts réunis comme leur territoire.

Il en sera de même du genre humain. Dieu l'a destiné à jouir de ses bienfaits par tout le globe. Il en a fait un petit monde où il a renfermé tous les désirs et les besoins des êtres sensibles. Il l'a formé comme un seul homme, qu'il fait d'abord passer par l'enfance, entouré d'une nuit d'ignorance et de préjugés, mais dont il aimante la tête de la lumière de la raison, et le cœur de l'instinct de la vertu, afin qu'il puisse gouverner ses passions et se diriger vers ces facultés divines, comme le globe qu'il habite se dirige autour du soleil. Il voulut que ces dons célestes ne se développassent dans les nations, comme dans les individus, que par leur expérience et celle de leurs semblables. Il voulut même que les intérêts du genre humain ne se composassent un jour que des intérêts de chaque homme. Ainsi, chaque peuple a eu une enfance imbécille, une adolescence crédule, et une jeunesse sans frein. Lisez seulement les histoires de notre Europe: vous la voyez tour-à-tour couverte de Gaulois, de Grecs, de Romains, de Cimbres, de Goths, de Visigoths, de Vandales, d'Alains, de Francs, de Normands, etc., qui s'exterminent les uns après les autres, et la ravagent comme les flots d'une mer débordée. L'histoire de chacun de ces peuples ne présente qu'une suite non interrompue de guerres, comme si l'homme ne venait au monde que pour détruire son semblable. Ces temps anciens, si vantés pour leur innocence et leurs vertus héroïques, ne sont que des temps de crimes et d'erreurs, dont la plupart, pour notre bonheur, n'existent plus. L'absurde idolâtrie, la magie, les sorts, les oracles, le culte des démons, les sacrifices humains, l'anthropophagie, les guerres permanentes, les incendies, les famines, l'esclavage, la polygamie, l'inceste, la mutilation des hommes, les droits de naufrage, les droits d'aubaine, etc., désolaient alors nos malheureuses contrées, et sont relégués aujourd'hui sur les côtes de l'Afrique inhospitalière, ou dans les sombres forêts de l'Amérique. Il en est de même de plusieurs maladies du corps aussi communes que celles de l'ame, telles que les pestes innombrables, les lèpres, la ladrerie, les obsessions ou convulsions, etc.... Que dire des mensonges religieux qui illustraient des forfaits, et consacraient des origines absurdes et criminelles encore révérées de nos jours? Que de héros, qu'on nous fait admirer dans nos écoles, qui n'étaient au fond que des scélérats; le féroce Achille, Ulysse le perfide, Agamemnon le parricide, la famille entière d'Atrée, et tant d'autres aussi criminels, qui se prétendaient descendus des dieux et des déesses, le plus souvent changés en bêtes! Il semble que le monde moral ait roulé autrefois, comme le physique, sur d'autres pôles. Cepen-

PRÉAMBULE.

dant des bienfaiteurs du genre humain s'élevèrent de siècles en siècles. Hercule, Esculape, Orphée, Linus, Confucius, Lockman, Lycurgue, Solon, Pythagore, Socrate, Platon, etc., civilisent peu-à-peu ces hordes de barbares. Ils déposent parmi eux les éléments de la concorde, des lois, de l'industrie, de religions plus humaines. Ils apparaissent dans les siècles passés au-dessus de leurs nations, comme des sources inépuisables de sagesse, de lumière et de vertus, qui ont circulé jusqu'à nous, de générations en générations, semblables à ces fleuves descendus des sommets aériens des montagnes lointaines, qui traversent, depuis des siècles, des rochers, des marais, des sables, pour venir féconder nos plaines et nos vallons.

Déjà sur ces mêmes terres où les druides brûlaient des hommes, les philosophes les appellent pour les éclairer du flambeau de la raison. Les muses du nord, de l'occident, et sur-tout les françaises, planent sur l'Europe, unissent leurs lyres; et y joignant leurs voix mélodieuses, enchaînent par leurs concerts les cœurs de ses habitants. Ce sont elles qui ont brisé en Amérique les fers des noirs enfants de l'Afrique, et défriché ses forêts par des mains libres. Elles en ont exporté une foule de jouissances, et elles y ont transporté, de l'Europe et de l'Asie, des cultures et des troupeaux utiles, de nouveaux végétaux, des habitants plus humains, et des législations évangéliques. O vertueux Penn, divin Fénélon, éloquent Jean-Jacques, vos noms seront un jour plus révérés que ceux des Lycurgue et des Platon ! La superstition n'élève plus chez nous, comme autrefois, de temples à Dieu par la crainte des démons; la philosophie les a dissipés. Elle montre la terre couverte des bienfaits de la divinité, et les cieux remplis de ses soleils. Que de découvertes utiles ! que d'inventions hardies ! que d'établissements humains, inconnus à l'antiquité ! Ce sont les vertus des grands hommes qui ont fait descendre du ciel sur la terre le flambeau de la vérité; hélas ! souvent persécutées et fugitives, ces vertus n'ont éclairé le monde qu'après de longues secousses et de nombreuses révolutions.

Mais les femmes ont contribué plus que les philosophes à former et à réformer les nations. Elles ne pâlirent point, les nuits, à composer de longs traités de morale; elles ne montèrent point dans des tribunes pour faire tonner les lois. Ce fut dans leurs bras qu'elles firent goûter aux hommes le bonheur d'être tour-à-tour, dans le cercle de la vie, enfants heureux, amants fidèles, époux constants, pères vertueux. Elles posèrent les premières bases des lois naturelles. La première fondatrice d'une société humaine fut une mère de famille. En vain un législateur, un livre à la main, déclara, de la part du ciel, que la nature était odieuse même à son auteur : elles se montrèrent avec leurs charmes, et le fanatique tomba à leurs pieds.

Ce fut autour d'elles que, dans l'origine, les hommes errants se rassemblèrent et se fixèrent. Les géographes et les historiens ne les ont point classées en castes et en tribus. Ils n'en ont point fait des portions de monarchies ou de républiques. Les hommes naissent asiatiques, européens, français, anglais; ils sont cultivateurs, marchands, soldats; mais par tout pays les femmes naissent, vivent et meurent femmes. Elles ont d'autres devoirs, d'autres occupations, d'autres destinées que les hommes. Elles sont disséminées parmi eux pour leur rappeler sur-tout qu'ils sont hommes, et maintenir, malgré les lois politiques, les lois fondamentales de la nature. Semblables à ces vents harmoniés avec les rayons du soleil ou avec leur absence, qui varient les températures des pays qu'ils fécondent en les réchauffant ou les rafraîchissant de leurs haleines; on ne peut les circonscrire dans aucune carte, ni en faire hommage à aucun souverain. Ces vents n'appartiennent qu'à l'atmosphère. Ainsi les femmes n'appartiennent qu'au genre humain. Elles le rappellent sans cesse à l'humanité par leurs sentiments naturels, et même par leurs passions.

C'est par cette influence qu'elles conservent souvent un peuple depuis son origine jusqu'à ses derniers débris. Voyez ceux qui n'ont plus maintenant ni autels, ni trône, ni capitale, tels que les Guèbres, les Arméniens, les Juifs, les Maures d'Afrique; ils sont jetés par les siècles et les événements, de contrées en contrées; mais leurs femmes lient encore entre eux les individus par les aimants multipliés de filles, de sœurs, d'épouses, de mères. Elles les maintiennent par les mêmes lois qui les ont rassemblés. Leurs hordes errantes sont semblables aux antiques monuments de leurs empires, qui gisent renversés, malgré les ancres de fer qui en liaient les assises. En vain l'Océan en roule les granits dans ses flots; aucune pierre ne se délite, tant est fort le ciment naturel qui en congloméra les grains dans la carrière.

Non-seulement les femmes réunissent les hommes entre eux par les liens de la nature, mais encore par ceux de la société. Remplies pour eux des affections les plus tendres, elles les unissent à celles de la divinité, qui en est la source. Elles sont les premiers et les derniers apôtres de tout culte religieux qu'elles leur inspirent, dès la plus tendre enfance. Elles embellissent tout le cours de leur vie. Ils leur sont redevables de l'invention des arts de première nécessité, et de tous ceux d'agrément. Elles inventèrent le pain, les boissons agréables, les tissus des vêtements, les filatures, les toiles, etc. Elles amenèrent les premières à leurs pieds, les animaux utiles et timides qu'ils effrayaient par leurs armes, et qu'elles subjuguèrent par des bienfaits. Elles imaginèrent, pour plaire aux hommes, les chansons gaies, les danses innocentes; et inspirèrent à leur tour la poésie, la peinture, la sculpture, l'architecture, à ceux d'entre eux qui désirèrent conserver d'elles de précieux ressouvenirs. Ils sentirent alors se mêler à leurs passions ambitieuses l'héroïsme et la pitié. Ils n'avaient imaginé, au milieu de leurs guerres cruelles et permanentes, que des dieux redoutables : un Jupiter foudroyant, un noir Pluton, un Neptune toujours en courroux, un Mars sanglant, un Mercure voleur, un Bacchus toujours ivre; mais à la vue de leurs femmes chastes, douces, aimantes, laborieuses, ils conçurent dans les cieux des divinités bienfaisantes. Remplis de reconnaissance pour les compagnes de leur vie, ils leur élevèrent des monuments plus nombreux et plus durables que des temples. Ils donnèrent d'abord, dans toutes les langues, des noms féminins à tout ce qu'ils trouvèrent de plus aimable et de plus doux sur la terre, à leurs diverses patries, à la plupart des rivières qui les arrosaient, aux fleurs les plus odorantes, aux fruits les plus savoureux, aux oiseaux qui avaient le plus de mélodie.

Mais tout ce qui leur sembla mériter dans la nature des hommages plus étendus par une beauté ou par une utilité supérieure, reçut d'eux des noms de déesses, c'est-à-dire de femmes immortelles. Elles eurent leur séjour dans les cieux, et leur département sur la terre. Ainsi ils féminisèrent et déifièrent la lumière, les étoiles, la nuit, l'aurore. Ils attribuèrent les fontaines aux naïades, les ondes azurées de la mer aux néréides, les prairies à Palès, les forêts aux dryades. Ils distribuèrent de plus grands départements à des déesses d'un plus haut rang : l'air avec ses nuages majestueux à Junon, la mer paisible à Téthys, la terre et ses riches minéraux à Cybèle, les bêtes fauves à Diane, et les moissons à Cérès. Ils caractérisèrent les puissances de l'ame, source de toutes leurs jouissances, comme celles de la nature. Ils firent des déesses des vertus qui les fortifiaient, des graces qui les rendaient sensibles, des muses qui les inspiraient, et de la sagesse, mère de toute industrie. Enfin, ils donnèrent à la déesse qui réunissait tous les charmes de la femme le nom de Vénus, plus expressif sans doute que celui d'aucune divinité. Son père fut Saturne ou le Temps, son berceau l'Océan; pour compagnons de sa naissance elle eut les jeux, les ris, les graces; pour époux le dieu du feu, pour enfant l'amour, et pour domaine toute la nature.

En effet, tout objet aimable a sa vénusté, c'est-à-dire une portion de cette beauté ineffable qui engendre les amours. La plus touchante en est sans doute la sensibilité, cette ame de l'ame qui en anime toutes les facultés. Ce fut par elle que Vénus subjugua le dieu indomptable de la guerre.

O femmes, c'est par votre sensibilité que vous enchaînez les ambitions des hommes! Par-tout où vous avez joui de vos droits naturels, vous avez aboli les éducations barbares, l'esclavage, les tortures, les mutilations, les croix, les roues, les bûchers, les lapidations, le hacher par morceaux, et tous les supplices cruels de l'antiquité, qui étaient bien moins des punitions d'une justice équitable, que des vengeances d'une politique féroce. Par-tout vous avez été les premières à honorer de vos larmes les victimes de la tyrannie, et à faire connaître les remords aux tyrans. Votre pitié naturelle vous donne à-la-fois l'instinct de l'innocence et celui de la véritable grandeur. C'est vous qui conservez et embellissez de vos souvenirs les renommées des conquérants magnanimes, dont les vertus généreuses protégèrent les faibles, et sur-tout votre sexe. Tels ont été les Cyrus, les Alexandre, les Charlemagne; sans vous, ils ne nous seraient pas plus recommandables que les Tamerlan, les Bajazet, les Attila. Mais le sang des nations subjuguées élève en vain de sombres nuages autour de leurs grands colosses; au souvenir de leurs bienfaits, vous étendez sur eux des rayons de reconnaissance qui les font briller sur notre horizon de tout l'éclat de la vertu.

Vous êtes les fleurs de la vie. C'est dans votre sein que la nature verse les générations, et les premières affections qui les font éclore. Vous civilisez le genre humain, et vous en rapprochez les peuples bien mieux par des mariages, que la diplomatie par des traités. Vous êtes les ames de leur industrie et de leur navigation. C'est pour vous procurer de nouvelles jouissances que les puissances maritimes vont chercher aux Indes les plus douces et les plus riches productions de la terre et du soleil. Pline dit que déjà de son temps ce commerce se faisait principalement pour vous.

Vous formez entre vous par toute la terre un vaste réseau, dont les fils se correspondent dans le passé, le présent et l'avenir, et se prêtent mutuellement des forces. Vous enchaînez de fleurs ce globe, dont les passions cruelles des hommes se disputent l'empire.

O Françaises, c'est pour vous que l'Indienne donne aujourd'hui la transparence au coton et le plus vif éclat à la soie! Ce fut pour vous que les filles d'Athènes imaginèrent ces robes commodes et charmantes, si favorables à la pudeur et à la beauté, que le sage Fénélon lui-même les trouvait bien préférables à tous les costumes gênants et orgueilleux de son siècle. La mode vous en a revêtues; et elles ont ajouté à vos graces naturelles. Mères et nourrices de notre enfance, quel pouvoir vos charmes n'ajoutent-ils pas à vos vertus! Vous êtes les reines de nos opinions et de notre ordre moral. Vous avez perfectionné nos goûts, nos modes, nos usages, en les simplifiant. Vous êtes les juges nés de tout ce qui est décent, gracieux, bon, juste, héroïque. Vous répandez l'influence de vos jugements dans toute l'Europe, et vous en avez rendu Paris le foyer. C'est dans ses murs, à votre vue, ou par vos souvenirs, que nos soldats s'animent à la défense de la patrie : c'est dans ces mêmes murs que les guerriers étrangers, qui ont porté contre eux des armes malheureuses, viennent en foule, dans les trop courts intervalles de la paix, oublier à vos pieds tous leurs ressentiments.

Notre langue vous doit sa clarté, sa pureté, son élégance, sa douceur, tout ce qu'elle a d'aimable et de naïf. Vous avez inspiré et formé nos plus grands poëtes et nos plus fameux orateurs. Vous protégez dans vos cercles l'écrivain solitaire qui a eu le bonheur de vous plaire, et le malheur d'irriter des factions jalouses. A vos regards modestes, aux doux sons de votre voix, le sophiste audacieux se trouble, le fanatique sent qu'il est homme, et l'athée qu'il existe un Dieu. Vos larmes touchantes éteignent les torches de la superstition, et vos divins sourires dissipent les froids arguments du matérialisme.

Ainsi, sur les rivages de l'Islande, après de longs hivers, la reine des mers boréales, la montagne de l'Hécla, couronnée de volcans, vomit des tourbillons de feux et de fumées à travers des pyramides de glace qui semblent menacer les cieux : mais lorsque le globe, au signe des Gémeaux, achève d'incliner le pôle nord vers le soleil, les vents du printemps qui naissent sous l'empire de l'astre du jour, joignent leurs tièdes haleines à ses rayons ardents. Les flancs de la montagne alors se réchauffent; une chaleur souterraine s'étend sous la coupole de glace qui la surmonte, et lui refuse bientôt tout appui. D'abord ses sommets orgueilleux se précipitent dans ses cratères brûlants, en éteignent les feux, pénètrent dans ses longs souterrains, et jaillissent autour de sa base en hautes gerbes d'eaux noires et bouillantes. Ses fondements caverneux s'affaissent sur leurs propres piles, glissent, et s'écroulent en énormes rochers dans le sein des mers qu'ils menaçaient d'envahir. Les bruits affreux de leurs chutes, les sombres murmures de leurs torrents, les rugissements des phoques et des ours marins qui les habitaient, sont répétés au loin par les échos d'Horrillax et du Waigatz. Les peuples riverains de l'Atlantique voient avec effroi ces glaciers terreux voguer, renversés, le long de leurs rivages. Entraînés par leurs propres courants, sous les formes fantastiques de temples, de châteaux, ils vont rafraîchir les mers torridiennes, et fonder, dans leurs flots attiédis, des écueils que l'hiver suivant ne reverra plus.

Cependant la montagne apparaît, à travers les brumes de ses neiges fondues et les dernières fumées de ses volcans, nue, hideuse, ses collines dégradées et montrant à découvert ses antiques ossements. C'est alors que les zéphyrs, qui l'ont dépouillée du manteau des hivers, la revêtissent de la robe du printemps. Ils accourent en foule des zones tempérées, portant sur leurs ailes les semences volatiles des végétaux. Ils tapissent de mousses, de graminées et de fleurs, ses flancs déchirés et ses plaies profondes. Les oiseaux de la terre et des eaux y déposent leurs nids. En peu d'années, de vastes bosquets de cèdres et de bouleaux sortent de ses cratères éteints. Une nouvelle adolescence la pénètre de toutes les influences du soleil, pendant un jour de plusieurs mois.

Sa beauté même s'accroît de celle des longues nuits du pôle. Quand l'hiver, à la faveur de leurs ténèbres, y relève son trône, étend sur lui son manteau d'hermine, et prépare à l'océan de nouvelles révolutions, la lune circule tout autour, et lui renvoie une partie des rayons du soleil qui l'abandonne. L'aurore boréale le couronne de ses feux mobiles et agite autour de lui ses drapeaux lumineux. A ce signal céleste, les rennes fuient vers de moins âpres contrées; ils aperçoivent, à la lueur de ces clartés tremblantes, l'Hécla au milieu des mers hérissées de glaçons; et ils viennent, en bramant, chercher dans ses vallées profondes de nouveaux pâturages. Des légions de cygnes tracent autour de sa cime de longues spirales, et, joyeux de descendre sur cette terre hospitalière, font entendre au haut des airs, des accents inconnus à nos climats. Les filles d'Ossian, attentives, suspendent leurs chasses nocturnes pour répéter sur leurs harpes ces concerts mélodieux; et bientôt de nouveaux Pauls viennent chercher parmi elles de nouvelles Virginies.

PAUL
ET
VIRGINIE.

PAUL ET VIRGINIE
Première Enfance.

PAUL

ET

VIRGINIE.

Sur le côté oriental de la montagne qui s'élève derrière le Port-Louis de l'Ile-de-France, on voit dans un terrain jadis cultivé, les ruines de deux petites cabanes. Elles sont situées presque au milieu d'un bassin, formé par de grands rochers, qui n'a qu'une seule ouverture tournée au nord. On aperçoit à gauche la montagne appelée le Morne de la Découverte, d'où l'on signale les vaisseaux qui abordent dans l'île, et au bas de cette montagne, la ville nommée le Port-Louis; à droite, le chemin qui mène du Port-Louis au quartier des Pamplemousses; ensuite l'église de ce nom, qui s'élève avec ses avenues de bambous au milieu d'une grande plaine; et plus loin, une forêt qui s'étend jusqu'aux extrémités de l'île. On distingue devant soi, sur les bords de la mer, la baie du Tombeau; un peu sur la droite, le cap Malheureux; et au-delà, la pleine mer, où paraissent à fleur d'eau quelques îlots inhabités, entre autres le Coin de Mire, qui ressemble à un bastion au milieu des flots.

A l'entrée de ce bassin, d'où l'on découvre tant d'objets, les échos de la montagne répètent sans cesse le bruit des vents qui agitent les forêts voisines, et le fracas des vagues qui brisent au loin sur les récifs; mais au pied même des cabanes, on n'entend plus aucun bruit; et on ne voit autour de soi que de grands rochers escarpés comme des murailles. Des bouquets d'arbres croissent à leurs bases, dans leurs fentes, et jusque sur leurs cimes où s'arrêtent les nuages. Les pluies que leurs pitons attirent, peignent souvent les couleurs de l'arc-en-ciel sur leurs flancs verts et bruns, et entretiennent à leur pied les sources dont se forme la petite rivière des Lataniers. Un grand silence règne dans leur enceinte où tout est paisible, l'air, les eaux et la lumière. A peine l'écho y répète le murmure des palmistes qui croissent sur leurs plateaux élevés; et dont on voit les longues flèches toujours balancées par les vents. Un jour doux éclaire le fond de ce bassin, où le soleil ne luit qu'à midi; mais dès l'aurore, ses rayons en frappent le couronnement, dont les pics s'élevant au-dessus des ombres de la montagne, paraissent d'or et de pourpre sur l'azur des cieux.

J'aimais à me rendre dans ce lieu, où l'on jouit à-la-fois d'une vue immense et d'une solitude profonde. Un jour que j'étais assis au pied de ces cabanes, et que j'en considérais les ruines, un homme déjà sur l'âge vint à passer aux environs. Il était, suivant la coutume des anciens habitants, en petite veste et en long caleçon. Il marchait nu-pieds, et s'appuyait sur un bâton de bois d'ébène. Ses cheveux étaient tout blancs, et sa physionomie noble et simple. Je le saluai avec respect. Il me rendit mon salut ; et m'ayant considéré un moment, il s'approcha de moi, et vint se reposer sur le tertre où j'étais assis. Excité par cette marque de confiance, je lui adressai la parole : « Mon père, lui dis-je, pourriez-
» vous m'apprendre à qui ont appartenu ces
» deux cabanes ? » Il me répondit : « Mon fils,
» ces masures et ce terrain inculte étaient habi-
» tés, il y a environ vingt ans, par deux familles
» qui y avaient trouvé le bonheur. Leur histoire
» est touchante ; mais dans cette île, située sur
» la route des Indes, quel Européen peut s'inté-
» resser au sort de quelques particuliers obscurs?
» Qui voudrait même y vivre heureux, mais pau-
» vre et ignoré ? Les hommes ne veulent con-
» naître que l'histoire des grands et des rois, qui
» ne sert à personne. — Mon père, repris-je, il

» est aisé de juger à votre air et à votre discours
» que vous avez acquis une grande expérience.
» Si vous en avez le temps, racontez-moi, je
» vous prie, ce que vous savez des anciens ha-
» bitants de ce désert, et croyez que l'homme
» même le plus dépravé par les préjugés du
» monde, aime à entendre parler du bonheur
» que donnent la nature et la vertu. » Alors, comme quelqu'un qui cherche à se rappeler diverses circonstances, après avoir appuyé quelque temps ses mains sur son front, voici ce que ce vieillard me raconta.

En 1726, un jeune homme de Normandie, appelé M. de La Tour, après avoir sollicité en vain du service en France et des secours dans sa famille, se détermina à venir dans cette île, pour y chercher fortune. Il avait avec lui une jeune femme qu'il aimait beaucoup, et dont il était également aimé. Elle était d'une ancienne et riche maison de sa province; mais il l'avait épousée en secret et sans dot, parce que les parents de sa femme s'étaient opposés à son mariage, attendu qu'il n'était pas gentilhomme. Il la laissa au Port-Louis de cette île, et il s'embarqua pour Madagascar, dans l'espérance d'y acheter quelques noirs, et de revenir promptement ici former une habitation. Il débarqua à Madagascar vers la mauvaise saison, qui commence à la mi-octobre; et peu de temps après son arrivée il y mourut des fièvres pestilentielles, qui y règnent pendant six mois de l'année, et qui empêcheront toujours les nations européennes d'y faire des établissements fixes. Les effets qu'il avait emportés avec lui furent dispersés après sa mort, comme il arrive ordinairement à ceux qui meurent hors de leur patrie. Sa femme, restée à l'Ile-de-France, se trouva veuve, enceinte, et n'ayant pour tout bien au monde qu'une négresse, dans un pays où elle n'avait ni crédit, ni recommandation. Ne voulant rien solliciter auprès d'aucun homme, après la mort de celui qu'elle avait uniquement aimé, son malheur lui donna du courage. Elle résolut de cultiver avec son esclave un petit coin de terre, afin de se procurer de quoi vivre.

Dans une île presque déserte, dont le terrain était à discrétion, elle ne choisit point les cantons les plus fertiles, ni les plus favorables au commerce ; mais cherchant quelque gorge de montagne, quelque asyle caché, où elle pût vivre seule et inconnue, elle s'achemina de la ville vers ces rochers, pour s'y retirer comme dans un nid. C'est un instinct commun à tous les êtres sensibles et souffrants, de se réfugier dans les lieux les plus sauvages et les plus déserts : comme si des rochers étaient des remparts contre l'infortune, et comme si le calme de la nature pouvait apaiser les troubles malheureux de l'ame. Mais la Providence, qui vient à notre secours lorsque nous ne voulons que les biens nécessaires, en réservait un à madame de La Tour, que ne donnent ni les richesses ni la grandeur; c'était une amie.

Dans ce lieu, depuis un an, demeurait une femme vive, bonne et sensible; elle s'appelait Marguerite. Elle était née en Bretagne, d'une simple famille de paysans, dont elle était chérie, et qui l'aurait rendue heureuse, si elle n'avait eu la faiblesse d'ajouter foi à l'amour d'un gentilhomme de son voisinage, qui lui avait promis de l'épouser. Mais celui-ci ayant satisfait sa passion, s'éloigna d'elle, et refusa même de lui assurer une subsistance pour un enfant dont il l'avait laissée enceinte. Elle s'était déterminée alors à quitter pour toujours le village où elle était née, et à aller cacher sa faute aux colonies, loin de son pays où elle avait perdu la seule dot d'une fille pauvre et honnête, la réputation. Un vieux noir, qu'elle avait acquis de quelques deniers empruntés, cultivait avec elle un petit coin de ce canton.

Madame de La Tour, suivie de sa négresse, trouva dans ce lieu Marguerite qui allaitait son enfant. Elle fut charmée de rencontrer une femme dans une position qu'elle jugea semblable à la sienne. Elle lui parla, en peu de mots, de sa condition passée et de ses besoins présents. Marguerite, au récit de madame de La Tour, fut

émue de pitié; et, voulant mériter sa confiance plutôt que son estime, elle lui avoua, sans lui rien déguiser, l'imprudence dont elle s'était rendue coupable. « Pour moi, dit-elle, j'ai mérité
» mon sort; mais vous, madame,..... vous, sage
» et malheureuse! » Et elle lui offrit en pleurant sa cabane et son amitié. Madame de La Tour, touchée d'un accueil si tendre, lui dit en la serrant dans ses bras : « Ah! Dieu veut finir mes
» peines, puisqu'il vous inspire plus de bonté
» envers moi, qui vous suis étrangère, que jamais
» je n'en ai trouvé dans mes parents. »

Je connaissais Marguerite, et, quoique je demeure à une lieue et demie d'ici, dans les bois, derrière la Montagne-Longue, je me regardais comme son voisin. Dans les villes d'Europe, une rue, un simple mur, empêchent les membres d'une même famille de se réunir pendant des années entières; mais dans les colonies nouvelles on considère comme ses voisins ceux dont on n'est séparé que par des bois et par des montagnes. Dans ce temps-là sur-tout, où cette île faisait peu de commerce aux Indes, le simple voisinage y était un titre d'amitié; et l'hospitalité envers les étrangers, un devoir et un plaisir. Lorsque j'appris que ma voisine avait une compagne, je fus la voir, pour tâcher d'être utile à l'une et à l'autre. Je trouvai dans madame de La Tour une personne d'une figure intéressante, pleine de noblesse et de mélancolie. Elle était alors sur le point d'accoucher. Je dis à ces deux dames qu'il convenait, pour l'intérêt de leurs enfants, et sur-tout pour empêcher l'établissement de quelque autre habitant, de partager entre elles le fond de ce bassin, qui contient environ vingt arpents. Elles s'en rapportèrent à moi pour ce partage. J'en formai deux portions à-peu-près égales : l'une renfermait la partie supérieure de cette enceinte, depuis ce piton de rocher couvert de nuages, d'où sort la source de la rivière des Lataniers, jusqu'à cette ouverture escarpée que vous voyez au haut de la montagne, et qu'on appelle l'Embrasure, parce qu'elle ressemble en effet à une embrasure de canon. Le fond de ce sol est si rempli de roches et de ravins, qu'à peine on y peut marcher; cependant il produit de grands arbres, et il est rempli de fontaines et de petits ruisseaux. Dans l'autre portion, je compris toute la partie inférieure qui s'étend le long de la rivière des Lataniers jusqu'à l'ouverture où nous sommes, d'où cette rivière commence à couler entre deux collines jusqu'à la mer. Vous y voyez quelques lisières de prairies, et un terrain assez uni, mais qui n'est guère meilleur que l'autre; car, dans la saison des pluies il est marécageux, et dans les sécheresses il est dur comme du plomb; quand on y veut alors ouvrir une tranchée, on est obligé de le couper avec des haches.

Après avoir fait ces deux partages, j'engageai ces deux dames à les tirer au sort. La partie supérieure échut à madame de La Tour, et l'inférieure à Marguerite. L'une et l'autre furent contentes de leur lot; mais elles me prièrent de ne pas séparer leur demeure, « afin, me dirent-elles, que nous » puissions toujours nous voir, nous parler et » nous entr'aider.. » Il fallait cependant à chacune d'elles une retraite particulière. La case de Marguerite se trouvait au milieu du bassin, précisément sur les limites de son terrain. Je bâtis tout auprès, sur celui de madame de La Tour, une autre case, en sorte que ces deux amies étaient à-la-fois dans le voisinage l'une de l'autre, et sur la propriété de leurs familles. Moi-même j'ai coupé des palissades dans la montagne; j'ai apporté des feuilles de latanier des bords de la mer, pour construire ces deux cabanes, où vous ne voyez plus maintenant ni porte ni couverture. Hélas! il n'en reste encore que trop pour mon souvenir! Le temps qui détruit si rapidement les monuments des empires, semble respecter, dans ces déserts, ceux de l'amitié, pour perpétuer mes regrets jusqu'à la fin de ma vie.

A peine la seconde de ces cabanes était achevée, que madame de La Tour accoucha d'une fille. J'avais été le parrain de l'enfant de Marguérite, qui s'appelait Paul. Madame de La Tour me pria aussi de nommer sa fille, conjointement avec son amie. Celle-ci lui donna le nom de Virginie. « Elle sera vertueuse, dit-elle, et elle » sera heureuse. Je n'ai connu le malheur qu'en » m'écartant de la vertu. »

Lorsque madame de La Tour fut relevée de ses couches, ces deux petites habitations commencèrent à être de quelque rapport, à l'aide des soins que j'y donnais de temps en temps, mais sur-tout par les travaux assidus de leurs esclaves. Celui de Marguerite, appelé Domingue, était un noir iolof, encore robuste, quoique déjà sur l'âge. Il avait de l'expérience et un bon sens naturel. Il cultivait indifféremment sur les deux habitations, les terrains qui lui semblaient les plus fertiles, et il y mettait les semences qui leur convenaient le mieux. Il semait du petit mil et du maïs dans les endroits médiocres, un peu de froment dans les bonnes terres, du riz dans les fonds marécageux ; et au pied des roches, des giraumons, des courges et des concombres, qui se plaisent à y grimper. Il plantait dans les lieux secs des patates, qui y viennent très-sucrées ; des cotonniers sur les hauteurs, des cannes à sucre dans les terres fortes, des pieds de café sur les collines, où le grain est petit, mais excellent ; le long de la rivière et autour des cases, des bananiers, qui donnent toute l'année de longs régimes de fruits, avec un bel ombrage ; et enfin quelques plantes de tabac, pour charmer ses soucis et ceux de ses bonnes maîtresses. Il allait couper du bois à brûler dans la montagne, et casser des roches çà et là dans les habitations, pour en aplanir les chemins. Il faisait tous ces ouvrages avec intelligence et activité, parce qu'il les faisait avec zèle. Il était fort attaché à Marguerite; et il ne l'était guère moins à madame de La Tour, dont il avait épousé la négresse, à la naissance de Virginie. Il aimait passionnément sa femme, qui s'appelait Marie. Elle était née à Madagascar, d'où elle avait apporté quelque industrie, surtout celle de faire des paniers et des étoffes appelées pagnes, avec des herbes qui croissent dans les bois. Elle était adroite, propre, et très-fidèle. Elle avait soin de préparer à manger, d'élever quelques poules, et d'aller de temps en temps vendre au Port-Louis le superflu de ces deux habitations, qui était bien peu considérable. Si vous y joignez deux chèvres élevées près des enfants, et un gros chien qui veillait la nuit au dehors, vous aurez une idée de tout le revenu et de tout le domestique de ces deux petites métairies.

Pour ces deux amies, elles filaient, du matin au soir, du coton. Ce travail suffisait à leur entretien et à celui de leurs familles; mais d'ailleurs, elles étaient si dépourvues de commodités étrangères, qu'elles marchaient nu-pieds dans leur habitation, et ne portaient de souliers que pour aller le dimanche, de grand matin, à la messe, à l'église des Pamplemousses que vous voyez là-bas. Il y a cependant bien plus loin qu'au Port-Louis; mais elles se rendaient rarement à la ville, de peur d'y être méprisées, parce qu'elles étaient vêtues de grosse toile bleue du Bengale, comme des esclaves. Après tout, la considération publique vaut-elle le bonheur domestique? Si ces dames avaient un peu à souffrir au dehors, elles rentraient chez elles avec d'autant plus de plaisir. A peine Marie et Domingue les apercevaient de cette hauteur, sur le chemin des Pamplemousses, qu'ils accouraient jusqu'au bas de la montagne, pour les aider à la remonter. Elles lisaient dans les yeux de leurs esclaves, la joie qu'ils avaient de les revoir. Elles trouvaient chez elles la propreté, la liberté, des biens qu'elles ne devaient qu'à leurs propres travaux, et des serviteurs pleins de zèle et d'affection. Elles-mêmes, unies par les mêmes besoins, ayant éprouvé des maux presque semblables, se donnant les doux noms d'amie, de compagne et de sœur, n'avaient qu'une volonté, qu'un intérêt, qu'une table. Tout entre elles était commun. Seulement, si d'anciens feux, plus vifs que ceux de l'amitié, se réveillaient dans leur ame, une religion pure, aidée par des mœurs chastes, les dirigeait vers une autre vie, comme la flamme qui s'envole vers le ciel, lorsqu'elle n'a plus d'aliment sur la terre.

Les devoirs de la nature ajoutaient encore au bonheur de leur société. Leur amitié mutuelle redoublait à la vue de leurs enfants, fruits d'un amour également infortuné. Elles prenaient plaisir à les mettre ensemble dans le même bain, et à les coucher dans le même berceau. Souvent elles les changeaient de lait. « Mon amie, disait » madame de La Tour, chacune de nous aura » deux enfants, et chacun de nos enfants aura » deux mères. » Comme deux bourgeons qui restent sur deux arbres de la même espèce, dont la tempête a brisé toutes les branches, viennent à produire des fruits plus doux, si chacun d'eux, détaché du tronc maternel, est greffé sur le tronc voisin ; ainsi, ces deux petits enfants, privés de tous leurs parents, se remplissaient de sentiments plus tendres que ceux de fils et de fille, de frère et de sœur, quand ils venaient à être changés de mamelles par les deux amies qui leur avaient donné le jour. Déjà leurs mères parlaient de leur mariage sur leurs berceaux ; et cette perspective de félicité conjugale, dont elles charmaient leurs propres peines, finissait bien souvent par les faire pleurer ; l'une se rappelant que ses maux étaient venus d'avoir négligé l'hymen, et l'autre, d'en avoir subi les lois ; l'une, de s'être élevée au-dessus de sa condition, et l'autre, d'en être descendue : mais elles se consolaient, en pensant qu'un jour leurs enfants, plus heureux, jouiraient à-la-fois, loin des cruels préjugés de l'Europe, des plaisirs de l'amour et du bonheur de l'égalité.

Rien, en effet, n'était comparable à l'attachement qu'ils se témoignaient déjà. Si Paul venait à se plaindre, on lui montrait Virginie; à sa vue, il souriait et s'apaisait. Si Virginie souffrait, on en était averti par les cris de Paul; mais cette aimable fille dissimulait aussitôt son mal, pour qu'il ne souffrît pas de sa douleur. Je n'arrivais point de fois ici, que je ne les visse tous deux tout nus, suivant la coutume du pays, pouvant à peine marcher, se tenant ensemble par les mains et sous les bras, comme on représente la constellation des Gémeaux. La nuit même ne pouvait les séparer : elle les surprenait souvent couchés dans le même berceau, joue contre joue, poitrine contre poitrine, les mains passées mutuellement autour de leurs cous, et endormis dans les bras l'un de l'autre.

Lorsqu'ils surent parler, les premiers noms qu'ils apprirent à se donner, furent ceux de frère et de sœur. L'enfance qui connaît des caresses plus tendres, ne connaît point de plus doux noms. Leur éducation ne fit que redoubler leur amitié, en la dirigeant vers leurs besoins réciproques. Bientôt, tout ce qui regarde l'éco-

PAUL ET VIRGINIE.
Seconde Enfance.

nomie, la propreté, le soin de préparer un repas champêtre, fût du ressort de Virginie, et ses travaux étaient toujours suivis des louanges et des baisers de son frère. Pour lui, sans cesse en action, il bêchait le jardin avec Domingue, ou, une petite hache à la main, il le suivait dans les bois ; et si dans ces courses, une belle fleur, un bon fruit ou un nid d'oiseau se présentaient à lui, eussent-ils été au haut d'un arbre, il l'escaladait pour les apporter à sa sœur.

Quand on en rencontrait un quelque part, on était sûr que l'autre n'était pas loin. Un jour que je descendais du sommet de cette montagne, j'aperçus, à l'extrémité du jardin, Virginie qui accourait vers la maison, la tête couverte de son jupon, qu'elle avait relevé par derrière, pour se mettre à l'abri d'une ondée de pluie. De loin, je la crus seule ; et m'étant avancé vers elle pour l'aider à marcher, je vis qu'elle tenait Paul par le bras, enveloppé presque en entier de la même couverture, riant l'un et l'autre d'être ensemble à l'abri sous un parapluie de leur invention. Ces deux têtes charmantes, renfermées sous ce jupon bouffant, me rappelèrent les enfants de Léda, enclos dans la même coquille.

Toute leur étude était de se complaire et de s'entr'aider. Au reste, ils étaient ignorants comme des créoles, et ne savaient ni lire ni écrire. Ils ne s'inquiétaient pas de ce qui s'était passé dans des temps reculés et loin d'eux; leur curiosité ne s'étendait pas au-delà de cette montagne. Ils croyaient que le monde finissait où finissait leur île; et ils n'imaginaient rien d'aimable où ils n'étaient pas. Leur affection mutuelle et celle de leurs mères, occupaient toute l'activité de leurs âmes. Jamais des sciences inutiles n'avaient fait couler leurs larmes; jamais les leçons d'une triste morale ne les avaient remplis d'ennui. Ils ne savaient pas qu'il ne faut pas dérober, tout chez eux étant commun; ni être intempérant, ayant à discrétion des mets simples; ni menteur, n'ayant aucune vérité à dissimuler. On ne les avait jamais effrayés, en leur disant que Dieu réserve des punitions terribles aux enfants ingrats : chez eux, l'amitié filiale était née de l'amitié maternelle. On ne leur avait appris de la religion que ce qui la fait aimer; et s'ils n'offraient pas à l'église de longues prières, par-tout où ils étaient, dans la maison, dans les champs, dans les bois, ils levaient vers le ciel des mains innocentes et un cœur plein de l'amour de leurs parents.

Ainsi se passa leur première enfance, comme une belle aube qui annonce un plus beau jour. Déjà ils partageaient avec leurs mères tous les soins du ménage. Dès que le chant du coq annonçait le retour de l'aurore, Virginie se levait, allait puiser de l'eau à la source voisine, et rentrait dans la maison pour préparer le déjeuner. Bientôt après, quand le soleil dorait les pitons de cette enceinte, Marguerite et son fils se rendaient chez madame de La Tour : alors ils commençaient tous ensemble une prière, suivie du premier repas ; souvent ils le prenaient devant la porte, assis sur l'herbe sous un berceau de bananiers, qui leur fournissait à-la-fois des mets tout préparés dans leurs fruits substantiels, et du linge de table dans leurs feuilles larges, longues et lustrées. Une nourriture saine et abondante développait rapidement les corps de ces deux jeunes gens, et une éducation douce peignait dans leur physionomie la pureté et le contentement de leur ame. Virginie n'avait que douze ans : déjà sa taille était plus qu'à demi formée ; de grands cheveux blonds ombrageaient sa tête ; ses yeux bleus et ses lèvres de corail brillaient du plus tendre éclat sur la fraîcheur de son visage : ils souriaient toujours de concert quand elle parlait ; mais quand elle gardait le silence, leur obliquité naturelle vers le ciel leur donnait une expression d'une sensibilité extrême, et même celle d'une légère mélancolie. Pour Paul, on voyait déjà se développer en lui le caractère d'un homme au milieu des graces de l'adolescence. Sa taille était plus élevée que celle de Virginie, son teint plus rembruni, son nez plus aquilin, et ses yeux, qui étaient noirs, auraient eu un peu de fierté, si les longs cils qui rayonnaient autour comme des pinceaux, ne leur avaient donné la plus grande douceur. Quoiqu'il fût toujours en mouvement, dès que sa sœur paraissait il devenait tranquille, et allait s'asseoir auprès d'elle : souvent leur repas se passait sans qu'ils se dissent un mot. A leur silence, à la naïveté de leurs attitudes, à la beauté de leurs pieds nus, on eût cru voir un groupe antique de marbre blanc, représentant quelques-uns des enfants de Niobé. Mais à leurs regards qui cherchaient à se rencontrer, à leurs sourires rendus par de plus doux sourires, on les eût pris pour ces enfants du ciel, pour ces esprits bienheureux, dont la nature est de s'aimer, et qui n'ont pas besoin de rendre le sentiment par des pensées, et l'amitié par des paroles.

Cependant, madame de La Tour, voyant sa fille se développer avec tant de charmes, sentait augmenter son inquiétude avec sa tendresse. Elle me disait quelquefois : « Si je venais à mourir, » que deviendrait Virginie sans fortune ? »

Elle avait en France une tante, fille de qualité, riche, vieille et dévote, qui lui avait refusé si durement des secours lorsqu'elle se fut mariée à M. de La Tour, qu'elle s'était bien promis de n'avoir jamais recours à elle, à quelque extrémité qu'elle fût réduite. Mais devenue mère, elle ne craignit plus la honte des refus. Elle manda à sa tante la mort inattendue de son mari, la naissance de sa fille, et l'embarras où elle se trouvait, loin de son pays, dénuée de support, et chargée d'un enfant. Elle n'en reçut point de réponse. Elle, qui était d'un caractère élevé, ne craignit plus de s'humilier, et de s'exposer aux reproches de sa parente, qui ne lui avait jamais pardonné d'avoir épousé un homme sans naissance, quoique vertueux. Elle lui écrivait donc par toutes les occasions, afin d'exciter sa sensibilité en faveur de Virginie. Mais bien des années s'étaient écoulées sans recevoir d'elle aucune marque de souvenir.

Enfin, en 1738, trois ans après l'arrivée de M. de La Bourdonnais dans cette île, madame de La Tour apprit que ce gouverneur avait à lui remettre une lettre de la part de sa tante. Elle courut au Port-Louis, sans se soucier, cette fois, d'y paraître mal vêtue, la joie maternelle la mettant au-dessus du respect humain. M. de La Bourdonnais lui donna en effet une lettre de sa tante. Celle-ci mandait à sa nièce qu'elle avait mérité son sort, pour avoir épousé un aventurier, un libertin; que les passions portaient avec elles leur punition; que la mort prématurée de son mari était un juste châtiment de Dieu; qu'elle avait bien fait de passer aux îles, plutôt que de déshonorer sa famille en France; qu'elle était, après tout, dans un bon pays, où tout le monde faisait fortune, excepté les paresseux. Après l'avoir ainsi blâmée, elle finissait par se louer elle-même. Pour éviter, disait-elle, les suites souvent funestes du mariage, elle avait toujours refusé de se marier. La vérité est qu'étant ambitieuse, elle n'avait voulu épouser qu'un homme de grande qualité; mais, quoiqu'elle fût très-riche, et qu'à la cour on soit indifférent à tout, excepté à la fortune, il ne s'était trouvé personne qui eût voulu s'allier à une fille aussi laide, et à un cœur aussi dur.

Elle ajoutait par *post-scriptum*, que toute réflexion faite, elle l'avait fortement recommandée à M. de La Bourdonnais. Elle l'avait en effet recommandée, mais suivant un usage bien commun aujourd'hui, qui rend un protecteur plus à craindre qu'un ennemi déclaré : afin de justifier auprès du gouverneur sa dureté pour sa nièce, en feignant de la plaindre, elle l'avait calomniée.

Madame de La Tour, que tout homme indifférent n'eût pu voir sans intérêt et sans respect, fut reçue avec beaucoup de froideur par M. de La Bourdonnais, prévenu contre elle. Il ne répondit à l'exposé qu'elle lui fit de sa situation et de celle de sa fille, que par de durs monosyllabes : « Je verrai;.... nous verrons;.... avec
» le temps;.... Il y a bien des malheureux!....

» Pourquoi indisposer une tante respectable?...
» C'est vous qui avez tort. »

Madame de La Tour retourna à l'habitation, le cœur navré de douleur et plein d'amertume. En arrivant, elle s'assit, jeta sur la table la lettre de sa tante, et dit à son amie : « Voilà le » fruit de onze ans de patience! » Mais, comme il n'y avait que madame de La Tour qui sût lire dans la société, elle reprit la lettre, et en fit la lecture devant toute la famille rassemblée. A peine était-elle achevée, que Marguerite lui dit avec vivacité : « Qu'avons-nous besoin de tes » parents? Dieu nous a-t-il abandonnées? C'est » lui seul qui est notre père. N'avons-nous pas » vécu heureuses jusqu'à ce jour? Pourquoi donc » te chagriner? Tu n'as point de courage. » Et voyant madame de La Tour pleurer, elle se jeta à son cou, et la serrant dans ses bras : « Chère amie, s'écria-t-elle, chère amie! » Mais ses propres sanglots étouffèrent sa voix. A ce spectacle, Virginie, fondant en larmes, pressait alternativement les mains de sa mère et celles de Marguerite contre sa bouche et contre son cœur; et Paul, les yeux enflammés de colère, criait, serrait les poings, frappait du pied, ne sachant à qui s'en prendre. A ce bruit, Domingue et Marie accoururent, et l'on n'entendit plus dans la case que ces cris de douleur : « Ah! » madame!... ma bonne maîtresse!... ma mère!...

» ne pleurez pas. » De si tendres marques d'amitié dissipèrent le chagrin de madame de La Tour. Elle prit Paul et Virginie dans ses bras, et leur dit d'un air content : « Mes enfants, vous êtes » cause de ma peine, mais vous faites toute » ma joie. O mes chers enfants, le malheur » ne m'est venu que de loin; le bonheur est » autour de moi. » Paul et Virginie ne la comprirent pas; mais quand ils la virent tranquille, ils sourirent, et se mirent à la caresser. Ainsi, ils continuèrent tous d'être heureux, et ce ne fut qu'un orage au milieu d'une belle saison.

Le bon naturel de ces enfants se développait de jour en jour. Un dimanche, au lever de l'aurore, leurs mères étant allées à la première messe à l'église des Pamplemousses, une négresse maronne se présenta sous les bananiers qui entouraient leur habitation. Elle était décharnée comme un squelette, et n'avait pour vêtement qu'un lambeau de serpillière autour des reins. Elle se jeta aux pieds de Virginie, qui préparait le déjeuner de la famille, et lui dit : « Ma jeune demoiselle, ayez pitié d'une pauvre » esclave fugitive; il y a un mois que j'erre dans » ces montagnes, demi-morte de faim, souvent » poursuivie par des chasseurs et par leurs » chiens. Je fuis mon maître, qui est un riche » habitant de la Rivière-Noire : il m'a traitée » comme vous le voyez. » En même temps, elle

lui montra son corps sillonné de cicatrices profondes, par les coups de fouet qu'elle en avait reçus. Elle ajouta : « Je voulais aller me noyer ;
» mais sachant que vous demeuriez ici, j'ai dit :
» Puisqu'il y a encore de bons blancs dans ce
» pays, il ne faut pas encore mourir. » Virginie, tout émue, lui répondit : « Rassurez-vous,
» infortunée créature ! Mangez, mangez ; » et elle lui donna le déjeûner de la maison, qu'elle avait apprêté. L'esclave, en peu de moments, le dévora tout entier. Virginie, la voyant rassasiée, lui dit : « Pauvre misérable ! j'ai envie
» d'aller demander votre grace à votre maître ;
» en vous voyant, il sera touché de pitié. Voulez-
» vous me conduire chez lui ? — Ange de Dieu,
» repartit la négresse, je vous suivrai par-tout
» où vous voudrez. » Virginie appela son frère, et le pria de l'accompagner. L'esclave maronne les conduisit par des sentiers, au milieu des bois, à travers de hautes montagnes qu'ils grimpèrent avec bien de la peine, et de larges rivières qu'ils passèrent à gué. Enfin, vers le milieu du jour, ils arrivèrent au bas d'un morne, sur les bords de la Rivière-Noire. Ils aperçurent là une maison bien bâtie, des plantations considérables, et un grand nombre d'esclaves occupés à toutes sortes de travaux. Leur maître se promenait au milieu d'eux, une pipe à la bouche et un rotin à la main. C'était un grand homme sec,

olivâtre, aux yeux enfoncés, et aux sourcils noirs et joints. Virginie, tout émue, tenant Paul par le bras, s'approcha de l'habitant, et le pria, pour l'amour de Dieu, de pardonner à son esclave, qui était à quelques pas de là derrière eux. D'abord l'habitant ne fit pas grand compte de ces deux enfants pauvrement vêtus; mais quand il eut remarqué la taille élégante de Virginie, sa belle tête blonde sous une capote bleue, et qu'il eut entendu le doux son de sa voix, qui tremblait, ainsi que tout son corps, en lui demandant grace, il ôta sa pipe de sa bouche, et levant son rotin vers le ciel, il jura, par un affreux serment, qu'il pardonnait à son esclave, non pas pour l'amour de Dieu, mais pour l'amour d'elle. Virginie aussitôt fit signe à l'esclave de s'avancer vers son maître; puis elle s'enfuit, et Paul courut après elle.

Ils remontèrent ensemble le revers du morne par où ils étaient descendus; et parvenus au sommet, ils s'assirent sous un arbre, accablés de lassitude, de faim et de soif. Ils avaient fait à jeun plus de cinq lieues depuis le lever du soleil. Paul dit à Virginie : « Ma sœur, il est plus de » midi; tu as faim et soif; nous ne trouverons » point ici à dîner; redescendons le morne, » et allons demander à manger au maître de » l'esclave. — Oh! non, mon ami, reprit Virginie, il m'a fait trop de peur. Souviens-toi de

PAUL ET VIRGINIE DEMANDENT À UN HABITANT LA GRÂCE DE SON ESCLAVE.

» ce que dit quelquefois maman : Le pain du
» méchant remplit la bouche de gravier. — Com-
» ment ferons-nous donc ? dit Paul ; ces arbres
» ne produisent que de mauvais fruits ; il n'y a
» pas seulement ici un tamarin ou un citron
» pour te rafraîchir. — Dieu aura pitié de nous,
» reprit Virginie ; il exauce la voix des petits
» oiseaux qui lui demandent de la nourriture. »
A peine avait-elle dit ces mots, qu'ils entendirent le bruit d'une source qui tombait d'un rocher voisin. Ils y coururent ; et après s'être désaltérés avec ses eaux plus claires que le cristal, ils cueillirent et mangèrent un peu de cresson qui croissait sur ses bords. Comme ils regardaient de côté et d'autre s'ils ne trouveraient pas quelque nourriture plus solide, Virginie aperçut, parmi les arbres de la forêt, un jeune palmiste. Le chou que la cime de cet arbre renferme au milieu de ses feuilles, est un fort bon manger ; mais quoique sa tige ne fût pas plus grosse que la jambe, elle avait plus de soixante pieds de hauteur. A la vérité, le bois de cet arbre n'est formé que d'un paquet de filaments ; mais son aubier est si dur, qu'il fait rebrousser les meilleures haches, et Paul n'avait pas même un couteau. L'idée lui vint de mettre le feu au pied de ce palmiste. Autre embarras : il n'avait point de briquet ; et d'ailleurs, dans cette île si couverte de rochers, je ne crois pas qu'on

puisse trouver une seule pierre à fusil. La nécessité donne de l'industrie ; et souvent les inventions les plus utiles ont été dues aux hommes les plus misérables. Paul résolut d'allumer du feu à la manière des noirs. Avec l'angle d'une pierre, il fit un petit trou sur une branche d'arbre bien sèche, qu'il assujettit sous ses pieds ; puis, avec le tranchant de cette pierre, il fit une pointe à un autre morceau de branche également sèche, mais d'une espèce de bois différent. Il posa ensuite ce morceau de bois pointu dans le petit trou de la branche qui était sous ses pieds ; et le faisant rouler rapidement entre ses mains, comme on roule un moulinet dont on veut faire mousser du chocolat, en peu de moments il vit sortir du point de contact, de la fumée et des étincelles. Il ramassa des herbes sèches et d'autres branches d'arbres, et mit le feu au pied du palmiste, qui, bientôt après, tomba avec un grand fracas. Le feu lui servit encore à dépouiller le chou de l'enveloppe de ses longues feuilles ligneuses et piquantes. Virginie et lui mangèrent une partie de ce chou crue, et l'autre cuite sous la cendre, et ils les trouvèrent également savoureuses. Ils firent ce repas frugal, remplis de joie par le souvenir de la bonne action qu'ils avaient faite le matin ; mais cette joie était troublée par l'inquiétude où ils se doutaient bien que leur longue absence de la maison jetterait leurs mères. Virginie revenait souvent sur cet objet. Cependant, Paul, qui sentait ses forces rétablies, l'assura qu'ils ne tarderaient pas à tranquilliser leurs parents.

Après dîner, ils se trouvèrent bien embarrassés; car ils n'avaient plus de guide pour les reconduire chez eux. Paul, qui ne s'étonnait de rien, dit à Virginie : « Notre case est vers le » soleil du milieu du jour; il faut que nous » passions, comme ce matin, par-dessus cette » montagne que tu vois là-bas avec ses trois » pitons. Allons, marchons, mon amie. » Cette montagne était celle des Trois-Mamelles,* ainsi nommée, parce que ses trois pitons en ont la forme. Ils descendirent donc le morne de la Rivière-Noire du côté du nord, et arrivèrent, après une heure de marche, sur les bords d'une large rivière qui barrait leur chemin. Cette grande partie de l'île, toute couverte de forêts,

* Il y a beaucoup de montagnes dont les sommets sont arrondis en forme de mamelles, et qui en portent le nom dans toutes les langues. Ce sont en effet de véritables mamelles; car c'est d'elles que découlent beaucoup de rivières et de ruisseaux qui répandent l'abondance sur la terre. Elles sont les sources des principaux fleuves qui l'arrosent, et elles fournissent constamment à leurs eaux, en attirant sans cesse les nuages autour du piton de rocher qui les surmonte à leur centre comme un mamelon. Nous avons indiqué ces prévoyances admirables de la nature dans nos études précédentes.

est si peu connue, même aujourd'hui, que plusieurs de ses rivières et de ses montagnes n'y ont pas encore de nom. La rivière, sur le bord de laquelle ils étaient, coule en bouillonnant sur un lit de roches. Le bruit de ses eaux effraya Virginie; elle n'osa y mettre les pieds, pour la passer à gué. Paul alors prit Virginie sur son dos, et passa ainsi chargé, sur les roches glissantes de la rivière, malgré le tumulte de ses eaux. « N'aie pas peur, lui disait-il, je me sens
» bien fort avec toi. Si l'habitant de la Rivière-
» Noire t'avait refusé la grace de son esclave,
» je me serais battu avec lui. — Comment! dit
» Virginie, avec cet homme si grand et si mé-
» chant? A quoi t'ai-je exposé? Mon Dieu! qu'il
» est difficile de faire le bien! il n'y a que le
» mal de facile à faire. » Quand Paul fut sur le rivage, il voulut continuer sa route, chargé de sa sœur, et il se flattait de monter ainsi la montagne des Trois-Mamelles, qu'il voyait devant lui à une demi-lieue de là; mais bientôt les forces lui manquèrent, et il fut obligé de la mettre à terre, et de se reposer auprès d'elle. Virginie lui dit alors : « Mon frère, le jour
» baisse; tu as encore des forces, et les miennes
» me manquent; laisse-moi ici, et retourne seul
» à notre case, pour tranquilliser nos mères.
» — Oh! non, dit Paul; je ne te quitterai pas.
» Si la nuit nous surprend dans ces bois, j'allu-

PASSAGE DU TORRENT,

N'AIE PAS PEUR, JE ME SENS BIEN FORT AVEC TOI.

» merai du feu, j'abattrai un palmiste; tu en
» mangeras le chou, et je ferai avec ses feuilles
» un ajoupa pour te mettre à l'abri. » Cependant Virginie, s'étant un peu reposée, cueillit sur le tronc d'un vieux arbre penché sur le bord de la rivière, de longues feuilles de scolopendre qui pendaient de son tronc. Elle en fit des espèces de brodequins, dont elle s'entoura les pieds, que les pierres des chemins avaient mis en sang; car, dans l'empressement d'être utile, elle avait oublié de se chausser. Se sentant soulagée par la fraîcheur de ces feuilles, elle rompit une branche de bambou, et se mit en marche, en s'appuyant d'une main sur ce roseau, et de l'autre sur son frère.

Ils cheminaient ainsi doucement à travers les bois; mais la hauteur des arbres et l'épaisseur de leurs feuillages leur firent bientôt perdre de vue la montagne des Trois-Mamelles, sur laquelle ils se dirigeaient, et même le soleil qui était déjà près de se coucher. Au bout de quelque temps, ils quittèrent, sans s'en apercevoir, le sentier frayé dans lequel ils avaient marché jusqu'alors, et ils se trouvèrent dans un labyrinthe d'arbres, de lianes et de roches, qui n'avait plus d'issue. Paul fit asseoir Virginie, et se mit à courir çà et là, tout hors de lui, pour chercher un chemin hors de ce fourré épais; mais il se fatigua en vain. Il monta au haut d'un grand arbre, pour découvrir au moins la montagne des Trois-Mamelles; mais il n'aperçut autour de lui que les cimes des arbres, dont quelques-unes étaient éclairées par les derniers rayons du soleil couchant. Cependant l'ombre des montagnes couvrait déjà les forêts dans les vallées; le vent se calmait, comme il arrive au coucher du soleil; un profond silence régnait dans ces solitudes, et on n'y entendait d'autre bruit que le bramement des cerfs, qui venaient chercher leurs gîtes dans ces lieux écartés. Paul, dans l'espoir que quelque chasseur pourrait l'entendre, cria alors de toute sa force : « Venez, venez » au secours de Virginie ! » Mais les seuls échos de la forêt répondirent à sa voix, et répétèrent à plusieurs reprises : « Virginie..... Virginie ! »

Paul descendit alors de l'arbre, accablé de fatigue et de chagrin : il chercha les moyens de passer la nuit dans ce lieu; mais il n'y avait ni fontaine, ni palmiste, ni même de branches de bois sec, propre à allumer du feu. Il sentit alors, par son expérience, toute la faiblesse de ses ressources; et il se mit à pleurer. Virginie lui dit :
« Ne pleure point, mon ami, si tu ne veux m'ac-
» cabler de chagrin. C'est moi qui suis la cause
» de toutes tes peines, et de celles qu'éprouvent
» maintenant nos mères. Il ne faut rien faire,
» pas même le bien, sans consulter ses parents.
» Oh! j'ai été bien imprudente! » et elle se prit

à verser des larmes. Cependant elle dit à Paul :
« Prions Dieu, mon frère, et il aura pitié de
» nous. » A peine avaient-ils achevé leur prière,
qu'ils entendirent un chien aboyer. « C'est, dit
» Paul, le chien de quelque chasseur, qui vient
» le soir tuer des cerfs à l'affût. » Peu après,
les aboiements du chien redoublèrent. « Il me
» semble, dit Virginie, que c'est Fidèle, le chien
» de notre case. Oui, je reconnais sa voix : se-
» rions-nous si près d'arriver, et au pied de
» notre montagne ? » En effet, un moment après,
Fidèle était à leurs pieds, aboyant, hurlant, gémissant et les accablant de caresses. Comme ils
ne pouvaient revenir de leur surprise, ils aperçurent Domingue qui accourait à eux. A l'arrivée
de ce bon noir, qui pleurait de joie, ils se mirent
aussi à pleurer, sans pouvoir lui dire un mot.
Quand Domingue eut repris ses sens : « O mes
» jeunes maîtres, leur dit-il, que vos mères ont
» d'inquiétude ! comme elles ont été étonnées,
» quand elles ne vous ont plus retrouvés au re-
» tour de la messe, où je les accompagnais !
» Marie, qui travaillait dans un coin de l'habi-
» tation, n'a su nous dire où vous étiez allés.
» J'allais, je venais autour de l'habitation, ne
» sachant moi-même de quel côté vous cher-
» cher. Enfin, j'ai pris vos vieux habits à l'un
» et à l'autre *, je les ai fait flairer à Fidèle ;

* Ce trait de sagacité du noir Domingue et de son chien

» et sur-le-champ, comme si ce pauvre ani-
» mal m'eût entendu, il s'est mis à quêter sur
» vos pas. Il m'a conduit, toujours en remuant
» la queue, jusqu'à la Rivière Noire. C'est là où
» j'ai appris d'un habitant que vous lui aviez
» ramené une négresse maronne, et qu'il vous
» avait accordé sa grace. Mais quelle grace ! Il
» me l'a montrée attachée, avec une chaîne au
» pied, à un billot de bois, et avec un collier de
» fer à trois crochets autour du cou. De là Fi-
» dèle, toujours quêtant, m'a mené sur le morne
» de la Rivière-Noire, où il s'est arrêté encore
» en aboyant de toute sa force. C'était sur le
» bord d'une source, auprès d'un palmiste abattu,
» et près d'un feu qui fumait encore : enfin, il
» m'a conduit ici. Nous sommes au pied de la
» montagne des Trois-Mamelles, et il y a encore
» quatre bonnes lieues jusque chez nous. Allons,
» mangez et prenez des forces. » Il leur présenta
aussitôt un gâteau, des fruits, et une grande ca-
lebasse remplie d'une liqueur composée d'eau,
de vin, de jus de citron, de sucre et de muscade,
que leurs mères avaient préparée pour les fortifier et les rafraîchir. Virginie soupira au souvenir
de la pauvre esclave, et des inquiétudes de leurs

Fidèle, ressemble beaucoup à celui du sauvage Téwénissa et de son chien Oniah, rapporté par M. de Crèvecœur, dans son ouvrage plein d'humanité, intitulé : Lettres d'un Cultivateur américain.

mères. Elle répéta plusieurs fois : « Oh ! qu'il est
» difficile de faire le bien ! » Pendant que Paul
et elle se rafraîchissaient, Domingue alluma du
feu ; et ayant cherché dans les rochers un bois
tortu, qu'on appelle bois de ronde, et qui brûle
tout vert en jetant une grande flamme, il en
fit un flambeau qu'il alluma ; car il était déjà nuit.
Mais il éprouva un embarras bien plus grand
quand il fallut se mettre en route : Paul et Virginie ne pouvaient plus marcher ; leurs pieds
étaient enflés et tout rouges. Domingue ne savait
s'il devait aller bien loin de là leur chercher du
secours, ou passer dans ce lieu la nuit avec eux.
« Où est le temps, leur disait-il, où je vous por-
» tais tous deux à-la-fois dans mes bras ? Mais
» maintenant vous êtes grands, et je suis vieux. »
Comme il était dans cette perplexité, une troupe
de noirs marons se fit voir à vingt pas de là. Le
chef de cette troupe s'approchant de Paul et de
Virginie, leur dit : « Bons petits blancs, n'ayez
» pas peur ; nous vous avons vus passer ce matin
» avec une négresse de la Rivière-Noire ; vous
» alliez demander sa grace à son mauvais maître.
» En reconnaissance, nous vous reporterons chez
» vous sur nos épaules. » Alors il fit un signe, et
quatre noirs marons des plus robustes firent aussitôt un brancard avec des branches d'arbres et
des lianes, y placèrent Paul et Virginie, les mirent sur leurs épaules ; et Domingue marchant

devant eux avec son flambeau, ils se mirent en route, aux cris de joie de toute la troupe qui les comblait de bénédictions. Virginie, attendrie, disait à Paul : « O mon ami ! jamais Dieu ne » laisse un bienfait sans récompense. »

Ils arrivèrent vers le milieu de la nuit au pied de leur montagne, dont les croupes étaient éclairées de plusieurs feux. A peine ils la montaient, qu'ils entendirent des voix qui criaient : « Est- » ce vous, mes enfants ? » Ils répondirent, avec les noirs : « Oui, c'est nous; » et bientôt ils aperçurent leurs mères et Marie qui venaient au-devant d'eux avec des tisons flambants. « Malheu- » reux enfants, dit Madame de La Tour, d'où » venez-vous ? dans quelles angoisses vous nous » avez jetées ! — Nous venons, dit Virginie, de » la Rivière-Noire, demander la grace d'une pau- » vre esclave maronne, à qui j'ai donné, ce matin, » le déjeuner de la maison, parce qu'elle mourait » de faim; et voilà que les noirs marons nous » ont ramenés. » Madame de La Tour embrassa sa fille sans pouvoir parler; et Virginie, qui sentit son visage mouillé des larmes de sa mère, lui dit : « Vous me payez de tout le mal que j'ai » souffert ! » Marguerite, ravie de joie, serrait Paul dans ses bras, et lui disait : « Et toi aussi, » mon fils, tu as fait une bonne action. » Quand elles furent arrivées dans leurs cases avec leurs enfants, elles donnèrent bien à manger aux noirs marons, qui s'en retournèrent dans leurs bois, en leur souhaitant toute sorte de prospérités.

Chaque jour était pour ces familles un jour de bonheur et de paix. Ni l'envie ni l'ambition ne les tourmentaient. Elles ne désiraient point au dehors une vaine réputation que donne l'intrigue, et qu'ôte la calomnie. Il leur suffisait d'être à elles-mêmes leurs témoins et leurs juges. Dans cette île, où, comme dans toutes les colonies européennes, on n'est curieux que d'anecdotes malignes, leurs vertus et même leurs noms étaient ignorés. Seulement, quand un passant demandait, sur le chemin des Pamplemousses, à quelques habitants de la plaine : « Qui est-ce qui demeure » là-haut dans ces petites cases ? » Ceux-ci répondaient, sans les connaître : « Ce sont de » bonnes gens. » Ainsi des violettes, sous des buissons épineux, exhalent au loin leurs doux parfums, quoiqu'on ne les voie pas.

Elles avaient banni de leurs conversations la médisance, qui, sous une apparence de justice, dispose nécessairement le cœur à la haine ou à la fausseté ; car il est impossible de ne pas haïr les hommes, si on les croit méchants, et de vivre avec les méchants, si on ne leur cache sa haine sous de fausses apparences de bienveillance. Ainsi, la médisance nous oblige d'être mal avec les autres ou avec nous-mêmes. Mais, sans juger des hommes en particulier, elles ne s'entretenaient que des moyens de faire du bien à tous en général; et quoiqu'elles n'en eussent pas le pouvoir, elles en avaient une volonté perpétuelle, qui les remplissait d'une bienveillance toujours prête à s'étendre au dehors. En vivant donc dans la solitude, loin d'être sauvages, elles étaient devenues plus humaines. Si l'histoire scandaleuse de la société ne fournissait point de matière à leurs conversations, celle de la nature les remplissait de ravissement et de joie. Elles admiraient avec transport le pouvoir d'une Providence qui, par leurs mains, avait répandu au milieu de ces arides rochers l'abondance, les graces, les plaisirs purs, simples et toujours renaissants.

Paul, à l'âge de douze ans, plus robuste et plus intelligent que les Européens à quinze, avait embelli ce que le noir Domingue ne faisait que cultiver. Il allait avec lui dans les bois voisins, déraciner de jeunes plants de citronniers, d'orangers, de tamarins, dont la tête ronde est d'un si beau vert, et d'attiers dont le fruit est plein d'une crême sucrée qui a le parfum de la fleur d'orange. Il plantait ces arbres déjà grands, autour de cette enceinte. Il y avait semé des graines d'arbres, qui, dès la seconde année, portent des fleurs ou des fruits, tels que l'agathis, où pendent tout autour, comme les cristaux d'un lustre, de longues grappes de fleurs blanches; le lilas de Perse, qui élève droit en l'air ses girandoles gris de lin; le papayer, dont le tronc sans branches, formé en colonne hérissée de melons verts, porte un chapiteau de larges feuilles, semblables à celles du figuier.

Il y avait planté encore des pepins et des noyaux de badamiers, de manguiers, d'avocats, de goyaviers, de jacqs et de jam-roses. La plupart de ces arbres donnaient déjà à leur jeune maître de l'ombrage et des fruits. Sa main laborieuse avait répandu la fécondité jusque dans les lieux les plus stériles de cet enclos. Diverses espèces d'aloès, la raquette chargée de fleurs jaunes fouettées de rouge, les cierges épineux, s'élevaient sur les têtes noires des roches, et semblaient vouloir atteindre aux longues lianes, chargées de fleurs bleues ou écarlates, qui pendaient çà et là le long des escarpements de la montagne.

Il avait disposé ces végétaux de manière qu'on pouvait jouir de leur vue d'un seul coup-d'œil. Il avait planté au milieu de ce bassin les herbes qui s'élèvent peu, ensuite les arbrisseaux, puis les arbres moyens, et enfin les grands arbres qui en bordaient la circonférence; de sorte que ce vaste enclos paraissait, de son centre, comme un amphithéâtre de verdure, de fruits et de fleurs, renfermant des plantes potagères, des lisières de prairies, et des champs de riz et de blé. Mais en assujettissant ces végétaux à son plan, il ne s'était pas écarté de celui de la nature. Guidé par ses indications, il avait mis dans les lieux élevés ceux dont les semences sont volatiles; et sur le bord des eaux, ceux dont les graines sont faites pour flotter. Ainsi, chaque végétal croissait dans son site propre, et chaque site recevait de son végétal sa parure naturelle. Les eaux qui descendent du sommet de ces roches, formaient, au fond du vallon, ici des fontaines, là de larges miroirs, qui répétaient, au milieu de la verdure, les arbres en fleurs, les rochers, et l'azur des cieux.

Malgré la grande irrégularité de ce terrain, toutes ces plantations étaient pour la plupart aussi accessibles au toucher qu'à la vue. A la vérité, nous l'aidions tous de nos conseils et de nos secours, pour en venir à bout. Il avait pratiqué un sentier qui tournait autour de ce bassin, et dont plusieurs rameaux venaient se rendre de la circonférence au centre. Il avait tiré parti des lieux les plus raboteux, et accordé, par la plus heureuse harmonie, la facilité de la promenade avec l'aspérité du sol, et les arbres domestiques avec les sauvages. De cette énorme quantité de pierres roulantes qui embarrassent maintenant ces chemins, ainsi que la plupart du terrain de cette île, il avait formé çà et là des pyramides, dans les assises desquelles il avait mêlé de la terre et des racines de rosiers, de poincillades, et d'autres arbrisseaux qui se plaisent dans les roches. En peu de temps, ces pyramides sombres et brutes furent couvertes de verdure, ou de l'éclat des plus belles fleurs. Les ravins, bordés de vieux arbres inclinés sur leurs bords, formaient des souterrains voûtés, inaccessibles à la chaleur, où l'on allait prendre le frais pendant le jour. Un sentier conduisait dans un bosquet d'arbres sauvages, au centre duquel croissait, à l'abri des vents, un arbre domestique chargé de fruits. Là, était une moisson ; ici, un verger. Par cette avenue, on apercevait les maisons ; par cette autre, les sommets inaccessibles de la montagne. Sous un bocage touffu de tatamaques entrelacés de lianes, on ne distinguait en plein midi aucun objet : sur la pointe de ce grand rocher voisin qui sort de la montagne, on découvrait tous ceux de cet enclos, avec la mer au loin, où apparaissait quelquefois un vaisseau qui venait de l'Europe, ou qui y retournait. C'était sur ce rocher que ces familles se rassemblaient le soir, et jouissaient en silence de la fraîcheur de l'air, du parfum des fleurs, du murmure des fontaines, et des dernières harmonies de la lumière et des ombres.

Rien n'était plus agréable que les noms donnés à la plupart des retraites charmantes de ce labyrinthe. Ce rocher dont je viens de vous parler, d'où l'on me voyait venir de bien loin, s'appelait la DÉCOUVERTE DE L'AMITIÉ. Paul et Virginie, dans leurs jeux, y avaient planté un bambou, au haut duquel ils élevaient un petit mouchoir blanc, pour signaler mon arrivée dès qu'ils m'apercevaient, ainsi qu'on élève un pavillon sur la montagne voisine, à la vue d'un vaisseau en mer. L'idée me vint de graver une inscription sur la tige de ce roseau. Quelque plaisir que j'aie eu dans mes voyages à voir une statue ou un monument de l'antiquité, j'en ai encore davantage à lire une inscription bien faite. Il me semble alors qu'une voix humaine sorte de la pierre, se fasse entendre à travers les siècles, et, s'adressant à l'homme au milieu des déserts, lui dise qu'il n'est pas seul, et que d'autres hommes, dans ces mêmes lieux, ont senti, pensé et souffert comme lui. Que si cette inscription est de quelque nation ancienne qui ne subsiste plus, elle étend notre ame dans les champs de l'infini, et lui donne le sentiment de son immortalité, en lui montrant qu'une pensée a survécu à la ruine même d'un empire.

J'écrivis donc sur le petit mât de pavillon de Paul et de Virginie, ces vers d'Horace :

.... Fratres Helenæ, lucida sidera,
Ventorumque regat pater,
Obstrictis aliis, præter iapyga.

« Que les frères d'Hélène, astres charmants comme vous, et que

» le père des vents vous dirigent, et ne fassent souffler que le zé-
» phyr. »

Je gravai ce vers de Virgile sur l'écorce d'un tatamaque, à l'ombre duquel Paul s'asseyait quelquefois pour regarder au loin la mer agitée :

Fortunatus et ille deos qui novit agrestes!

« Heureux, mon fils, de ne connaître que les divinités cham-
» pêtres! »

Et cet autre, au-dessus de la porte de la cabane de madame de La Tour, qui était leur lieu d'assemblée :

At secura quies, et nescia fallere vita.

« Ici est une bonne conscience, et une vie qui ne sait pas tromper. »

Mais Virginie n'approuvait point mon latin; elle disait que ce que j'avais mis au pied de sa girouette était trop long et trop savant. « J'eusse
» mieux aimé, ajoutait-elle : TOUJOURS AGITÉE,
» MAIS CONSTANTE. — Cette devise, lui répondis-
» je, conviendrait encore mieux à la vertu. » Ma réflexion la fit rougir.

Ces familles heureuses étendaient leurs ames sensibles à tout ce qui les environnait. Elles avaient donné les noms les plus tendres aux objets en apparence les plus indifférents. Un cercle d'orangers, de bananiers et de jam-roses plantés autour d'une pelouse, au milieu de laquelle Virginie et Paul allaient quelquefois danser, se nommait LA CONCORDE. Un vieux arbre, à l'ombre duquel madame de La Tour et Marguerite s'étaient raconté leurs malheurs, s'appelait LES PLEURS ESSUYÉS. Elles faisaient porter les noms de BRETAGNE et de NORMANDIE, à de petites portions de terre où elles avaient semé du blé, des fraises et des pois. Domingue et Marie désirant, à l'imitation de leurs maîtresses, se rappeler les lieux de leur naissance en Afrique, appelaient ANGOLA et FOULLEPOINTE, deux endroits où croissait l'herbe dont ils faisaient des paniers, et où ils avaient planté un calebassier. Ainsi, par ces productions de leurs climats, ces familles expatriées entretenaient les douces illusions de leur pays, et en calmaient les regrets dans une terre étrangère. Hélas! j'ai vu s'animer de mille appellations charmantes, les arbres, les fontaines, les rochers de ce lieu maintenant si bouleversé, et qui, semblable à un champ de la Grèce, n'offre plus que des ruines et des noms touchants.

Mais de tout ce que renfermait cette enceinte, rien n'était plus agréable que ce qu'on appelait le REPOS DE VIRGINIE. Au pied du rocher la DÉCOUVERTE DE L'AMITIÉ, est un enfoncement d'où sort une fontaine qui forme, dès sa source, une petite flaque d'eau, au milieu d'un pré d'une herbe fine. Lorsque Marguerite eut mis Paul au

monde, je lui fis présent d'un coco des Indes,
qu'on m'avait donné. Elle planta ce fruit sur le
bord de cette flaque d'eau, afin que l'arbre qu'il
produirait servît un jour d'époque à la naissance
de son fils. Madame de La Tour, à son exemple,
y en planta un autre, dans une semblable intention, dès qu'elle fut accouchée de Virginie. Il naquit de ces deux fruits deux cocotiers, qui formaient toutes les archives de ces deux familles;
l'un se nommait l'arbre de Paul, et l'autre, l'arbre de Virginie. Ils crûrent tous deux, dans la
même proportion que leurs jeunes maîtres, d'une
hauteur un peu inégale, mais qui surpassait, au
bout de douze ans, celle de leurs cabanes. Déjà
ils entrelaçaient leurs palmes, et laissaient pen-
dre leurs jeunes grappes de cocos au-dessus du
bassin de la fontaine. Excepté cette plantation,
on avait laissé cet enfoncement du rocher tel que
la nature l'avait orné. Sur ses flancs bruns et humides, rayonnaient en étoiles vertes et noires
de larges capillaires, et flottaient au gré des
vents des touffes de scolopendre, suspendues
comme de longs rubans d'un vert pourpré. Près
de là croissaient des lisières de pervenche, dont
les fleurs sont presque semblables à celles de la
giroflée rouge, et des piments, dont les gousses,
couleur de sang, sont plus éclatantes que le corail. Aux environs, l'herbe de baume, dont les
feuilles sont en cœur, et les basilics à odeur de

girofle, exhalaient les plus doux parfums. Du haut de l'escarpement de la montagne, pendaient des lianes semblables à des draperies flottantes, qui formaient sur les flancs des rochers de grandes courtines de verdure. Les oiseaux de mer, attirés par ces retraites paisibles, y venaient passer la nuit. Au coucher du soleil, on y voyait voler, le long des rivages de la mer, le corbigeau et l'alouette marine; et au haut des airs, la noire frégate, avec l'oiseau blanc du tropique, qui abandonnaient, ainsi que l'astre du jour, les solitudes de l'océan indien. Virginie aimait à se reposer sur les bords de cette fontaine, décorée d'une pompe à-la-fois magnifique et sauvage. Souvent elle y venait laver le linge de la famille, à l'ombre des deux cocotiers. Quelquefois elle y menait paître ses chèvres. Pendant qu'elle préparait des fromages avec leur lait, elle se plaisait à leur voir brouter les capillaires sur les flancs escarpés de la roche, et se tenir en l'air sur une de ses corniches, comme sur un piédestal. Paul, voyant que ce lieu était aimé de Virginie, y apporta de la forêt voisine des nids de toute sorte d'oiseaux. Les pères et les mères de ces oiseaux suivirent leurs petits, et vinrent s'établir dans cette nouvelle colonie. Virginie leur distribuait de temps en temps des grains de riz, de maïs et de millet. Dès qu'elle paraissait, les merles siffleurs, les bengalis, dont le ramage est si doux, les cardinaux, dont le plumage est couleur de feu, quittaient leurs buissons; des perruches, vertes comme des émeraudes, descendaient des lataniers voisins; des perdrix accouraient sous l'herbe : tous s'avançaient pêle-mêle jusqu'à ses pieds, comme des poules. Paul et elle s'amusaient avec transport de leurs jeux, de leurs appétits et de leurs amours.

Aimables enfants, vous passiez ainsi dans l'innocence vos premiers jours, en vous exerçant aux bienfaits ! Combien de fois dans ce lieu, vos mères, vous serrant dans leurs bras, bénissaient le Ciel de la consolation que vous prépariez à leur vieillesse, et de vous voir entrer dans la vie sous de si heureux auspices ! Combien de fois, à l'ombre de ces rochers, ai-je partagé avec elles vos repas champêtres, qui n'avaient coûté la vie à aucun animal ! Des calebasses pleines de lait, des œufs frais, des gâteaux de riz sur des feuilles de bananier, des corbeilles chargées de patates, de mangues, d'oranges, de grenades, de bananes, d'attes, d'ananas, offraient à-la-fois les mets les plus sains, les couleurs les plus gaies et les sucs les plus agréables.

La conversation était aussi douce et aussi innocente que ces festins. Paul y parlait souvent des travaux du jour et de ceux du lendemain. Il méditait toujours quelque chose d'utile pour la société. Ici, les sentiers n'étaient pas commodes;

là, on était mal assis ; ces jeunes berceaux ne donnaient pas assez d'ombrage ; Virginie serait mieux là.

Dans la saison pluvieuse, ils passaient le jour tous ensemble dans la case, maîtres et serviteurs, occupés à faire des nattes d'herbes et des paniers de bambou. On voyait, rangés dans le plus grand ordre, aux parois de la muraille, des râteaux, des haches, des bêches; et auprès de ces instruments de l'agriculture, les productions qui en étaient les fruits, des sacs de riz, des gerbes de blé, et des régimes de bananes. La délicatesse s'y joignait toujours à l'abondance. Virginie, instruite par Marguerite et par sa mère, y préparait des sorbets et des cordiaux avec le jus des cannes à sucre, des citrons et des cédras.

La nuit venue, ils soupaient à la lueur d'une lampe; ensuite, madame de La Tour ou Marguerite racontait quelques histoires de voyageurs égarés la nuit dans les bois de l'Europe infestés de voleurs, ou le naufrage de quelque vaisseau jeté par la tempête sur les rochers d'une île déserte. A ces récits, les ames sensibles de leurs enfants s'enflammaient. Ils priaient le Ciel de leur faire la grace d'exercer, quelque jour, l'hospitalité envers de semblables malheureux. Cependant les deux familles se séparaient pour aller prendre du repos, dans l'impatience de se revoir le lendemain. Quelquefois elles s'endormaient au bruit de la pluie qui tombait par torrents sur la couverture de leurs cases, ou à celui des vents qui leur apportaient le murmure lointain des flots qui se brisaient sur le rivage. Elles bénissaient Dieu de leur sécurité personnelle, dont le sentiment redoublait par celui du danger éloigné.

De temps en temps, madame de La Tour lisait publiquement quelque histoire touchante de l'ancien ou du nouveau Testament. Ils raisonnaient peu sur ces livres sacrés; car leur théologie était toute en sentiment, comme celle de la nature, et leur morale toute en action, comme celle de l'évangile. Ils n'avoient point de jours destinés aux plaisirs, et d'autres à la tristesse. Chaque jour était pour eux un jour de fête, et tout ce qui les environnait, un temple divin, où ils admiraient sans cesse une Intelligence infinie, toute-puissante et amie des hommes. Ce sentiment de confiance dans le pouvoir suprême les remplissait de consolation pour le passé, de courage pour le présent, et d'espérance pour l'avenir. Voilà comme ces femmes, forcées par le malheur de rentrer dans la nature, avaient développé en elles-mêmes et dans leurs enfants ces sentiments que donne la nature, pour nous empêcher de tomber dans le malheur.

Mais comme il s'élève quelquefois dans l'ame la mieux réglée, des nuages qui la troublent, quand quelque membre de leur société paraissait triste, tous les autres se réunissaient autour de lui, et l'enlevaient aux pensées amères, plus par des sentiments que par des réflexions. Chacun y employait son caractère particulier : Marguerite, une gaieté vive; madame de La Tour, une théologie douce; Virginie, des caresses tendres; Paul, de la franchise et de la cordialité. Marie et Domingue même venaient à son secours. Ils s'affligeaient, s'ils le voyaient affligé; et ils pleuraient, s'ils le voyaient pleurer. Ainsi, des plantes faibles s'entrelacent ensemble pour résister aux ouragans.

Dans la belle saison, ils allaient tous les dimanches à la messe à l'église des Pamplemousses, dont vous voyez le clocher là-bas dans la plaine. Il y venait des habitants riches, en palanquin, qui s'empressèrent plusieurs fois de faire la connaissance de ces familles si unies, et de les inviter à des parties de plaisir. Mais elles repoussèrent toujours leurs offres avec honnêteté et respect, persuadées que les gens puissants ne recherchent les faibles que pour avoir des complaisants, et qu'on ne peut être complaisant qu'en flattant les passions d'autrui, bonnes et mauvaises. D'un autre côté, elles n'évitaient pas avec moins de soin l'accointance des petits habitants, pour l'ordinaire jaloux, médisants et grossiers. Elles passèrent d'abord auprès des uns pour timides, et auprès des autres pour fières;

mais leur conduite réservée était accompagnée de marques de politesse si obligeantes, sur-tout envers les misérables, qu'elles acquirent insensiblement le respect des riches, et la confiance des pauvres.

Après la messe, on venait souvent les requérir de quelque bon office. C'était une personne affligée qui leur demandait des conseils, ou un enfant qui les priait de passer chez sa mère malade, dans un des quartiers voisins. Elles portaient toujours avec elles quelques recettes utiles aux maladies ordinaires aux habitants, et elles y joignaient la bonne grace, qui donne tant de prix aux petits services. Elles réussissaient sur-tout à bannir les peines de l'esprit, si intolérables dans la solitude et dans un corps infirme. Madame de La Tour parlait avec tant de confiance de la Divinité, que le malade, en l'écoutant, la croyait présente. Virginie revenait bien souvent de là les yeux humides de larmes, mais le cœur rempli de joie ; car elle avait eu l'occasion de faire du bien. C'était elle qui préparait d'avance les remèdes nécessaires aux malades, et qui les leur présentait avec une grace ineffable. Après ces visites d'humanité, elles prolongeaient quelquefois leur chemin par la vallée de la Montagne-Longue jusque chez moi; où je les attendais à dîner sur les bords de la petite rivière qui coule dans mon voisinage. Je me procurais, pour ces occasions, quelques bouteilles de vin vieux, afin d'augmenter la gaieté de nos repas indiens, par ces douces et cordiales productions de l'Europe. D'autres fois, nous nous donnions rendez-vous sur les bords de la mer, à l'embouchure de quelques autres petites rivières, qui ne sont guère ici que de grands ruisseaux. Nous y apportions, de l'habitation, des provisions végétales que nous joignions à celles que la mer nous fournissait en abondance. Nous pêchions sur ses rivages, des cabots, des polypes, des rougets, des langoustes, des chevrettes, des crabes, des oursins, des huîtres et des coquillages de toute espèce. Les sites les plus terribles nous procuraient souvent les plaisirs les plus tranquilles. Quelquefois, assis sur un rocher, à l'ombre d'un veloutier, nous voyions les flots du large venir se briser à nos pieds avec un horrible fracas. Paul, qui nageait d'ailleurs comme un poisson, s'avançait quelquefois sur les récifs, au-devant des lames; puis, à leur approche, il fuyait sur le rivage, devant leurs grandes volutes écumeuses et mugissantes qui le poursuivaient bien avant sur la grève. Mais Virginie, à cette vue, jetait des cris perçants, et disait que ces jeux-là lui faisaient grand'peur.

Nos repas étaient suivis des chants et des danses de ces deux jeunes gens. Virginie chantait le bonheur de la vie champêtre, et les malheurs des gens de mer, que l'avarice porte à naviguer sur un élément furieux, plutôt que de cultiver la terre, qui donne paisiblement tant de biens. Quelquefois, à la manière des noirs, elle exécutait avec Paul une pantomime. La pantomime est le premier langage de l'homme; elle est connue de toutes les nations. Elle est si naturelle et si expressive, que les enfants des blancs ne tardent pas à l'apprendre, dès qu'ils ont vu ceux des noirs s'y exercer. Virginie se rappelant, dans les lectures que lui faisait sa mère, les histoires qui l'avaient le plus touchée, en rendait les principaux événements avec beaucoup de naïveté. Tantôt, au son du tamtam de Domingue, elle se présentait sur la pelouse, portant une cruche sur sa tête; elle s'avançait avec timidité à la source d'une fontaine voisine, pour y puiser de l'eau. Domingue et Marie, représentant les bergers de Madian, lui en défendaient l'approche, et feignaient de la repousser. Paul accourait à son secours, battait les bergers, remplissait la cruche de Virginie; et en la lui posant sur la tête, il lui mettait en même temps une couronne de fleurs rouges de pervenche, qui relevait la blancheur de son teint. Alors, me prêtant à leurs jeux, je me chargeais du personnage de Raguel, et j'accordais à Paul ma fille Séphora en mariage.

Une autre fois, elle représentait l'infortunée Ruth, qui retourne veuve et pauvre dans son pays, où elle se trouve étrangère, après une longue absence. Domingue et Marie contrefaisaient les moissonneurs. Virginie feignait de glaner çà et là, sur leurs pas, quelques épis de blé. Paul, imitant la gravité d'un patriarche, l'interrogeait; elle répondait, en tremblant, à ses questions. Bientôt ému de pitié, il accordait l'hospitalité à l'innocence, et un asyle à l'infortune; il remplissait le tablier de Virginie de toutes sortes de provisions, et l'amenait devant nous, comme devant les anciens de la ville, en déclarant qu'il la prenait en mariage malgré son indigence. Madame de La Tour, à cette scène, venant à se rappeler l'abandon où l'avaient laissée ses propres parents, son veuvage, la bonne réception que lui avait faite Marguerite, suivie maintenant de l'espoir d'un mariage heureux entre leurs enfants, ne pouvait s'empêcher de pleurer; et ce souvenir confus de maux et de biens nous faisait verser à tous des larmes de douleur et de joie.

Ces drames étaient rendus avec tant de vérité, qu'on se croyait transporté dans les champs de la Syrie ou de la Palestine. Nous ne manquions point de décorations, d'illuminations et d'orchestre convenables à ce spectacle. Le lieu de la scène était, pour l'ordinaire, au carrefour d'une forêt, dont les percés formaient autour de nous plusieurs arcades de feuillage. Nous étions, à leur centre, abrités de la chaleur pendant toute la journée; mais quand le soleil était descendu à l'horizon, ses rayons, brisés par les troncs des arbres, divergeaient dans les ombres de la forêt en longues gerbes lumineuses qui produisaient le plus majestueux effet. Quelquefois, son disque tout entier paraissait à l'extrémité d'une avenue, et la rendait tout étincelante de lumière. Le feuillage des arbres, éclairé en-dessous de ses rayons safranés, brillait des feux de la topaze et de l'émeraude. Leurs troncs moussus et bruns paraissaient changés en colonnes de bronze antique; et les oiseaux, déjà retirés en silence sous la sombre feuillée pour y passer la nuit, surpris de revoir une seconde aurore, saluaient tous à-la-fois l'astre du jour par mille et mille chansons.

La nuit nous surprenait bien souvent dans ces fêtes champêtres ; mais la pureté de l'air et la douceur du climat nous permettaient de dormir sous un ajoupa, au milieu des bois, sans craindre d'ailleurs les voleurs, ni de près ni de loin. Chacun, le lendemain, retournait dans sa case, et la retrouvait dans l'état où il l'avait laissée. Il y avait alors tant de bonne foi et de simplicité dans cette île sans commerce, que les portes de beaucoup de maisons ne fermaient point à la clef, et qu'une serrure était un objet de curiosité pour plusieurs Créoles.

Mais il y avait dans l'année des jours qui étaient, pour Paul et Virginie, des jours de plus grandes réjouissances; c'étaient les fêtes de leurs mères. Virginie ne manquait pas, la veille, de pétrir et de cuire des gâteaux de farine de froment, qu'elle envoyait à de pauvres familles de blancs, nées dans l'île, qui n'avaient jamais mangé de pain d'Europe, et qui, sans aucun secours de noirs, réduites à vivre de manioc au milieu des bois, n'avaient, pour supporter la pauvreté, ni la stupidité qui accompagne l'esclavage, ni le courage qui vient de l'éducation. Ces gâteaux étaient les seuls présents que Virginie pût faire de l'aisance de l'habitation; mais elle y joignait une bonne grace qui leur donnait un grand prix. D'abord, c'était Paul qui était chargé de les porter lui-même à ces familles; et elles s'engageaient, en les recevant, de venir le lendemain passer la journée chez madame de La Tour et Marguerite. On voyait alors arriver une mère de famille avec deux ou trois misérables filles, jaunes, maigres, et si timides qu'elles n'osaient lever les yeux. Virginie les mettait bientôt à leur aise; elle leur servait des rafraîchissements, dont elle relevait la bonté par quelque circonstance particulière, qui en augmentait, selon elle, l'agrément : cette liqueur avait été préparée par Marguerite ; cette autre par sa mère ; son frère avait cueilli lui-même ce fruit au haut d'un arbre. Elle engageait Paul à les faire danser. Elle ne les quittait point qu'elle ne les vît contentes et satisfaites. Elle voulait qu'elles fussent joyeuses de la joie de sa famille. « On ne fait son bonheur, disait-elle, » qu'en s'occupant de celui des autres. » Quand elles s'en retournaient, elle les engageait d'emporter ce qui paraissait leur avoir fait plaisir, couvrant la nécessité d'agréer ses présents du prétexte de leur nouveauté ou de leur singularité. Si elle remarquait trop de délabrement dans leurs habits, elle choisissait, avec l'agrément de sa mère, quelques-uns des siens, et elle chargeait Paul d'aller secrètement les déposer à la porte de leurs cases. Ainsi elle faisait le bien à l'exemple de la Divinité, cachant la bienfaitrice et montrant le bienfait.

Vous autres Européens, dont l'esprit se remplit dès l'enfance de tant de préjugés contraires au bonheur, vous ne pouvez concevoir que la nature puisse donner tant de lumières et de plaisirs. Votre ame, circonscrite dans une petite sphère de connaissances humaines, atteint bientôt le terme de ses jouissances artificielles ; mais la nature et le cœur sont inépuisables. Paul et Virginie n'avaient ni horloges, ni almanachs, ni livres de chronologie, d'histoire et de philosophie. Les périodes de leur vie se réglaient sur celles de la nature. Ils connaissaient les heures du jour, par l'ombre des arbres; les saisons, par les temps où ils donnent leurs fleurs ou leurs fruits; et les années, par le nombre de leurs récoltes. Ces douces images répandaient les plus grands charmes dans leurs conversations. « Il est temps de dîner, disait Virginie » à la famille, les ombres des bananiers sont à » leurs pieds; » ou bien : « La nuit s'approche, » les tamarins ferment leurs feuilles. — Quand » viendrez-vous nous voir? lui disaient quelques » amies du voisinage. — Aux cannes de sucre, » répondait Virginie. — Votre visite nous sera » encore plus douce et plus agréable, repre- » naient ces jeunes filles. » Quand on l'interrogeait sur son âge et sur celui de Paul : « Mon » frère, disait-elle, est de l'âge du grand coco- » tier de la fontaine, et moi de celui du plus » petit. Les manguiers ont donné douze fois » leurs fruits, et les orangers vingt-quatre fois » leurs fleurs, depuis que je suis au monde. » Leur vie semblait attachée à celle des arbres, comme celle des faunes et des dryades. Ils ne connaissaient d'autres époques historiques que celles de la vie de leurs mères, d'autre chronologie que celle de leurs vergers, et d'autre philosophie que de faire du bien à tout le monde, et de se résigner à la volonté de Dieu.

Après tout, qu'avaient besoin ces jeunes gens d'être riches et savants à notre manière ? leurs besoins et leur ignorance ajoutaient encore à leur félicité. Il n'y avait point de jour qu'ils ne se communiquassent quelques secours ou quelques lumières ; oui, des lumières : et quand il s'y serait mêlé quelques erreurs, l'homme pur n'en a point de dangereuses à craindre. Ainsi croissaient ces deux enfants de la nature. Aucun souci n'avait ridé leur front ; aucune intempérance n'avait corrompu leur sang ; aucune passion malheureuse n'avait dépravé leur cœur : l'amour, l'innocence, la piété, développaient chaque jour la beauté de leur ame en graces ineffables, dans leurs traits, leurs attitudes et leurs mouvements. Au matin de la vie, ils en avaient toute la fraîcheur : tels dans le jardin d'Éden parurent nos premiers parents, lorsque, sortant des mains de Dieu, ils se virent, s'approchèrent, et conversèrent d'abord comme frère et comme sœur. Virginie, douce, modeste, confiante comme Ève ; et Paul, semblable à Adam, ayant la taille d'un homme, avec la simplicité d'un enfant.

Quelquefois, seul avec elle (il me l'a mille fois raconté), il lui disait, au retour de ses travaux : « Lorsque je suis fatigué, ta vue me délasse.
» Quand du haut de la montagne je t'aperçois
» au fond de ce vallon, tu me parais au milieu
» de nos vergers comme un bouton de rose. Si

7.

» tu marches vers la maison de nos mères, la
» perdrix qui court vers ses petits, a un corsage
» moins beau et une démarche moins légère.
» Quoique je te perde de vue à travers les ar-
» bres, je n'ai pas besoin de te voir pour te re-
» trouver; quelque chose de toi, que je ne puis
» dire, reste pour moi dans l'air où tu passes,
» sur l'herbe où tu t'assieds. Lorsque je t'ap-
» proche, tu ravis tous mes sens. L'azur du ciel
» est moins beau que le bleu de tes yeux; le chant
» des bengalis moins doux que le son de ta voix.
» Si je te touche seulement du bout du doigt,
» tout mon corps frémit de plaisir. Souviens-toi
» du jour où nous passâmes à travers les cail-
» loux roulants de la rivière des Trois-Mamelles.
» En arrivant sur ses bords, j'étais déjà bien fa-
» tigué; mais quand je t'eus prise sur mon dos,
» il me semblait que j'avais des ailes comme un
» oiseau. Dis-moi par quel charme tu as pu m'en-
» chanter. Est-ce par ton esprit? mais nos mères
» en ont plus que nous deux. Est-ce par tes ca-
» resses? mais elles m'embrassent plus souvent
» que toi. Je crois que c'est par ta bonté. Je n'ou-
» blierai jamais que tu as marché nu-pieds jus-
» qu'à la Rivière-Noire, pour demander la grace
» d'une pauvre esclave fugitive. Tiens, ma bien-
» aimée, prends cette branche fleurie de citron-
» nier, que j'ai cueillie dans la forêt; tu la met-
» tras, la nuit, près de ton lit. Mange ce rayon

» de miel; je l'ai pris pour toi au haut d'un ro-
» cher. Mais auparavant repose-toi sur mon sein,
» et je serai délassé. »

Virginie lui répondait : « O mon frère! les
» rayons du soleil au matin, au haut de ces ro-
» chers, me donnent moins de joie que ta pré-
» sence. J'aime bien ma mère, j'aime bien la
» tienne; mais quand elles t'appellent mon fils,
» je les aime encore davantage. Les caresses
» qu'elles te font me sont plus sensibles que
» celles que j'en reçois. Tu me demandes pour-
» quoi tu m'aimes; mais tout ce qui a été élevé
» ensemble, s'aime. Vois nos oiseaux : élevés dans
» les mêmes nids, ils s'aiment comme nous; ils
» sont toujours ensemble comme nous. Écoute
» comme ils s'appellent et se répondent d'un ar-
» bre à l'autre. De même, quand l'écho me fait
» entendre les airs que tu joues sur ta flûte au
» haut de la montagne, j'en répète les paroles
» au fond de ce vallon. Tu m'es cher, sur-tout
» depuis le jour où tu voulais te battre pour moi
» contre le maître de l'esclave. Depuis ce temps-
» là, je me suis dit bien des fois : Ah! mon frère
» a un bon cœur; sans lui, je serais morte d'ef-
» froi. Je prie Dieu, tous les jours, pour ma
» mère, pour la tienne, pour toi, pour nos pau-
» vres serviteurs; mais quand je prononce ton
» nom, il me semble que ma dévotion augmente.
» Je demande si instamment à Dieu qu'il ne t'ar-

» rive aucun mal ! Pourquoi vas-tu si loin et si
» haut me chercher des fruits et des fleurs ? n'en
» avons-nous pas assez dans le jardin ? Comme
» te voilà fatigué ! tu es tout en nage. » Et avec
son petit mouchoir blanc, elle lui essuyait le front
et les joues, et elle lui donnait plusieurs baisers.

Cependant, depuis quelque temps, Virginie se sentait agitée d'un mal inconnu. Ses beaux yeux bleus se marbraient de noir; son teint jaunissait; une langueur universelle abattait son corps. La sérénité n'était plus sur son front, ni le sourire sur ses lèvres. On la voyait tout-à-coup gaie sans joie, et triste sans chagrin. Elle fuyait ses jeux innocents, ses doux travaux, et la société de sa famille bien-aimée. Elle errait çà et là dans les lieux les plus solitaires de l'habitation, cherchant par-tout du repos, et ne le trouvant nulle part. Quelquefois, à la vue de Paul, elle allait vers lui en folâtrant; puis tout-à-coup, près de l'aborder, un embarras subit la saisissait; un rouge vif colorait ses joues pâles, et ses yeux n'osaient plus s'arrêter sur les siens. Paul lui disait : « La ver-
» dure couvre ces rochers, nos oiseaux chantent
» quand ils te voient ; tout est gai autour de toi,
» toi seule es triste. » Et il cherchait à la ranimer en l'embrassant; mais elle détournait la tête, et fuyait tremblante vers sa mère. L'infortunée se sentait troublée par les caresses de son frère. Paul ne comprenait rien à des caprices si nou-

veaux et si étranges. Un mal n'arrive guère seul.

Un de ces étés, qui désolent de temps à autre les terres situées entre les tropiques, vint étendre ici ses ravages. C'était vers la fin de décembre, lorsque le soleil au capricorne échauffe, pendant trois semaines, l'Ile-de-France de ses feux verticaux. Le vent du sud-est, qui y règne presque toute l'année, n'y soufflait plus. De longs tourbillons de poussière s'élevaient sur les chemins, et restaient suspendus en l'air. La terre se fendait de toutes parts; l'herbe était brûlée; des exhalaisons chaudes sortaient du flanc des montagnes, et la plupart de leurs ruisseaux étaient desséchés. Aucun nuage ne venait du côté de la mer. Seulement, pendant le jour, des vapeurs rousses s'élevaient de dessus ses plaines, et paraissaient, au coucher du soleil, comme les flammes d'un incendie. La nuit même n'apportait aucun rafraîchissement à l'atmosphère embrasée. L'orbe de la lune, tout rouge, se levait, dans un horizon embrumé, d'une grandeur démesurée. Les troupeaux, abattus sur les flancs des collines, le cou tendu vers le ciel, aspirant l'air, faisaient retentir les vallons de tristes mugissements. Le Cafre même qui les conduisait, se couchait sur la terre pour y trouver de la fraîcheur; mais partout le sol était brûlant, et l'air étouffant retentissait du bourdonnement des insectes qui cherchaient à se désaltérer dans le sang des hommes et des animaux.

Dans une de ces nuits ardentes, Virginie sentit redoubler tous les symptômes de son mal. Elle se levait, elle s'asseyait, elle se recouchait, et ne trouvait dans aucune attitude, ni le sommeil ni le repos. Elle s'achemine, à la clarté de la lune, vers sa fontaine. Elle en aperçoit la source, qui, malgré la sécheresse, coulait encore en filets d'argent sur les flancs bruns du rocher. Elle se plonge dans son bassin. D'abord, la fraîcheur ranime ses sens, et mille souvenirs agréables se présentent à son esprit. Elle se rappelle que dans son enfance, sa mère et Marguerite s'amusaient à la baigner avec Paul dans ce même lieu; que Paul ensuite, réservant ce bain pour elle seule, en avait creusé le lit, couvert le fond de sable, et semé sur ses bords des herbes aromatiques. Elle entrevoit dans l'eau, sur ses bras nus et sur son sein, les reflets des deux palmiers plantés à la naissance de son frère et à la sienne, qui entrelaçaient au-dessus de sa tête leurs rameaux verts et leurs jeunes cocos. Elle pense à l'amitié de Paul, plus douce que les parfums, plus pure que l'eau des fontaines, plus forte que les palmiers unis; et elle soupire. Elle songe à la nuit, à la solitude; et un feu dévorant la saisit. Aussitôt elle sort, effrayée de ces dangereux ombrages, et de ces eaux plus brûlantes que les soleils de la zone torride. Elle court auprès de sa mère chercher un appui contre elle-même. Plusieurs fois, voulant lui raconter ses peines, elle lui pressa les mains dans les siennes ; plusieurs fois elle fût près de prononcer le nom de Paul, mais son cœur oppressé laissa sa langue sans expression ; et posant sa tête sur le sein maternel, elle ne put que l'inonder de ses larmes.

Madame de La Tour pénétrait bien la cause du mal de sa fille, mais elle n'osait elle-même lui en parler. « Mon enfant, lui disait-elle, adresse-toi
» à Dieu qui dispose à son gré de la santé et de
» la vie. Il t'éprouve aujourd'hui, pour te ré-
» compenser demain. Songe que nous ne sommes
» sur la terre que pour exercer la vertu. »

Cependant ces chaleurs excessives élevèrent de l'océan des vapeurs qui couvrirent l'île comme un vaste parasol. Les sommets des montagnes les rassemblaient autour d'eux ; et de longs sillons de feu sortaient de temps en temps de leurs pitons embrumés. Bientôt des tonnerres affreux firent retentir de leurs éclats, les bois, les plaines et les vallons ; des pluies épouvantables, semblables à des cataractes, tombèrent du ciel. Des torrents écumeux se précipitaient le long des flancs de cette montagne ; le fond de ce bassin était devenu une mer ; le plateau où sont assises les cabanes, une petite île ; et l'entrée de ce vallon, une écluse par où sortaient pêle-mêle avec les eaux mugissantes; les terres, les arbres et les rochers.

Toute la famille tremblante priait Dieu dans la case de madame de La Tour, dont le toit craquait horriblement par l'effort des vents. Quoique la porte et les contrevents en fussent bien fermés, tous les objets s'y distinguaient à travers les jointures de la charpente, tant les éclairs étaient vifs et fréquents. L'intrépide Paul, suivi de Domingue, allait d'une case à l'autre, malgré la fureur de la tempête, assurant ici une paroi avec un arc-boutant, et enfonçant là un pieu; il ne rentrait que pour consoler la famille par l'espoir prochain du retour du beau temps. En effet, sur le soir la pluie cessa, le vent alizé du sud-est reprit son cours ordinaire, les nuages orageux furent jetés vers le nord-ouest, et le soleil couchant parut à l'horizon.

Le premier désir de Virginie fut de revoir le lieu de son repos. Paul s'approcha d'elle d'un air timide, et lui présenta son bras pour l'aider à marcher. Elle l'accepta en souriant, et ils sortirent ensemble de la case. L'air était frais et sonore. Des fumées blanches s'élevaient sur les croupes de la montagne, sillonnée çà et là de l'écume des torrents qui tarissaient de tous côtés. Pour le jardin, il était tout bouleversé par d'affreux ravins; la plupart des arbres fruitiers avaient leurs racines en haut; de grands amas de sable couvraient les lisières des prairies, et avaient comblé le bain de Virginie. Cependant, les deux cocotiers étaient debout et bien verdoyants. Mais il n'y avait plus aux environs, ni gazons, ni berceaux, ni oiseaux, excepté quelques bengalis, qui, sur la pointe des rochers voisins, déploraient par des chants plaintifs la perte de leurs petits.

A la vue de cette désolation, Virginie dit à Paul : « Vous aviez apporté ici des oiseaux, l'ou-
» ragan les a tués. Vous aviez planté ce jardin,
» il est détruit. Tout périt sur la terre ; il n'y
» a que le ciel qui ne change point. » Paul lui répondit : « Que ne puis-je vous donner quelque
» chose du ciel! mais je ne possède rien, même
» sur la terre. » Virginie reprit, en rougissant :
« Vous avez à vous le portrait de saint Paul. »
A peine eut-elle parlé, qu'il courut le chercher dans la case de sa mère. Ce portrait était une petite miniature, représentant l'ermite Paul. Marguerite y avait une grande dévotion. Elle l'avait porté long-temps suspendu à son cou, étant fille ; ensuite, devenue mère, elle l'avait mis à celui de son enfant. Il était même arrivé qu'étant enceinte de lui, et délaissée de tout le monde, à force de contempler l'image de ce bienheureux solitaire, son fruit en avait contracté quelque ressemblance ; ce qui l'avait décidée à lui en faire porter le nom, et à lui donner

pour patron un saint qui avait passé sa vie loin des hommes, qui l'avaient abusé, puis abandonné. Virginie, en recevant ce petit portrait des mains de Paul, lui dit d'un ton ému : « Mon
» frère, il ne me sera jamais enlevé tant que
» je vivrai, et je n'oublierai jamais que tu m'as
» donné la seule chose que tu possèdes au
» monde. » A ce ton d'amitié, à ce retour inespéré de familiarité et de tendresse, Paul voulut l'embrasser; mais, aussi légère qu'un oiseau, elle lui échappa, et le laissa hors de lui, ne concevant rien à une conduite si extraordinaire.

Cependant Marguerite disait à madame de La Tour : « Pourquoi ne marions-nous pas nos
» enfants? Ils ont l'un pour l'autre une passion
» extrême, dont mon fils ne s'aperçoit pas en-
» core. Lorsque la nature lui aura parlé, en
» vain nous veillons sur eux; tout est à crain-
» dre. » Madame de La Tour lui répondit : « Ils
» sont trop jeunes et trop pauvres. Quel chagrin
» pour nous, si Virginie mettait au monde des
» enfants malheureux, qu'elle n'aurait peut-être
» pas la force d'élever! Ton noir Domingue est
» bien cassé; Marie est infirme. Moi-même,
» chère amie, depuis quinze ans je me sens fort
» affaiblie. On vieillit promptement dans les
» pays chauds, et encore plus vite dans le cha-
» grin. Paul est notre unique espérance. Atten-

» dons que l'âge ait formé son tempérament,
» et qu'il puisse nous soutenir par son travail.
» A présent, tu le sais, nous n'avons guère
» que le nécessaire de chaque jour. Mais, en
» faisant passer Paul dans l'Inde, pour un peu
» de temps, le commerce lui fournira de quoi
» acheter quelque esclave; et à son retour ici,
» nous le marierons à Virginie; car je crois que
» personne ne peut rendre ma chère fille aussi
» heureuse que ton fils Paul. Nous en parlerons
» à notre voisin. »

En effet, ces dames me consultèrent, et je fus de leur avis. « Les mers de l'Inde sont belles,
» leur dis-je. En prenant une saison favorable
» pour passer d'ici aux Indes, c'est un voyage
» de six semaines au plus, et d'autant de temps
» pour en revenir. Nous ferons dans notre quar-
» tier une pacotille à Paul; car j'ai des voisins
» qui l'aiment beaucoup. Quand nous ne lui
» donnerions que du coton brut, dont nous ne
» faisons aucun usage, faute de moulins pour
» l'éplucher; du bois d'ébène, si commun ici
» qu'il sert au chauffage, et quelques résines qui
» se perdent dans nos bois; tout cela se vend as-
» sez bien aux Indes, et nous est fort inutile ici. »

Je me chargeai de demander à M. de La Bourdonnais une permission d'embarquement pour ce voyage, et avant tout, je voulus en prévenir Paul. Mais quel fut mon étonnement, lorsque

ce jeune homme me dit avec un bon sens fort au-dessus de son âge : « Pourquoi voulez-vous que
» je quitte ma famille, pour je ne sais quel pro-
» jet de fortune ? Y a-t-il un commerce au
» monde plus avantageux que la culture d'un
» champ qui rend quelquefois cinquante et cent
» pour un ? Si nous voulons faire le commerce,
» ne pouvons-nous pas le faire en portant notre
» superflu d'ici à la ville, sans que j'aille courir
» aux Indes ? Nos mères me disent que Do-
» mingue est vieux et cassé ; mais moi je suis
» jeune, et je me renforce chaque jour. Il n'a
» qu'à leur arriver pendant mon absence quel-
» que accident, sur-tout à Virginie, qui est déjà
» souffrante. Oh non, non ! je ne saurais me ré-
» soudre à les quitter. »

Sa réponse me jeta dans un grand embarras ; car madame de La Tour ne m'avait pas caché l'état de Virginie, et le désir qu'elle avait de gagner quelques années sur l'âge de ces jeunes gens en les éloignant l'un de l'autre. C'étaient des motifs que je n'osais même faire soupçonner à Paul.

Sur ces entrefaites, un vaisseau arrivé de France apporta à madame de La Tour une lettre de sa tante. La crainte de la mort, sans laquelle les cœurs durs ne seraient jamais sensibles, l'avait frappée. Elle sortait d'une grande maladie dégénérée en langueur, et que l'âge rendait incurable. Elle mandait à sa nièce de repasser en

France ; ou, si sa santé ne lui permettait pas de faire un si long voyage, elle lui enjoignait d'y envoyer Virginie, à laquelle elle destinait une bonne éducation, un parti à la cour, et la donation de tous ses biens. Elle attachait, disait-elle, le retour de ses bontés à l'exécution de ses ordres.

A peine cette lettre fut lue dans la famille, qu'elle y répandit la consternation. Domingue et Marie se mirent à pleurer. Paul, immobile d'étonnement, paraissait prêt à se mettre en colère. Virginie, les yeux fixés sur sa mère, n'osait proférer un mot. « Pourriez-vous nous quitter main-
» tenant ? dit Marguerite à madame de La Tour.
» — Non, mon amie ; non, mes enfants, reprit
» madame de La Tour ; je ne vous quitterai
» point. J'ai vécu avec vous, et c'est avec vous
» que je veux mourir. Je n'ai connu le bonheur
» que dans votre amitié. Si ma santé est déran-
» gée, d'anciens chagrins en sont cause. J'ai été
» blessée au cœur par la dureté de mes parents,
» et par la perte de mon cher époux. Mais de-
» puis, j'ai goûté plus de consolation et de féli-
» cité avec vous, sous ces pauvres cabanes, que
» jamais les richesses de ma famille ne m'en ont
» fait même espérer dans ma patrie. »

A ce discours, des larmes de joie coulèrent de tous les yeux. Paul, serrant madame de La Tour dans ses bras, lui dit : « Je ne vous quitterai pas

» non plus. Je n'irai point aux Indes. Nous tra-
» vaillerons tous pour vous, chère maman ; rien
» ne vous manquera jamais avec nous. » Mais de
toute la société, la personne qui témoigna le moins
de joie, et qui y fut la plus sensible, fut Virginie.
Elle parut le reste du jour d'une gaieté douce, et
le retour de sa tranquillité mit le comble à la satisfaction générale.

Le lendemain, au lever du soleil, comme ils
venaient de faire tous ensemble, suivant leur
coutume, la prière du matin qui précédait le
déjeuner, Domingue les avertit qu'un monsieur à
cheval, suivi de deux esclaves, s'avançait vers
l'habitation. C'était M. de La Bourdonnais. Il entra dans la case, où toute la famille était à table.
Virginie venait de servir, suivant l'usage du pays,
du café et du riz cuit à l'eau. Elle y avait joint
des patates chaudes et des bananes fraîches. Il y
avait pour toute vaisselle des moitiés de calebasses, et pour linge des feuilles de bananier. Le
gouverneur témoigna d'abord quelque étonnement de la pauvreté de cette demeure. Ensuite,
s'adressant à madame de La Tour, il lui dit que les
affaires générales l'empêchaient quelquefois de
songer aux particulières; mais qu'elle avait bien
des droits sur lui. « Vous avez, ajouta-t-il,
» madame, une tante de qualité et fort riche à
» Paris, qui vous réserve sa fortune, et vous at-
» tend auprès d'elle. » Madame de La Tour ré-

pondit au gouverneur, que sa santé altérée ne lui permettait pas d'entreprendre un si long voyage. « Au moins, reprit M. de La Bourdon-
» nais, pour mademoiselle vôtre fille, si jeune
» et si aimable, vous ne sauriez, sans injustice,
» la priver d'une si grande succession. Je ne
» vous cache pas que votre tante a employé
» l'autorité pour la faire venir auprès d'elle. Les
» bureaux m'ont écrit à ce sujet d'user, s'il le
» fallait, de mon pouvoir; mais ne l'exerçant
» que pour rendre heureux les habitants de cette
» colonie, j'attends de votre volonté seule un sa-
» crifice de quelques années, d'où dépend l'éta-
» blissement de votre fille et le bien-être de
» toute votre vie. Pourquoi vient-on aux îles?
» n'est-ce pas pour y faire fortune? N'est-il pas
» bien plus agréable de l'aller retrouver dans sa
» patrie? »

En disant ces mots, il posa sur la table un gros sac de piastres que portait un de ses noirs. « Voilà, ajouta-t-il, ce qui est destiné aux pré-
» paratifs de voyage de mademoiselle votre fille,
» de la part de votre tante. » Ensuite il finit par reprocher avec bonté à madame de La Tour, de ne s'être pas adressée à lui dans ses besoins, en la louant cependant de son noble courage. Paul aussitôt prit la parole, et dit au gouverneur : « Monsieur, ma mère s'est adressée à vous, et vous
» l'avez mal reçue.—Avez-vous un autre enfant,

» madame ? dit M. de La Bourdonnais à madame
» de La Tour. — Non, monsieur, reprit-elle ; ce-
» lui-ci est le fils de mon amie, mais lui et Vir-
» ginie nous sont communs, et également chers.
» — Jeune homme, dit le gouverneur à Paul,
» quand vous aurez acquis l'expérience du monde,
» vous connaîtrez le malheur des gens en place ;
» vous saurez combien il est facile de les préve-
» nir, combien aisément ils donnent au vice in-
» trigant ce qui appartient au mérite qui se
» cache. »

M. de La Bourdonnais, invité par madame de
La Tour, s'assit à table auprès d'elle. Il déjeuna,
à la manière des Créoles, avec du café mêlé avec
du riz cuit à l'eau. Il fut charmé de l'ordre et de
la propreté de la petite case, de l'union de ces
deux familles charmantes, et du zèle même de
leurs vieux domestiques. « Il n'y a, dit-il, ici
» que des meubles de bois ; mais on y trouve des
» visages sereins et des cœurs d'or. » Paul, charmé de la popularité du gouverneur, lui dit : « Je
» désire être votre ami, car vous êtes un hon-
» nête homme. » M. de La Bourdonnais reçut
avec plaisir cette marque de cordialité insulaire.
Il embrassa Paul en lui serrant la main, et l'assura qu'il pouvait compter sur son amitié.

Après déjeuner, il prit madame de La Tour en
particulier, et lui dit qu'il se présentait une occasion prochaine d'envoyer sa fille en France sur

un vaisseau prêt à partir ; qu'il la recommanderait à une dame de ses parentes, qui y était passagère ; qu'il fallait bien se garder d'abandonner une fortune immense pour une satisfaction de quelques années. « Votre tante, ajouta-t-il en
» s'en allant, ne peut pas traîner plus de deux
» ans : ses amis me l'ont mandé. Songez-y bien.
» La fortune ne vient pas tous les jours. Consul-
» tez-vous. Tous les gens de bon sens seront de
» mon avis. » Elle lui répondit « que ne désirant
» désormais d'autre bonheur dans le monde que
» celui de sa fille, elle laisserait son départ pour
» la France entièrement à sa disposition. »

Madame de La Tour n'était pas fâchée de trouver une occasion de séparer pour quelque temps Virginie et Paul, en procurant un jour leur bonheur mutuel. Elle prit donc sa fille à part, et lui dit : « Mon enfant, nos domestiques sont vieux ;
» Paul est bien jeune ; Marguerite vient sur l'âge ;
» je suis déjà infirme : si j'allais mourir, que deviendriez-vous, sans fortune, au milieu de ces
» déserts ? Vous resteriez donc seule, n'ayant
» personne qui puisse vous être d'un grand secours, et obligée, pour vivre, de travailler sans
» cesse à la terre comme une mercenaire. Cette
» idée me pénètre de douleur. » Virginie lui répondit : « Dieu nous a condamnés au travail. Vous
» m'avez appris à travailler, et à le bénir chaque
» jour. Jusqu'à présent il ne nous a pas aban-

8.

» donnés; il ne nous abandonnera point encore.
» Sa providence veille particulièrement sur les
» malheureux. Vous me l'avez dit tant de fois,
» ma mère! Je ne saurais me résoudre à vous
» quitter. » Madame de La Tour, émue, reprit :
« Je n'ai d'autre projet que de te rendre heu-
» reuse, et de te marier un jour avec Paul, qui
» n'est point ton frère. Songe maintenant que sa
» fortune dépend de toi. »

Une jeune fille qui aime, croit que tout le monde l'ignore. Elle met sur ses yeux le voile qu'elle a sur son cœur; mais quand il est soulevé par une main amie, alors les peines secrètes de son amour s'échappent comme par une barrière ouverte, et les doux épanchements de la confiance succèdent aux réserves et aux mystères dont elle s'environnait. Virginie, sensible aux nouveaux témoignages de bonté de sa mère, lui raconta quels avaient été ses combats, qui n'avaient eu d'autres témoins que Dieu seul; qu'elle voyait le secours de sa providence dans celui d'une mère tendre qui approuvait son inclination, et qui la dirigerait par ses conseils; que maintenant, appuyée de son support, tout l'engageait à rester auprès d'elle, sans inquiétude pour le présent, et sans crainte pour l'avenir.

Madame de La Tour voyant que sa confidence avait produit un effet contraire à celui qu'elle en attendait, lui dit : « Mon enfant, je ne veux point

» te contraindre ; délibère à ton aise, mais cache
» ton amour à Paul. Quand le cœur d'une fille
» est pris, son amant n'a plus rien à lui deman-
» der. »

Vers le soir, comme elle était seule avec Virginie, il entra chez elle un grand homme vêtu d'une soutane bleue. C'était un ecclésiastique missionnaire de l'île, et confesseur de madame de La Tour et de Virginie. Il était envoyé par le gouverneur. « Mes enfants, dit-il en entrant, Dieu
» soit loué! vous voilà riches. Vous pourrez écou-
» ter votre bon cœur, faire du bien aux pauvres.
» Je sais ce que vous a dit M. de La Bourdonnais,
» et ce que vous lui avez répondu. Bonne ma-
» man, votre santé vous oblige de rester ici ;
» mais vous, jeune demoiselle, vous n'avez point
» d'excuse. Il faut obéir à la Providence, à nos
» vieux parents, même injustes. C'est un sacrifice ;
» mais c'est l'ordre de Dieu. Il s'est dévoué pour
» nous ; il faut, à son exemple, se dévouer pour
» le bien de sa famille. Votre voyage en France
» aura une fin heureuse. Ne voulez-vous pas bien
» y aller, ma chère demoiselle ? »

Virginie, les yeux baissés, lui répondit en tremblant : « Si c'est l'ordre de Dieu, je ne m'oppose
» à rien. Que la volonté de Dieu soit faite ! » dit-elle en pleurant.

Le missionnaire sortit, et fut rendre compte au gouverneur du succès de sa commission. Cependant madame de La Tour m'envoya prier par Domingue de passer chez elle, pour me consulter sur le départ de Virginie. Je ne fus point du tout d'avis qu'on la laissât partir. Je tiens pour principes certains du bonheur, qu'il faut préférer les avantages de la nature à tous ceux de la fortune, et que nous ne devons point aller chercher hors de nous ce que nous pouvons trouver chez nous. J'étends ces maximes à tout, sans exception. Mais que pouvaient mes conseils de modération contre les illusions d'une grande fortune, et mes raisons naturelles contre les préjugés du monde et une autorité sacrée pour madame de La Tour ? Cette dame ne me consulta donc que par bienséance, et elle ne délibéra plus depuis la décision de son confesseur. Marguerite même, qui, malgré les avantages qu'elle espérait pour son fils de la fortune de Virginie, s'était opposée fortement à son départ, ne fit plus d'objections. Pour Paul, qui ignorait le parti auquel on se déterminait, étonné des conversations secrètes de madame de La Tour et de sa fille, il s'abandonnait à une tristesse sombre. « On trame quelque chose contre » moi, dit-il, puisqu'on se cache de moi. »

Cependant, le bruit s'étant répandu dans l'île que la fortune avait visité ces rochers, on y vit grimper des marchands de toute espèce. Ils déployèrent, au milieu de ces pauvres cabanes, les plus riches étoffes de l'Inde; de superbes basins de Goudelour, des mouchoirs de Paliacate et de Mazulipatan, des mousselines de Daca, unies, rayées, brodées, transparentes comme le jour; des baftas de Surate d'un si beau blanc, des chittes de toutes couleurs et des plus rares, à fond sablé et à rameaux verts. Ils déroulèrent de magnifiques étoffes de soie de la Chine, des lampas découpés à jour, des damas d'un blanc satiné, d'autres d'un vert de prairie, d'autres d'un rouge à éblouir; des taffetas rosés, des satins à pleine main, des pékins moelleux comme le drap, des nankins blancs et jaunes, et jusqu'à des pagnes de Madagascar.

Madame de La Tour voulut que sa fille achetât tout ce qui lui ferait plaisir; elle veilla seulement sur le prix et les qualités des marchandises, de peur que les marchands ne la trompassent. Virginie choisit tout ce qu'elle crut être agréable à sa mère, à Marguerite et à son fils. « Ceci, disait-» elle, était bon pour des meubles, cela pour » l'usage de Marie et de Domingue. » Enfin, le sac de piastres était employé, qu'elle n'avait pas encore songé à ses besoins. Il fallut lui faire son partage sur les présents qu'elle avait distribués à la société.

Paul, pénétré de douleur à la vue de ces dons de la fortune qui lui présageaient le départ de Virginie, s'en vint quelques jours après chez moi. Il me dit, d'un air accablé : « Ma sœur s'en va;

» elle fait déjà les apprêts de son voyage. Passez
» chez nous, je vous prie. Employez votre cré-
» dit sur l'esprit de sa mère et de la mienne,
» pour la retenir. » Je me rendis aux instances
de Paul, quoique bien persuadé que mes repré-
sentations seraient sans effet.

Si Virginie m'avait paru charmante en toile
bleue du Bengale, avec un mouchoir rouge autour
de sa tête, ce fut encore tout autre chose quand
je la vis parée à la manière des dames de ce pays.
Elle était vêtue de mousseline blanche, doublée
de taffetas rose. Sa taille légère et élevée se des-
sinait parfaitement sous son corset; et ses cheveux blonds, tressés à double tresse, accompa-
gnaient admirablement sa tête virginale. Ses
beaux yeux bleus étaient remplis de mélancolie;
et son cœur, agité par une passion combattue,
donnait à son teint une couleur animée, et à sa
voix des sons pleins d'émotion. Le contraste
même de sa parure élégante, qu'elle semblait porter malgré elle, rendait sa langueur encore plus
touchante. Personne ne pouvait la voir ni l'entendre, sans se sentir ému. La tristesse de Paul en
augmenta. Marguerite, affligée de la situation de
son fils, lui dit en particulier : « Pourquoi, mon
» fils, te nourrir de fausses espérances, qui ren-
» dent les privations encore plus amères ? Il est
» temps que je te découvre le secret de ta vie et
» de la mienne. Mademoiselle de La Tour ap-

» partient, par sa mère, à une parente riche et
» de grande condition : pour toi, tu n'es que le
» fils d'une pauvre paysanne, et qui pis est, tu
» es bâtard. »

Ce mot de bâtard étonna beaucoup Paul. Il ne l'avait jamais ouï prononcer ; il en demanda la signification à sa mère, qui lui répondit : « Tu
» n'as point eu de père légitime. Lorsque j'étais
» fille, l'amour me fit commettre une faiblesse
» dont tu as été le fruit. Ma faute t'a privé de
» ta famille paternelle ; et mon repentir, de ta
» famille maternelle. Infortuné, tu n'as d'autres
» parents que moi seule dans le monde ! » et elle se mit à répandre des larmes. Paul la serrant dans ses bras, lui dit : « O ma mère ! puisque je
» n'ai d'autres parents que vous dans le monde,
» je vous en aimerai davantage. Mais quel secret
» venez-vous de me révéler ! Je vois maintenant
» la raison qui éloigne de moi mademoiselle de
» La Tour depuis deux mois, et qui la décide au-
» jourd'hui à partir. Ah ! sans doute, elle me mé-
» prise ! »

Cependant, l'heure du souper étant venue, on se mit à table, où chacun des convives, agité de passions différentes, mangea peu et ne parla point. Virginie en sortit la première, et fut s'asseoir au lieu où nous sommes. Paul la suivit bientôt après, et vint se mettre auprès d'elle. L'un et l'autre gardèrent quelque temps un profond silence. Il faisait une de ces nuits délicieuses, si communes entre les tropiques, et dont le plus habile pinceau ne rendrait pas la beauté. La lune paraissait au milieu du firmament, entourée d'un rideau de nuages que ses rayons dissipaient par degrés. Sa lumière se répandait insensiblement sur les montagnes de l'île et sur leurs pitons, qui brillaient d'un vert argenté. Les vents retenaient leurs haleines. On entendait dans les bois, au fond des vallées, au haut des rochers, de petits cris, de doux murmures d'oiseaux qui se caressaient dans leurs nids, réjouis par la clarté de la nuit et la tranquillité de l'air. Tous, jusqu'aux insectes, bruissaient sous l'herbe. Les étoiles étincelaient au ciel, et se réfléchissaient au sein de la mer, qui répétait leurs images tremblantes. Virginie parcourait avec des regards distraits son vaste et sombre horizon, distingué du rivage de l'île par les feux rouges des pêcheurs. Elle aperçut, à l'entrée du port, une lumière et une ombre : c'était le fanal et le corps du vaisseau où elle devait s'embarquer pour l'Europe, et qui, prêt à mettre à la voile, attendait à l'ancre la fin du calme. A cette vue elle se troubla, et détourna la tête pour que Paul ne la vît pas pleurer.

Madame de La Tour, Marguerite et moi, nous étions assis à quelques pas de là sous des bananiers; et dans le silence de la nuit, nous entendîmes distinctement leur conversation, que je n'ai pas oubliée.

Paul lui dit : « Mademoiselle, vous partez, » dit-on, dans trois jours. Vous ne craignez pas » de vous exposer aux dangers de la mer.... de » la mer dont vous êtes si effrayée ! — Il faut, » répondit Virginie, que j'obéisse à mes parents, » à mon devoir.—Vous nous quittez, reprit Paul, » pour une parente éloignée, que vous n'avez » jamais vue ! — Hélas ! dit Virginie, je voulais » rester ici toute ma vie ; ma mère ne l'a pas » voulu. Mon confesseur m'a dit que la volonté » de Dieu était que je partisse ; que la vie était » une épreuve...... Oh ! c'est une épreuve bien » dure ! »

« Quoi, repartit Paul, tant de raisons vous ont » décidée, et aucune ne vous a retenue ! Ah ! il » en est encore que vous ne me dites pas. La ri- » chesse a de grands attraits. Vous trouverez bien- » tôt, dans un nouveau monde, à qui donner le » nom de frère, que vous ne me donnez plus. » Vous le choisirez, ce frère, parmi des gens » dignes de vous par une naissance et une for- » tune que je ne peux vous offrir. Mais, pour » être plus heureuse, où voulez-vous aller ? Dans » quelle terre aborderez-vous, qui vous soit plus » chère que celle où vous êtes née ? Où for- » merez-vous une société plus aimable que celle » qui vous aime ? Comment vivrez-vous sans les

» caresses de votre mère, auxquelles vous êtes
» si accoutumée? Que deviendra-t-elle elle-
» même, déjà sur l'âge, lorsqu'elle ne vous verra
» plus à ses côtés, à la table, dans la maison,
» à la promenade où elle s'appuyait sur vous?
» Que deviendra la mienne, qui vous chérit au-
» tant qu'elle? Que leur dirai-je à l'une et à
» l'autre, quand je les verrai pleurer de votre
» absence? Cruelle! je ne vous parle point de
» moi : mais que deviendrai-je moi-même,
» quand le matin je ne vous verrai plus avec
» nous, et que la nuit viendra sans nous réu-
» nir; quand j'apercevrai ces deux palmiers
» plantés à notre naissance, et si long-temps
» témoins de notre amitié mutuelle? Ah! puis-
» qu'un nouveau sort te touche, que tu cherches
» d'autres pays que ton pays natal, d'autres biens
» que ceux de mes travaux, laisse-moi t'accom-
» pagner sur le vaisseau où tu pars. Je te ras-
» surerai dans les tempêtes, qui te donnent tant
» d'effroi sur la terre. Je reposerai ta tête sur
» mon sein; je réchaufferai ton cœur contre mon
» cœur; et en France, où tu vas chercher de la
» fortune et de la grandeur, je te servirai comme
» ton esclave. Heureux de ton seul bonheur, dans
» ces hôtels où je te verrai servie et adorée, je
» serai encore assez riche et assez noble pour te
» faire le plus grand des sacrifices, en mourant
» à tes pieds. »

Les sanglots étouffèrent sa voix, et nous entendîmes aussitôt celle de Virginie qui lui disait ces mots entrecoupés de soupirs.... « C'est pour
» toi que je pars,.... pour toi, que j'ai vu chaque
» jour courbé par le travail pour nourrir deux
» familles infirmes. Si je me suis prêtée à l'occa-
» sion de devenir riche, c'est pour te rendre
» mille fois le bien que tu nous as fait. Est-il
» une fortune digne de ton amitié? Que me
» dis-tu de ta naissance? Ah! s'il m'était encore
» possible de me donner un frère, en choisi-
» rais-je un autre que toi? O Paul! ô Paul! tu
» m'es beaucoup plus cher qu'un frère! Combien
» m'en a-t-il coûté pour te repousser loin de
» moi! Je voulais que tu m'aidasses à me séparer
» de moi-même, jusqu'à ce que le ciel pût bénir
» notre union. Maintenant je reste, je pars, je
» vis, je meurs; fais de moi ce que tu veux.
» Fille sans vertu! j'ai pu résister à tes caresses,
» et je ne peux soutenir ta douleur! »

À ces mots, Paul la saisit dans ses bras; et la tenant étroitement serrée, il s'écria d'une voix terrible : « Je pars avec elle, rien ne pourra
» m'en détacher. » Nous courûmes tous à lui. Madame de La Tour lui dit : « Mon fils, si vous
» nous quittez, qu'allons-nous devenir? »

Il répéta en tremblant ces mots : « Mon fils....
» mon fils.... Vous ma mère, lui dit-il, vous qui
» séparez le frère d'avec la sœur! Tous deux

» nous avons sucé votre lait; tous deux élevés
» sur vos genoux, nous avons appris de vous à
» nous aimer; tous deux, nous nous le sommes
» dit mille fois : et maintenant vous l'éloignez
» de moi! Vous l'envoyez en Europe, dans ce
» pays barbare qui vous a refusé un asyle, et chez
» des parents cruels qui vous ont vous-même
» abandonnée! Vous me direz : Vous n'avez plus
» de droits sur elle; elle n'est pas votre sœur.
» Elle est tout pour moi, ma richesse, ma fa-
» mille, ma naissance, tout mon bien. Je n'en
» connais plus d'autre. Nous n'avons eu qu'un
» toit, qu'un berceau; nous n'aurons qu'un tom-
» beau. Si elle part, il faut que je la suive. Le
» gouverneur m'en empêchera? M'empêchera-
» t-il de me jeter à la mer? Je la suivrai à la
» nage. La mer ne saurait m'être plus funeste
» que la terre. Ne pouvant vivre ici près d'elle,
» au moins je mourrai sous ses yeux, loin de
» vous. Mère barbare! femme sans pitié! Puisse
» cet océan où vous l'exposez, ne jamais vous
» la rendre! Puissent ses flots vous rapporter
» mon corps, et le roulant avec le sien parmi
» les cailloux de ces rivages, vous donner, par la
» perte de vos deux enfants, un sujet éternel de
» douleur! »

A ces mots, je le saisis dans mes bras; car le
désespoir lui ôtait la raison. Ses yeux étincelaient; la sueur coulait à grosses gouttes sur son

visage en feu ; ses genoux tremblaient, et je sentais dans sa poitrine brûlante son cœur battre à coups redoublés.

Virginie effrayée lui dit : « O mon ami!
» j'atteste les plaisirs de notre premier âge, tes
» maux, les miens, et tout ce qui doit lier à
» jamais deux infortunés, si je reste, de ne
» vivre que pour toi ; si je pars, de revenir un
» jour, pour être à toi. Je vous prends à témoin,
» vous tous qui avez élevé mon enfance, qui
» disposez de ma vie, et qui voyez mes larmes.
» Je le jure par ce ciel qui m'entend, par cette
» mer que je dois traverser, par l'air que je
» respire, et que je n'ai jamais souillé du men-
» songe. »

Comme le soleil fond et précipite un rocher de glace du sommet des Apennins, ainsi tomba la colère impétueuse de ce jeune homme à la voix de l'objet aimé. Sa tête altière était baissée, et un torrent de pleurs coulait de ses yeux. Sa mère, mêlant ses larmes aux siennes, le tenait embrassé sans pouvoir parler. Madame de La Tour, hors d'elle, me dit : « Je n'y puis tenir ;
» mon ame est déchirée. Ce malheureux voyage
» n'aura pas lieu. Mon voisin, tâchez d'emmener
» mon fils. Il y a huit jours que personne ici n'a
» dormi. »

Je dis à Paul : « Mon ami, votre sœur restera.
» Demain nous en parlerons au gouverneur ;

» laissez reposer votre famille, et venez passer
» cette nuit chez moi. Il est tard, il est minuit;
» la croix du sud est droite sur l'horizon. »

Il se laissa emmener sans rien dire; et après une nuit fort agitée, il se leva au point du jour, et s'en retourna à son habitation.

Mais qu'est-il besoin de vous continuer plus long-temps le récit de cette histoire? Il n'y a jamais qu'un côté agréable à connaître dans la vie humaine. Semblable au globe sur lequel nous tournons, notre révolution rapide n'est que d'un jour, et une partie de ce jour ne peut recevoir la lumière que l'autre ne soit livrée aux ténèbres.

« Mon père, lui dis-je, je vous en conjure,
» achevez de me raconter ce que vous avez
» commencé d'une manière si touchante. Les
» images du bonheur nous plaisent, mais celles
» du malheur nous instruisent. Que devint, je
» vous prie, l'infortuné Paul? »

Le premier objet que vit Paul, en retournant à l'habitation, fut la négresse Marie, qui, montée sur un rocher, regardait vers la pleine mer. Il lui cria du plus loin qu'il l'aperçut : « Où est
» Virginie? » Marie tourna la tête vers son jeune maître, et se mit à pleurer. Paul, hors de lui, revint sur ses pas, et courut au port. Il y apprit que Virginie s'était embarquée au point du jour; que son vaisseau avait mis à la voile

DÉSESPOIR DE PAUL EN APPRENANT
LE DÉPART DE VIRGINIE.

aussitôt, et qu'on ne le voyait plus. Il revint à l'habitation, qu'il traversa sans parler à personne.

Quoique cette enceinte de rochers paraisse derrière nous presque perpendiculaire, ces plateaux verts, qui en divisent la hauteur, sont autant d'étages par lesquels on parvient, au moyen de quelques sentiers difficiles, jusqu'au pied de ce cône de rochers incliné et inaccessible, qu'on appelle le Pouce. A la base de ce rocher est une esplanade couverte de grands arbres; mais si élevée et si escarpée, qu'elle est comme une grande forêt dans l'air, environnée de précipices effroyables. Les nuages, que le sommet du Pouce attire sans cesse autour de lui, y entretiennent plusieurs ruisseaux, qui tombent à une si grande profondeur au fond de la vallée située au revers de cette montagne, que de cette hauteur on n'entend point le bruit de leur chute. De ce lieu, on voit une grande partie de l'île avec ses mornes surmontés de leurs pitons, entre autres Piterboth et les Trois-Mamelles, avec leurs vallons remplis de forêts; puis la pleine mer, et l'Ile-Bourbon, qui est à quarante lieues de là vers l'occident. Ce fut de cette élévation que Paul aperçut le vaisseau qui emmenait Virginie. Il le vit à plus de dix lieues au large, comme un point noir au milieu de l'océan. Il resta une partie du jour tout occupé à le con-

sidérer : il était déjà disparu, qu'il croyait le voir encore ; et quand il fut perdu dans la vapeur de l'horizon, il s'assit dans ce lieu sauvage, toujours battu des vents qui y agitent sans cesse les sommets des palmistes et des tatamaques. Leur murmure sourd et mugissant ressemble au bruit lointain des orgues, et inspire une profonde mélancolie. Ce fut là que je trouvai Paul, la tête appuyée contre le rocher, et les yeux fixés vers la terre. Je marchais après lui depuis le lever du soleil : j'eus beaucoup de peine à le déterminer à descendre et à revoir sa famille. Je le ramenai cependant à son habitation ; et son premier mouvement, en revoyant madame de La Tour, fut de se plaindre amèrement qu'elle l'avait trompé. Madame de La Tour nous dit que le vent s'étant levé vers les trois heures du matin, le vaisseau étant au moment d'appareiller, le gouverneur, suivi d'une partie de son étatmajor et du missionnaire, était venu chercher Virginie en palanquin ; et que, malgré ses propres raisons, ses larmes et celles de Marguerite, tout le monde criant que c'était pour leur bien à tous, ils avaient emmené sa fille à demi mourante. « Au moins, répondit Paul, si je lui avais
» fait mes adieux, je serais tranquille à présent.
» Je lui aurais dit : Virginie, si pendant le
» temps que nous avons vécu ensemble, il m'est
» échappé quelque parole qui vous ait offensée,

» avant de me quitter pour jamais, dites-moi
» que vous me la pardonnez. Je lui aurais dit :
» Puisque je ne suis plus destiné à vous revoir,
» adieu, ma chère Virginie! adieu! Vivez loin
» de moi, contente et heureuse »! Et comme il
vit que sa mère et madame de La Tour pleuraient : « Cherchez maintenant, leur dit-il, quelqu'autre que moi qui essuie vos larmes »! puis il s'éloigna d'elles en gémissant, et se mit à errer çà et là dans l'habitation. Il en parcourait tous les endroits qui avaient été les plus chers à Virginie. Il disait à ses chèvres et à leurs petits chevreaux, qui le suivaient en bêlant : « Que me
» demandez-vous? vous ne reverrez plus avec
» moi celle qui vous donnait à manger dans sa
» main. » Il fut au Repos de Virginie; et, à la vue des oiseaux qui voltigeaient autour, il s'écria : « Pauvres oiseaux! vous n'irez plus au-devant
» de celle qui était votre bonne nourrice. » En voyant Fidèle qui flairait çà et là, et marchait devant lui en quêtant, il soupira, et lui dit : « Oh! tu ne la retrouveras plus jamais. » Enfin, il fut s'asseoir sur le rocher où il lui avait parlé la veille; et à l'aspect de la mer où il avait vu disparaître le vaisseau qui l'avait emmenée, il pleura abondamment.

Cependant nous le suivions pas à pas, craignant quelque suite funeste de l'agitation de son esprit. Sa mère et madame de La Tour le priaient, par les termes les plus tendres, de ne pas augmenter leur douleur par son désespoir. Enfin, celle-ci parvint à le calmer en lui prodiguant les noms les plus propres à réveiller ses espérances. Elle l'appelait son fils, son cher fils, son gendre, celui à qui elle destinait sa fille. Elle l'engagea à rentrer dans la maison, et à y prendre quelque peu de nourriture. Il se mit à table avec nous, auprès de la place où se mettait la compagne de son enfance : et, comme si elle l'eût encore occupée, il lui adressait la parole, et lui présentait les mets qu'il savait lui être les plus agréables; mais dès qu'il s'apercevait de son erreur, il se mettait à pleurer. Les jours suivants, il recueillit tout ce qui avait été à son usage particulier, les derniers bouquets qu'elle avait portés, une tasse de coco où elle avait coutume de boire ; et comme si ces restes de son amie eussent été les choses du monde les plus précieuses, il les baisait et les mettait dans son sein. L'ambre ne répand pas un parfum aussi doux que les objets touchés par l'objet que l'on aime. Enfin, voyant que ses regrets augmentaient ceux de sa mère et de madame de La Tour, et que les besoins de la famille demandaient un travail continuel, il se mit, avec l'aide de Domingue, à réparer le jardin.

Bientôt ce jeune homme, indifférent comme un Créole pour tout ce qui se passe dans le monde, me pria de lui apprendre à lire et à écrire, afin qu'il pût entretenir une correspondance avec Virginie. Il voulut ensuite s'instruire dans la géographie, pour se faire une idée du pays où elle débarquerait; et dans l'histoire, pour connaître les mœurs de la société où elle allait vivre. Ainsi il s'était perfectionné dans l'agriculture, et dans l'art de disposer avec agrément le terrain le plus irrégulier, par le sentiment de l'amour. Sans doute, c'est aux jouissances que se propose cette passion ardente et inquiète, que les hommes doivent la plupart des sciences et des arts; et c'est de ses privations qu'est née la philosophie, qui apprend à se consoler de tout. Ainsi la nature, ayant fait l'amour le lien de tous les êtres, l'a rendu le premier mobile de nos sociétés, et l'instigateur de nos lumières et de nos plaisirs.

Paul ne trouva pas beaucoup de goût dans l'étude de la géographie, qui, au lieu de nous décrire la nature de chaque pays, ne nous en présente que les divisions politiques. L'histoire, et sur-tout l'histoire moderne, ne l'intéressa guère davantage. Il n'y voyait que des malheurs généraux et périodiques, dont il n'apercevait pas les causes; des guerres sans sujet et sans objet; des intrigues obscures; des nations sans caractère, et des princes sans humanité. Il préférait à cette lecture celle des romans, qui, s'occupant davantage des sentiments et des intérêts des hommes, lui offraient quelquefois des situations pareilles à la sienne. Aussi aucun livre ne lui fit autant de plaisir que le Télémaque, par ses tableaux de la vie champêtre et des passions naturelles au cœur humain. Il en lisait à sa mère et à madame de La Tour, les endroits qui l'affectaient davantage : alors, ému par de touchants ressouvenirs, sa voix s'étouffait, et les larmes coulaient de ses yeux. Il lui semblait trouver dans Virginie la dignité et la sagesse d'Antiope, avec les malheurs et la tendresse d'Eucharis. D'un autre côté, il fut tout bouleversé par la lecture de nos romans à la mode, pleins de mœurs et de maximes licencieuses ; et quand il sut que ces romans renfermaient une peinture véritable des sociétés de l'Europe, il craignit, non sans quelque apparence de raison, que Virginie ne vînt à s'y corrompre et à l'oublier.

En effet, plus d'un an et demi s'était écoulé sans que madame de La Tour eût des nouvelles de sa tante et de sa fille : seulement elle avait appris, par une voie étrangère, que celle-ci était arrivée heureusement en France. Enfin, elle reçut, par un vaisseau qui allait aux Indes, un paquet, et une lettre écrite de la propre main de Virginie. Malgré la circonspection de son aimable et indulgente fille, elle jugea qu'elle était fort malheureuse. Cette lettre peignait si bien sa situation et son caractère, que je l'ai retenue presque mot pour mot.

« Très-chère et bien-aimée maman,

» Je vous ai déjà écrit plusieurs lettres de
» mon écriture ; et comme je n'en ai pas eu de
» réponse, j'ai lieu de craindre qu'elles ne vous
» soient point parvenues. J'espère mieux de
» celle-ci, par les précautions que j'ai prises
» pour vous donner de mes nouvelles, et pour
» recevoir des vôtres.

» J'ai versé bien des larmes depuis notre sé-
» paration, moi qui n'avais presque jamais pleuré
» que sur les maux d'autrui ! Ma grand'tante
» fut bien surprise à mon arrivée, lorsque,
» m'ayant questionnée sur mes talents, je lui
» dis que je ne savais ni lire ni écrire. Elle me
» demanda qu'est-ce que j'avais donc appris
» depuis que j'étais au monde ; et quand je lui
» eus répondu que c'était à avoir soin d'un
» ménage et à faire votre volonté, elle me dit
» que j'avais reçu l'éducation d'une servante.
» Elle me mit, dès le lendemain, en pension
» dans une grande abbaye auprès de Paris, où
» j'ai des maîtres de toute espèce : ils m'ensei-
» gnent, entre autres choses, l'histoire, la géo-
» graphie, la grammaire, la mathématique, et
» à monter à cheval ; mais j'ai de si faibles dis-
» positions pour toutes ces sciences, que je ne

» profiterai pas beaucoup avec ces messieurs.
» Je sens que je suis une pauvre créature qui
» ai peu d'esprit, comme ils le font entendre.
» Cependant, les bontés de ma tante ne se
» refroidissent point. Elle me donne des robes
» nouvelles à chaque saison. Elle a mis près de
» moi deux femmes de chambre, qui sont aussi
» bien parées que de grandes dames. Elle m'a
» fait prendre le titre de comtesse ; mais elle
» m'a fait quitter mon nom de LA TOUR, qui
» m'était aussi cher qu'à vous-même, par tout
» ce que vous m'avez raconté des peines que
» mon père avait souffertes pour vous épouser.
» Elle a remplacé votre nom de femme par
» celui de votre famille, qui m'est encore cher
» cependant, parce qu'il a été votre nom de
» fille. Me voyant dans une situation aussi bril-
» lante, je l'ai suppliée de vous envoyer quel-
» ques secours. Comment vous rendre sa ré-
» ponse ? mais vous m'avez recommandé de vous
» dire toujours la vérité. Elle m'a donc ré-
» pondu, que peu ne vous servirait à rien, et
» que dans la vie simple que vous menez, beau-
» coup vous embarrasserait. J'ai cherché d'abord
» à vous donner de mes nouvelles par une main
» étrangère, au défaut de la mienne. Mais
» n'ayant, à mon arrivée ici, personne en qui
» je pusse prendre confiance, je me suis appli-
» quée nuit et jour à apprendre à lire et à

» écrire : Dieu m'a fait la grace d'en venir à bout
» en peu de temps. J'ai chargé de l'envoi de
» mes premières lettres les dames qui sont au-
» tour de moi ; j'ai lieu de croire qu'elles les
» ont remises à ma grand'tante. Cette fois,
» j'ai eu recours à une pensionnaire de mes
» amies : c'est sous son adresse ci-jointe, que
» je vous prie de me faire passer vos réponses.
» Ma grand'tante m'a interdit toute corres-
» pondance au-dehors, qui pourrait, selon elle,
» mettre obstacle aux grandes vues qu'elle a
» sur moi. Il n'y a qu'elle qui puisse me voir à
» la grille, ainsi qu'un vieux seigneur de ses
» amis, qui a, dit-elle, beaucoup de goût pour
» ma personne. Pour dire la vérité, je n'en ai
» point du tout pour lui, quand même j'en
» pourrais prendre pour quelqu'un.

» Je vis au milieu de l'éclat de la fortune, et
» je ne peux disposer d'un sou. On dit que si
» j'avais de l'argent, cela tirerait à conséquence.
» Mes robes même appartiennent à mes femmes
» de chambre, qui se les disputent avant que je
» les aie quittées. Au sein des richesses, je suis
» bien plus pauvre que je ne l'étais auprès de
» vous ; car, je n'ai rien à donner. Lorsque j'ai
» vu que les grands talents que l'on m'enseignait
» ne me procuraient pas la facilité de faire le
» plus petit bien, j'ai eu recours à mon aiguille,
» dont heureusement vous m'avez appris à faire

» usage. Je vous envoie donc plusieurs paires de
» bas de ma façon, pour vous et maman Mar-
» guerite, un bonnet pour Domingue, et un de
» mes mouchoirs rouges pour Marie. Je joins à
» ce paquet des pepins et des noyaux des fruits
» de mes collations, avec des graines de toutes
» sortes d'arbres, que j'ai recueillies, à mes heures
» de récréation, dans le parc de l'abbaye. J'y ai
» ajouté aussi des semences de violettes, de mar-
» guerites, de bassinets, de coquelicots, de bluets,
» de scabieuses, que j'ai ramassées dans les
» champs. Il y a dans les prairies de ce pays,
» de plus belles fleurs que dans les nôtres ; mais
» personne ne s'en soucie. Je suis sûre que vous
» et maman Marguerite serez plus contentes de
» ce sac de graines, que du sac de piastres qui a
» été la cause de notre séparation et de mes lar-
» mes. Ce sera une grande joie pour moi, si vous
» avez un jour la satisfaction de voir des pom-
» miers croître auprès de nos bananiers, et des
» hêtres mêler leur feuillage à celui de nos co-
» cotiers: Vous vous croirez dans la Normandie
» que vous aimez tant.

» Vous m'avez enjoint de vous mander mes
» joies et mes peines. Je n'ai plus de joies loin
» de vous : pour mes peines, je les adoucis en pen-
» sant que je suis dans un poste où vous m'avez
» mise par la volonté de Dieu. Mais le plus grand
» chagrin que j'y éprouve, est que personne ne me

» parle ici de vous, et que je n'en puis parler à
» personne. Mes femmes de chambre, ou plutôt
» celles de ma grand'tante, car elles sont plus à
» elle qu'à moi, me disent, lorsque je cherche à
» amener la conversation sur des objets qui me
» sont si chers : Mademoiselle, souvenez-vous que
» vous êtes Française, et que vous devez oublier
» le pays des sauvages. Ah ! je m'oublierais plutôt
» moi-même que d'oublier le lieu où je suis née
» et où vous vivez ! C'est ce pays-ci qui est pour
» moi un pays de sauvages ; car j'y vis seule,
» n'ayant personne à qui je puisse faire part de
» l'amour que vous portera jusqu'au tombeau,

» Très-chère et bien-aimée maman,

» Votre obéissante et tendre fille,

» VIRGINIE DE LA TOUR. »

« Je recommande à vos bontés Marie et Do-
» mingue, qui ont pris tant de soin de mon en-
» fance : caressez pour moi Fidèle, qui m'a re-
» trouvée dans les bois. »

Paul fut bien étonné de ce que Virginie ne
parlait pas du tout de lui, elle qui n'avait pas
oublié dans ses ressouvenirs le chien de la maison ; mais il ne savait pas que, quelque longue
que soit la lettre d'une femme, elle n'y met jamais sa pensée la plus chère qu'à la fin.

Dans un *post-scriptum*, Virginie recommandait particulièrement à Paul deux espèces de graines; celles de violettes et de scabieuses. Elle lui donnait quelques instructions sur les caractères de ces plantes, et sur les lieux les plus propres à les semer. « La violette, lui mandait-elle, produit
» une petite fleur d'un violet foncé, qui aime à
» se cacher sous les buissons; mais son char-
» mant parfum l'y fait bientôt découvrir. » Elle lui enjoignait de la semer sur le bord de la fontaine, au pied de son cocotier. « La scabieuse,
» ajoutait-elle, donne une jolie fleur d'un bleu
» mourant, et à fond noir piqueté de blanc. On
» la croirait en deuil. On l'appelle aussi, pour
» cette raison, fleur de veuve. Elle se plaît dans
» les lieux âpres et battus des vents. » Elle le priait de la semer sur le rocher où elle lui avait parlé la nuit, la dernière fois, et de donner à ce rocher, pour l'amour d'elle, le nom du ROCHER DES ADIEUX.

Elle avait renfermé ces semences dans une petite bourse dont le tissu était fort simple, mais qui parut sans prix à Paul, lorsqu'il y aperçut un P et un V entrelacés, et formés de cheveux qu'il reconnut, à leur beauté, pour être ceux de Virginie.

La lettre de cette sensible et vertueuse demoiselle fit verser des larmes à toute la famille. Sa mère lui répondit, au nom de la société, de rester ou de revenir à son gré, l'assurant qu'ils avaient tous perdu la meilleure partie de leur bonheur, depuis son départ, et que pour elle en particulier, elle en était inconsolable.

Paul lui écrivit une lettre fort longue, où il l'assurait qu'il allait rendre le jardin digne d'elle, et y mêler les plantes de l'Europe à celles de l'Afrique, ainsi qu'elle avait entrelacé leurs noms dans son ouvrage. Il lui envoyait des fruits des cocotiers de sa fontaine, parvenus à une maturité parfaite. Il n'y joignait, ajoutait-il, aucune autre semence de l'île, afin que le désir d'en revoir les productions la déterminât à y revenir promptement. Il la suppliait de se rendre au plus tôt aux vœux ardents de leur famille, et aux siens particuliers, puisqu'il ne pouvait désormais goûter aucune joie loin d'elle.

Paul sema avec le plus grand soin les graines européennes, et sur-tout celles de violettes et de scabieuses, dont les fleurs semblaient avoir quelque analogie avec le caractère et la situation de Virginie, qui les lui avait si particulièrement recommandées; mais, soit qu'elles eussent été éventées dans le trajet, soit plutôt que le climat de cette partie de l'Afrique ne leur soit pas favorable, il n'en germa qu'un petit nombre, qui ne put venir à sa perfection.

Cependant l'envie, qui va même au-devant du bonheur des hommes, sur-tout dans les colonies françaises, répandit dans l'île des bruits qui donnaient beaucoup d'inquiétude à Paul. Les gens du vaisseau qui avait apporté la lettre de Virginie, assuraient qu'elle était sur le point de se marier : ils nommaient le seigneur de la cour qui devait l'épouser; quelques-uns même disaient que la chose était faite, et qu'ils en avaient été témoins. D'abord, Paul méprisa des nouvelles apportées par un vaisseau de commerce, qui en répand souvent de fausses sur les lieux de son passage: Mais, comme plusieurs habitants de l'île, par une pitié perfide, s'empressaient de le plaindre de cet événement, il commença à y ajouter quelque croyance. D'ailleurs, dans quelques-uns des romans qu'il avait lus, il voyait la trahison traitée de plaisanterie; et comme il savait que ces livres renfermaient des peintures assez fidèles des mœurs de l'Europe, il craignit que la fille de madame de La Tour ne vînt à s'y corrompre, et à oublier ses anciens engagements. Ses lumières le rendaient déjà malheureux. Ce qui acheva d'augmenter ses craintes, c'est que plusieurs vaisseaux d'Europe arrivèrent ici depuis, dans l'espace de six mois, sans qu'aucun d'eux apportât des nouvelles de Virginie.

Cet infortuné jeune homme, livré à toutes les agitations de son cœur, venait me voir souvent, pour confirmer ou pour bannir ses inquiétudes par mon expérience du monde.

Je demeure, comme je vous l'ai dit, à une lieue et demie d'ici, sur les bords d'une petite rivière qui coule le long de la Montagne-Longue. C'est là que je passe ma vie seul, sans femme, sans enfants et sans esclaves.

Après le rare bonheur de trouver une compagne qui nous soit bien assortie, l'état le moins malheureux de la vie est sans doute de vivre seul. Tout homme qui a eu beaucoup à se plaindre des hommes, cherche la solitude. Il est même très-remarquable que tous les peuples malheureux par leurs opinions, leurs mœurs ou leurs gouvernements, ont produit des classes nombreuses de citoyens entièrement dévoués à la solitude et au célibat. Tels ont été les Égyptiens dans leur décadence, les Grecs du bas Empire ; et tels sont, de nos jours, les Indiens, les Chinois, les Grecs modernes, les Italiens, et la plupart des peuples orientaux et méridionaux de l'Europe. La solitude ramène en partie l'homme au bonheur naturel, en éloignant de lui le malheur social. Au milieu de nos sociétés divisées par tant de préjugés, l'ame est dans une agitation continuelle ; elle roule sans cesse en elle-même mille opinions turbulentes et contradictoires, dont les membres d'une société ambitieuse et misérable cherchent à se subjuguer les uns les autres. Mais dans la solitude elle dépose ces illusions étrangères qui la troublent ; elle reprend le sentiment simple d'elle-même, de la nature et de son auteur. Ainsi l'eau bourbeuse d'un torrent qui ravage les campagnes, venant à se répandre dans quelque petit bassin écarté de son cours, dépose ses vases au fond de son lit, reprend sa première limpidité, et, redevenue transparente, réfléchit, avec ses propres rivages, la verdure de la terre et la lumière des cieux. La solitude rétablit aussi bien les harmonies du corps que celles de l'ame. C'est dans la classe des solitaires, que se trouvent les hommes qui poussent le plus loin la carrière de la vie; tels sont les brames de l'Inde. Enfin, je la crois si nécessaire au bonheur dans le monde même, qu'il me paraît impossible d'y goûter un plaisir durable de quelque sentiment que ce soit, ou de régler sa conduite sur quelque principe stable, si l'on ne se fait une solitude intérieure, d'où notre opinion sorte bien rarement, et où celle d'autrui n'entre jamais. Je ne veux pas dire toutefois que l'homme doive vivre absolument seul : il est lié avec tout le genre humain par ses besoins; il doit donc ses travaux aux hommes; il se doit aussi au reste de la nature. Mais, comme Dieu a donné à chacun de nous des organes parfaitement assortis aux éléments du globe où nous vivons, des pieds pour le sol, des poumons pour l'air, des yeux pour la lumière, sans que nous puissions intervertir l'usage de ces sens, il s'est réservé pour lui seul, qui est l'auteur de la vie, le cœur, qui en est le principal organe.

Je passe donc mes jours loin des hommes, que

j'ai voulu servir, et qui m'ont persécuté. Après avoir parcouru une grande partie de l'Europe, et quelques cantons de l'Amérique et de l'Afrique, je me suis fixé dans cette île peu habitée, séduit par sa douce température et par ses solitudes. Une cabane que j'ai bâtie dans la forêt, au pied d'un arbre, un petit champ défriché de mes mains, une rivière qui coule devant ma porte, suffisent à mes besoins et à mes plaisirs. Je joins à ces jouissances celle de quelques bons livres, qui m'apprennent à devenir meilleur. Ils font encore servir à mon bonheur le monde même que j'ai quitté : ils me présentent des tableaux des passions qui en rendent les habitants si misérables; et, par la comparaison que je fais de leur sort au mien, ils me font jouir d'un bonheur négatif. Comme un homme sauvé du naufrage sur un rocher, je contemple de ma solitude les orages qui frémissent dans le reste du monde. Mon repos même redouble par le bruit lointain de la tempête. Depuis que les hommes ne sont plus sur mon chemin, et que je ne suis plus sur le leur, je ne les hais plus; je les plains. Si je rencontre quelque infortuné, je tâche de venir à son secours par mes conseils, comme un passant, sur le bord d'un torrent, tend la main à un malheureux qui s'y noie. Mais je n'ai guère trouvé que l'innocence attentive à ma voix. La nature appelle en vain à elle le reste des hommes; chacun d'eux se fait d'elle une image qu'il revêt de ses propres passions. Il poursuit, toute sa vie, ce vain fantôme qui l'égare, et il se plaint ensuite au ciel de l'erreur qu'il s'est formée lui-même. Parmi un grand nombre d'infortunés que j'ai quelquefois essayé de ramener à la nature, je n'en ai pas trouvé un seul qui ne fût enivré de ses propres misères. Ils m'écoutaient d'abord avec attention, dans l'espérance que je les aiderais à acquérir de la gloire ou de la fortune; mais, voyant que je ne voulais leur apprendre qu'à s'en passer, ils me trouvaient moi-même misérable de ne pas courir après leur malheureux bonheur; ils blâmaient ma vie solitaire; ils prétendaient qu'eux seuls étaient utiles aux hommes, et ils s'efforçaient de m'entraîner dans leur tourbillon. Mais si je me communique à tout le monde, je ne me livre à personne. Souvent il me suffit de moi pour me servir de leçon à moi-même. Je repasse dans le calme présent les agitations passées de ma propre vie, auxquelles j'ai donné tant de prix: les protections, la fortune, la réputation, les voluptés, et les opinions qui se combattent par toute la terre. Je compare tant d'hommes que j'ai vus se disputer avec fureur ces chimères, et qui ne sont plus, aux flots de ma rivière, qui se brisent, en écumant, contre les rochers de son lit, et disparaissent pour ne revenir jamais. Pour moi, je me laisse entraîner en paix au fleuve du temps, vers l'océan de l'avenir, qui n'a plus de rivages; et par le spectacle des harmonies actuelles de la nature, je m'élève vers son auteur, et j'espère dans un autre monde de plus heureux destins.

Quoiqu'on n'aperçoive pas de mon ermitage, situé au milieu d'une forêt, cette multitude d'objets que nous présente l'élévation du lieu où nous sommes, il s'y trouve des dispositions intéressantes, sur-tout pour un homme qui, comme moi, aime mieux rentrer en lui-même que s'étendre au dehors. La rivière qui coule devant ma porte passe en ligne droite à travers les bois, en sorte qu'elle me présente un long canal ombragé d'arbres de toutes sortes de feuillages : il y a des tatamaques, des bois d'ébène, et de ceux qu'on appelle ici bois de pomme, bois d'olive et bois de cannelle ; des bosquets de palmistes élèvent çà et là leurs colonnes nues, et longues de plus de cent pieds, surmontées à leurs sommets d'un bouquet de palmes, et paraissent au-dessus des autres arbres comme une forêt plantée sur une autre forêt. Il s'y joint des lianes de divers feuillages, qui, s'enlaçant d'un arbre à l'autre, forment ici des arcades de fleurs, là de longues courtines de verdure. Des odeurs aromatiques sortent de la plupart de ces arbres, et leurs parfums ont tant d'influence sur les vêtements mêmes, qu'on sent ici un homme qui a traversé une forêt, quelques heures après qu'il en est sorti. Dans la saison où ils donnent leurs fleurs, vous les diriez à demi couverts de neige. A la fin de l'été, plusieurs espèces d'oiseaux étrangers viennent, par un instinct incompréhensible, de régions inconnues, au-delà des vastes mers, récolter les graines des végétaux de cette île, et opposent l'éclat de leurs couleurs à la verdure des arbres rembrunie par le soleil. Telles sont, entre autres, diverses espèces de perruches, et les pigeons bleus, appelés ici pigeons hollandais. Les singes, habitants domiciliés de ces forêts, se jouent dans leurs sombres rameaux, dont ils se détachent par leur poil gris et verdâtre, et leur face toute noire; quelques-uns s'y suspendent par la queue et se balancent en l'air; d'autres sautent de branche en branche, portant leurs petits dans leurs bras. Jamais le fusil meurtrier n'y a effrayé ces paisibles enfants de la nature. On n'y entend que des cris de joie, des gazouillements et des ramages inconnus de quelques oiseaux des terres australes, que répètent au loin les échos de ces forêts. La rivière qui coule en bouillonnant sur un lit de roche, à travers les arbres, réfléchit çà et là dans ses eaux limpides, leurs masses vénérables de verdure et d'ombre, ainsi que les jeux de leurs heureux habitants : à mille pas de là, elle se précipite de différents étages de rocher, et forme, à sa chute, une nappe d'eau unie comme le cristal, qui se brise, en tombant, en bouillons d'écume. Mille bruits confus sortent de ces eaux tumultueuses; et, dispersés par les vents dans la forêt, tantôt ils fuient au loin, tantôt ils se rapprochent tous à-la-fois, et assourdissent comme les sons des cloches d'une cathédrale. L'air, sans cesse renouvelé par le mouvement des eaux, entretient sur les bords de cette rivière, malgré les ardeurs de l'été, une verdure et une fraîcheur qu'on trouve rarement dans cette île, sur le haut même des montagnes.

A quelque distance de là, est un rocher assez éloigné de la cascade pour qu'on n'y soit pas étourdi du bruit de ses eaux, et qui en est assez voisin pour y jouir de leur vue, de leur fraîcheur et de leur murmure. Nous allions quelquefois, dans les grandes chaleurs, dîner à l'ombre de ce rocher, madame de La Tour, Marguerite, Virginie, Paul et moi. Comme Virginie dirigeait toujours au bien d'autrui ses actions même les plus communes, elle ne mangeait pas un fruit à la campagne, qu'elle n'en mît en terre les noyaux ou les pépins. « Il en viendra, disait-elle, des
» arbres qui donneront leurs fruits à quelque
» voyageur, ou au moins à un oiseau. » Un jour donc qu'elle avait mangé une papaye au pied de ce rocher, elle y planta les semences de ce fruit. Bientôt après il y crut plusieurs papayers, parmi lesquels il y en avait un femelle, c'est-à-

dire, qui porte des fruits. Cet arbre n'était pas si haut que le genou de Virginie, à son départ; mais, comme il croît vite, deux ans après il avait vingt pieds de hauteur, et son tronc était entouré, dans sa partie supérieure, de plusieurs rangs de fruits mûrs. Paul s'étant rendu par hasard dans ce lieu, fut rempli de joie en voyant ce grand arbre sorti d'une petite graine qu'il avait vu planter par son amie; et en même temps, il fut saisi d'une tristesse profonde par ce témoignage de sa longue absence. Les objets que nous voyons habituellement ne nous font pas apercevoir de la rapidité de notre vie; ils vieillissent avec nous d'une vieillesse insensible : mais ce sont ceux que nous revoyons tout-à-coup, après les avoir perdus quelques années de vue, qui nous avertissent de la vitesse avec laquelle s'écoule le fleuve de nos jours. Paul fut aussi surpris et aussi troublé à la vue de ce grand papayer chargé de fruits, qu'un voyageur l'est, après une longue absence de son pays, de n'y plus retrouver ses contemporains, et d'y voir leurs enfants, qu'il avait laissés à la mamelle, devenus eux-mêmes pères de famille. Tantôt il voulait l'abattre, parce qu'il lui rendait trop sensible la longueur du temps qui s'était écoulé depuis le départ de Virginie; tantôt, le considérant comme un monument de sa bienfaisance, il baisait son tronc, et lui adressait des paroles pleines d'amour et de regrets. O arbre, dont la postérité existe encore dans nos bois, je vous ai vu moi-même avec plus d'intérêt et de vénération que les arcs de triomphe des Romains ! Puisse la nature, qui détruit chaque jour les monuments de l'ambition des rois, multiplier dans nos forêts ceux de la bienfaisance d'une jeune et pauvre fille !

C'était donc au pied de ce papayer que j'étais sûr de rencontrer Paul quand il venait dans mon quartier. Un jour, je l'y trouvai accablé de mélancolie ; et j'eus avec lui une conversation que je vais vous rapporter, si je ne vous suis point trop ennuyeux par mes longues digressions, pardonnables à mon âge et à mes dernières amitiés. Je vous la raconterai en forme de dialogue, afin que vous jugiez du bon sens naturel de ce jeune homme ; et il vous sera aisé de faire la différence des interlocuteurs, par le sens de ses questions et de mes réponses.

Il me dit :

« Je suis bien chagrin. Mademoiselle de La Tour est partie depuis deux ans et deux mois ; et depuis huit mois et demi, elle ne nous a pas donné de ses nouvelles. Elle est riche ; je suis pauvre : elle m'a oublié. J'ai envie de m'embarquer ; j'irai en France, j'y servirai le roi, j'y ferai fortune, et la grand'tante de mademoiselle de La Tour me donnera sa petite-nièce en mariage, quand je serai devenu un grand seigneur.

LE VIEILLARD.

» O mon ami! ne m'avez-vous pas dit que vous n'aviez pas de naissance?

PAUL.

» Ma mère me l'a dit; car pour moi je ne sais ce que c'est que la naissance. Je ne me suis jamais aperçu que j'en eusse moins qu'un autre, ni que les autres en eussent plus que moi.

LE VIEILLARD.

». Le défaut de naissance vous ferme en France le chemin aux grands emplois. Il y a plus; vous ne pouvez même être admis dans aucun corps distingué.

PAUL.

» Vous m'avez dit plusieurs fois qu'une des causes de la grandeur de la France était que le moindre sujet pouvait y parvenir à tout, et vous m'avez cité beaucoup d'hommes célèbres qui, sortis de petits états, avaient fait honneur à leur patrie. Vous vouliez donc tromper mon courage?

LE VIEILLARD.

» Mon fils, jamais je ne l'abattrai. Je vous ai dit la vérité sur les temps passés; mais les choses sont bien changées à présent: tout est devenu vénal en France ; tout y est aujourd'hui le patrimoine d'un petit nombre de familles, ou le partage des corps. Le roi est un soleil que les grands et les corps environnent comme des nuages ; il est presque impossible qu'un de ses rayons tombe sur vous. Autrefois, dans une administration moins compliquée, on a vu ces phénomènes. Alors les talents et le mérite se sont développés de toutes parts, comme des terres nouvelles qui, venant à être défrichées, produisent avec tout leur suc. Mais les grands rois, qui savent connaître les hommes et les choisir, sont rares. Le vulgaire des rois ne se laisse aller qu'aux impulsions des grands et des corps qui les environnent.

PAUL.

» Mais je trouverai peut-être un de ces grands qui me protégera.

LE VIEILLARD.

» Pour être protégé des grands, il faut servir leur ambition ou leurs plaisirs. Vous n'y réussirez jamais, car vous êtes sans naissance, et vous avez de la probité.

PAUL.

» Mais je ferai des actions si courageuses, je serai si fidèle à ma parole, si exact dans mes devoirs, si zélé et si constant dans mon amitié, que je mériterai d'être adopté par quelqu'un d'eux, comme j'ai vu que cela se pratiquait dans les histoires anciennes que vous m'avez fait lire.

LE VIEILLARD.

» O mon ami! chez les Grecs et chez les Romains, même dans leur décadence, les grands avaient du respect pour la vertu ; mais nous avons eu une foule d'hommes célèbres en tout genre, sortis des classes du peuple, et je n'en sache pas un seul qui ait été adopté par une grande maison. La vertu, sans nos rois, serait condamnée en France à être éternellement plébéienne. Comme je vous l'ai dit, ils la mettent quelquefois en honneur lorsqu'ils l'aperçoivent ; mais aujourd'hui, les distinctions qui lui étaient réservées ne s'accordent plus que pour de l'argent.

PAUL.

» Au défaut d'un grand, je chercherai à plaire à un corps. J'épouserai entièrement son esprit et ses opinions; je m'en ferai aimer.

LE VIEILLARD.

» Vous ferez donc comme les autres hommes; vous renoncerez à votre conscience pour parvenir à la fortune ?

PAUL.

» Oh non ! je ne chercherai jamais que la vérité.

LE VIEILLARD.

» Au lieu de vous faire aimer, vous pourriez bien vous faire haïr. D'ailleurs, les corps s'intéressent fort peu à la découverte de la vérité. Toute opinion est indifférente aux ambitieux, pourvu qu'ils gouvernent.

PAUL.

» Que je suis infortuné ! tout me repousse. Je suis condamné à passer ma vie dans un travail obscur, loin de Virginie ! » Et il soupira profondément.

LE VIEILLARD.

« Que Dieu soit votre unique patron, et le genre humain votre corps. Soyez constamment attaché à l'un et à l'autre. Les familles, les corps, les peuples, les rois ont leurs préjugés et leurs passions ; il faut souvent les servir par des vices : Dieu et le genre humain ne nous demandent que des vertus.

» Mais pourquoi voulez-vous être distingué du reste des hommes ? C'est un sentiment qui n'est pas naturel, puisque, si chacun l'avait, chacun serait en état de guerre avec son voisin. Contentez-vous de remplir votre devoir dans l'état où la Providence vous a mis ; bénissez votre sort, qui vous permet d'avoir une conscience à vous, et qui ne vous oblige pas, comme les grands, de mettre votre bonheur dans l'opinion des petits, et comme les petits, de ramper sous les grands pour avoir de quoi vivre. Vous êtes dans un pays et dans une condition où, pour subsister, vous n'avez besoin ni de tromper, ni de flatter, ni de vous avilir, comme font la plupart de ceux qui cherchent la fortune en Europe ; où votre état ne vous interdit aucune vertu ; où vous pouvez être impunément bon, vrai, sincère, instruit, patient, tempérant, chaste, indulgent, pieux, sans qu'aucun ridicule vienne flétrir votre sagesse, qui n'est encore qu'en fleur. Le ciel vous a donné de la liberté, de la santé, une bonne conscience et des amis : les rois, dont vous ambitionnez la faveur, ne sont pas si heureux.

PAUL.

» Ah ! il me manque Virginie ! Sans elle, je n'ai rien ; avec elle, j'aurais tout. Elle seule est ma naissance, ma gloire et ma fortune. Mais puisqu'enfin sa parente veut lui donner pour mari un homme d'un grand nom, avec l'étude et des livres on devient savant et célèbre : je m'en vais étudier. J'acquerrai de la science ; je servirai utilement ma patrie par mes lumières, sans nuire à personne, et sans en dépendre ; je deviendrai fameux, et ma gloire n'appartiendra qu'à moi.

LE VIEILLARD.

» Mon fils, les talents sont encore plus rares que la naissance et que les richesses ; et sans doute ils sont de plus grands biens, puisque rien ne peut les ôter, et que par-tout ils nous concilient l'estime publique. Mais ils coûtent cher. On ne les acquiert que par des privations en tout genre, par une sensibilité exquise qui nous rend malheureux au dedans, et au dehors par les persécutions de nos contemporains. L'homme de robe n'envie point, en France, la gloire du militaire, ni le militaire celle de l'homme de mer ; mais tout le monde y traversera votre chemin, parce que tout le monde s'y pique d'avoir de l'esprit. Vous servirez les hommes, dites-vous ? Mais celui qui fait produire à un terrain une gerbe de blé de plus, leur rend un plus grand service que celui qui leur donne un livre.

PAUL.

» Oh! celle qui a planté ce papayer a fait aux habitants de ces forêts un présent plus utile et plus doux, que si elle leur avait donné une bibliothèque. » Et en même temps il saisit cet arbre dans ses bras, et le baisa avec transport.

LE VIEILLARD.

« Le meilleur des livres, qui ne prêche que l'égalité, l'amitié, l'humanité et la concorde, l'Évangile, a servi pendant des siècles de prétexte aux fureurs des Européens. Combien de tyrannies publiques et particulières s'exercent encore en son nom sur la terre ! Après cela, qui se flattera d'être utile aux hommes par un livre ? Rappelez-vous quel a été le sort de la plupart des philosophes qui leur ont prêché la sagesse. Homère, qui l'a revêtue de vers si beaux, demandait l'aumône pendant sa vie. Socrate, qui en donna aux Athéniens de si aimables leçons par ses discours et par ses mœurs, fut empoisonné juridiquement par eux. Son sublime disciple Platon fut livré à l'esclavage par l'ordre du prince même qui le protégeait ; et avant eux, Pythagore, qui étendait l'humanité jusqu'aux animaux, fut brûlé vif par les Crotoniates. Que dis-je ? la plupart même de ces noms illustres sont venus à nous défigurés par quelques traits de satire qui les caractérisent, l'ingratitude humaine se plaisant à les reconnaître là ; et si, dans la foule, la gloire de quelques-uns est venue nette et pure jusqu'à nous, c'est que ceux qui les ont portés ont vécu loin de la société de leurs contemporains : semblables à ces statues qu'on tire entières des champs de la Grèce et de l'Italie, et qui, pour avoir été ensevelies dans le sein de la terre, ont échappé à la fureur des barbares.

» Vous voyez donc que pour acquérir la gloire orageuse des lettres, il faut bien de la vertu, et être prêt à sacrifier sa propre vie. D'ailleurs, croyez-vous que cette gloire intéresse en France les gens riches? Ils se soucient bien des gens de lettres, auxquels la science ne rapporte ni dignités dans la patrie, ni gouvernements, ni entrée à la cour! On persécute peu dans ce siècle indifférent à tout, hors à la fortune et aux voluptés; mais les lumières et la vertu n'y mènent à rien de distingué, parce que tout est dans l'état le prix de l'argent. Autrefois, elles trouvaient des récompenses assurées dans les différentes places de l'église, de la magistrature et de l'administration : aujourd'hui, elles ne servent qu'à faire des livres. Mais ce fruit, peu prisé des gens du monde, est toujours digne de son origine céleste. C'est à ces mêmes livres qu'il est réservé particulièrement de donner de l'éclat à la vertu obscure, de consoler les malheureux, d'éclairer les nations, et de dire la vérité même aux rois. C'est, sans contredit, la fonction la plus auguste dont le Ciel puisse honorer un mortel sur la terre. Quel est l'homme qui ne se console de l'injustice ou du mépris de ceux qui disposent de la fortune, lorsqu'il pense que son ouvrage ira de siècle en siècle et de nations en nations, servir de barrière à l'erreur et aux tyrans ; et que, du sein de l'obscurité où il a vécu, il jaillira une gloire qui effacera celle de la plupart des rois, dont les monuments périssent dans l'oubli, malgré les flatteurs qui les élèvent et qui les vantent?

PAUL.

» Ah ! je ne voudrais cette gloire que pour la répandre sur Virginie, et la rendre chère à l'univers. Mais vous qui avez tant de connaissances, dites-moi si nous nous marierons. Je voudrais être savant, au moins pour connaître l'avenir.

LE VIEILLARD.

» Qui voudrait vivre, mon fils, s'il connaissait l'avenir? Un seul malheur prévu nous donne tant de vaines inquiétudes ! la vue d'un malheur certain empoisonnerait tous les jours qui le précéderaient. Il ne faut pas même trop approfondir ce qui nous environne; et le Ciel, qui nous donna la réflexion pour prévoir nos besoins, nous a donné les besoins pour mettre des bornes à notre réflexion.

PAUL.

» Avec de l'argent, dites-vous, on acquiert en Europe des dignités et des honneurs. J'irai m'enrichir au Bengale, pour aller épouser Virginie à Paris. Je vais m'embarquer.

LE VIEILLARD.

» Quoi ! vous quitteriez sa mère et la vôtre ?

PAUL.

» Vous m'avez vous-même donné le conseil de passer aux Indes.

LE VIEILLARD.

» Virginie était alors ici. Mais vous êtes maintenant l'unique soutien de votre mère et de la sienne.

PAUL.

» Virginie leur fera du bien par sa riche parente.

LE VIEILLARD.

» Les riches n'en font guère qu'à ceux qui leur font honneur dans le monde. Ils ont des parents bien plus à plaindre que madame de La Tour, qui, faute d'être secourus par eux, sacrifient leur liberté pour avoir du pain, et passent leur vie renfermés dans des couvents.

PAUL.

» Quel pays que l'Europe ! Oh ! il faut que Virginie revienne ici. Qu'a-t-elle besoin d'avoir une parente riche ? Elle était si contente sous ces cabanes, si jolie et si bien parée avec un mouchoir rouge ou des fleurs autour de sa tête ! Reviens, Virginie ! quitte tes hôtels et tes grandeurs. Reviens dans ces rochers, à l'ombre de ces bois et de nos cocotiers. Hélas ! tu es peut-être maintenant malheureuse !... » Et il se mettait à pleurer. « Mon père, ne me cachez rien : si vous ne pouvez me dire si j'épouserai Virginie, au moins apprenez-moi si elle m'aime encore au milieu de ces grands seigneurs qui parlent au roi, et qui la vont voir.

LE VIEILLARD.

» O mon ami ! je suis sûr qu'elle vous aime, par plusieurs raisons, mais sur-tout, parce qu'elle a de la vertu. » A ces mots, il me sauta au cou, transporté de joie.

PAUL.

» Mais croyez-vous les femmes d'Europe fausses, comme on les représente dans les comédies et dans les livres que vous m'avez prêtés ?

LE VIEILLARD.

» Les femmes sont fausses dans les pays où les hommes sont tyrans. Par-tout la violence produit la ruse.

PAUL.

» Comment peut-on être tyran des femmes ?

LE VIEILLARD.

» En les mariant sans les consulter ; une jeune fille avec un vieillard, une femme sensible avec un homme indifférent.

PAUL.

» Pourquoi ne pas marier ensemble ceux qui se conviennent ; les jeunes avec les jeunes, les amants avec les amantes ?

LE VIEILLARD.

» C'est que la plupart des jeunes gens, en France, n'ont pas assez de fortune pour se marier, et qu'ils n'en acquièrent qu'en devenant vieux. Jeunes, ils corrompent les femmes de leurs voisins ; vieux, ils ne peuvent fixer l'affection de leurs épouses. Ils ont trompé étant jeunes ; on les trompe à leur tour étant vieux. C'est une des réactions de la justice universelle qui gouverne le monde : un excès y balance toujours un autre excès. Ainsi la plupart des Européens passent leur vie dans ce double désordre ; et ce désordre augmente dans une société, à mesure que les richesses s'y accumulent sur un moindre nombre de têtes. L'état est semblable à un jardin, où les petits arbres ne peuvent venir s'il y en a de trop grands qui les ombragent ; mais il y a cette différence, que la beauté d'un jardin peut résulter d'un petit nombre de grands arbres, et que la prospérité d'un état dépend toujours de la multitude et de l'égalité des sujets, et non pas d'un petit nombre de riches.

PAUL.

» Mais, qu'est-il besoin d'être riche pour se marier ?

LE VIEILLARD.

» Afin de passer ses jours dans l'abondance, sans rien faire.

PAUL.

» Et pourquoi ne pas travailler ? Je travaille bien, moi !

LE VIEILLARD.

» C'est qu'en Europe le travail des mains déshonore : on l'appelle travail mécanique. Celui même de labourer la terre y est le plus méprisé de tous. Un artisan y est bien plus estimé qu'un paysan.

PAUL.

» Quoi ! l'art qui nourrit les hommes est méprisé en Europe ! Je ne vous comprends pas.

LE VIEILLARD.

» Oh ! il n'est pas possible à un homme élevé dans la nature, de comprendre les dépravations de la société. On se fait une idée précise de l'ordre, mais non pas du désordre. La beauté, la vertu, le bonheur, ont des proportions ; la laideur, le vice et le malheur n'en ont point.

PAUL.

» Les gens riches sont donc bien heureux ! Ils ne trouvent d'obstacles à rien ; ils peuvent combler de plaisirs les objets qu'ils aiment.

LE VIEILLARD.

» Ils sont la plupart usés sur tous les plaisirs, par cela même qu'ils ne leur coûtent aucunes peines. N'avez-vous pas éprouvé que le plaisir du repos s'achète par la fatigue ; celui de manger, par la faim ; celui de boire, par la soif ? Eh bien ! celui d'aimer et d'être aimé ne s'acquiert que par une multitude de privations et de sacrifices. Les richesses ôtent aux riches tous ces plaisirs-là, en prévenant leurs besoins. Joignez à l'ennui qui suit leur satiété, l'orgueil qui naît de leur opulence, et que la moindre privation blesse, lors même que les plus grandes jouissances ne le flattent plus. Le parfum de mille roses ne plaît qu'un instant ; mais la douleur que cause une seule de leurs épines dure long-temps après sa piqûre. Un mal au milieu des plaisirs, est pour les riches une épine au milieu des fleurs. Pour les pauvres, au contraire, un plaisir au milieu des maux, est une fleur au milieu des épines : ils en goûtent vivement la jouissance. Tout effet augmente par son contraste. La nature a tout balancé. Quel état, à tout prendre, croyez-vous préférable, de n'avoir presque rien à espérer et tout à craindre, ou presque rien à craindre et tout à espérer ? Le premier état est celui des riches, et le second celui des pauvres. Mais ces extrêmes sont également difficiles à supporter aux hommes, dont le bonheur consiste dans la médiocrité et la vertu.

PAUL.

» Qu'entendez-vous par la vertu ?

LE VIEILLARD.

» Mon fils ! vous qui soutenez vos parents par vos travaux, vous n'avez pas besoin qu'on vous la définisse. La vertu est un effort fait sur nous-mêmes pour le bien d'autrui, dans l'intention de plaire à Dieu seul.

PAUL.

« Oh ! que Virginie est vertueuse ! C'est par vertu qu'elle a voulu être riche, afin d'être bienfaisante. C'est par vertu qu'elle est partie de cette île : la vertu l'y ramènera. »

L'idée de son retour prochain allumant l'imagination de ce jeune homme, toutes ses inquiétudes s'évanouissaient. Virginie n'avait point écrit, parce qu'elle allait arriver. Il fallait si peu de temps pour venir d'Europe avec un bon vent! Il faisait l'énumération des vaisseaux qui avaient fait ce trajet de quatre mille cinq cents lieues en moins de trois mois. Le vaisseau où elle s'était embarquée n'en mettrait pas plus de deux. Les constructeurs étaient aujourd'hui si savants, et les marins si habiles! Il parlait des arrangements qu'il allait faire pour la recevoir, du nouveau logement qu'il allait bâtir, des plaisirs et des surprises qu'il lui ménagerait chaque jour, quand elle serait sa femme. Sa femme!..... Cette idée le ravissait. Au moins, mon père, me disait-il, vous ne ferez plus rien que pour votre plaisir. Virginie étant riche, nous aurons beaucoup de noirs qui travailleront pour vous. Vous serez toujours avec nous, n'ayant d'autre souci que celui de vous amuser et de vous réjouir. Et il allait, hors de lui, porter à sa famille la joie dont il était enivré.

En peu de temps les grandes craintes succèdent aux grandes espérances. Les passions violentes jettent toujours l'ame dans les extrémités opposées. Souvent, dès le lendemain, Paul revenait me voir, accablé de tristesse. Il me disait : « Virginie ne m'écrit point. Si elle était partie » d'Europe, elle m'aurait mandé son départ. » Ah! les bruits qui ont couru d'elle ne sont

» que trop fondés! Sa tante l'a mariée à un
» grand seigneur. L'amour des richesses l'a per-
» due, comme tant d'autres. Dans ces livres
» qui peignent si bien les femmes, la vertu n'est
» qu'un sujet de roman. Si Virginie avait eu de
» la vertu, elle n'aurait pas quitté sa propre
» mère et moi. Pendant que je passe ma vie à
» penser à elle, elle m'oublie. Je m'afflige, et
» elle se divertit. Ah! cette pensée me désespère.
» Tout travail me déplaît; toute société m'en-
» nuie. Plût à Dieu que la guerre fût déclarée
» dans l'Inde! J'irais y mourir. »

« Mon fils, lui répondis-je, le courage qui
» nous jette dans la mort n'est que le courage
» d'un instant. Il est souvent excité par les vains
» applaudissements des hommes. Il en est un
» plus rare et plus nécessaire, qui nous fait sup-
» porter chaque jour, sans témoins et sans
» éloges, les traverses de la vie : c'est la pa-
» tience. Elle s'appuie, non sur l'opinion d'au-
» trui ou sur l'impulsion de nos passions, mais
» sur la volonté de Dieu. La patience est le
» courage de la vertu. »

« Ah! s'écria-t-il, je n'ai donc point de vertu!
» Tout m'accable et me désespère. — La vertu,
» repris-je, toujours égale, constante, invaria-
» ble, n'est pas le partage de l'homme. Au
» milieu de tant de passions qui nous agitent,
» notre raison se trouble et s'obscurcit; mais il

» est des phares où nous pouvons en rallumer le
» flambeau : ce sont les lettres.

» Les lettres, mon fils, sont un secours du
» ciel. Ce sont des rayons de cette sagesse qui
» gouverne l'univers, que l'homme, inspiré par
» un art céleste, a appris à fixer sur la terre.
» Semblables aux rayons du soleil, elles éclairent,
» elles réjouissent, elles échauffent ; c'est un feu
» divin. Comme le feu, elles approprient toute
» la nature à notre usage. Par elles, nous réu-
» nissons autour de nous les choses, les lieux,
» les hommes et les temps. Ce sont elles qui
» nous rappellent aux règles de la vie humaine.
» Elles calment les passions ; elles répriment
» les vices ; elles excitent les vertus par les
» exemples augustes des gens de bien qu'elles
» célèbrent, et dont elles nous présentent les
» images toujours honorées. Ce sont des filles
» du ciel, qui descendent sur la terre pour
» charmer les maux du genre humain. Les grands
» écrivains qu'elles inspirent ont toujours paru
» dans les temps les plus difficiles à supporter
» à toute société, les temps de barbarie et ceux
» de dépravation. Mon fils, les lettres ont con-
» solé une infinité d'hommes plus malheureux
» que vous : Xénophon, exilé de sa patrie après
» y avoir ramené dix mille Grecs ; Scipion
» l'Africain, lassé des calomnies des Romains ;
» Lucullus, de leurs brigues ; Catinat, de l'in-

» gratitude de sa cour. Les Grecs, si ingénieux,
» avaient réparti à chacune des Muses qui pré-
» sident aux lettres, une partie de notre enten-
» dement pour le gouverner : nous devons donc
» leur donner nos passions à régir, afin qu'elles
» leur imposent un joug et un frein. Elles doi-
» vent remplir, par rapport aux puissances de
» notre ame, les mêmes fonctions que les Heures
» qui attelaient et conduisaient les chevaux du
» Soleil.

» Lisez donc, mon fils. Les sages qui ont écrit
» avant nous, sont des voyageurs qui nous ont
» précédés dans les sentiers de l'infortune, qui
» nous tendent la main, et nous invitent à nous
» joindre à leur compagnie, lorsque tout nous
» abandonne. Un bon livre est un bon ami. »

« Ah! s'écriait Paul, je n'avais pas besoin de
» savoir lire quand Virginie était ici. Elle n'avait
» pas plus étudié que moi ; mais, quand elle me
» regardait en m'appelant son ami, il m'était
» impossible d'avoir du chagrin. »

« Sans doute, lui disais-je, il n'y a point d'ami
» aussi agréable qu'une maîtresse qui nous aime.
» Il y a de plus dans la femme une gaieté
» légère qui dissipe la tristesse de l'homme.
» Ses graces font évanouir les noirs fantômes
» de la réflexion. Sur son visage, sont les doux
» attraits et la confiance. Quelle joie n'est ren-
» due plus vive par sa joie? Quel front ne se

» déride à son sourire? Quelle colère résiste
» à ses larmes? Virginie reviendra avec plus de
» philosophie que vous n'en avez. Elle sera bien
» surprise de ne pas retrouver le jardin tout-à-
» fait rétabli, elle qui ne songe qu'à l'embellir,
» malgré les persécutions de sa parente, loin de
» sa mère et de vous. »

L'idée du retour prochain de Virginie renouvelait le courage de Paul, et le ramenait à ses occupations champêtres. Heureux, au milieu de ses peines, de proposer à son travail une fin qui plaisait à sa passion!

Un matin, au point du jour (c'était le 24 décembre 1744), Paul, en se levant, aperçut un pavillon blanc arboré sur la montagne de la Découverte. Ce pavillon était le signalement d'un vaisseau qu'on voyait en mer. Paul courut à la ville pour savoir s'il n'apportait pas des nouvelles de Virginie. Il y resta jusqu'au retour du pilote du port, qui s'était embarqué pour aller le reconnaître, suivant l'usage. Cet homme ne revint que le soir. Il rapporta au gouverneur, que le vaisseau signalé était le Saint-Géran, du port de sept cents tonneaux, commandé par un capitaine appelé M. Aubin; qu'il était à quatre lieues au large, et qu'il ne mouillerait au Port-Louis que le lendemain dans l'après-midi, si le vent était favorable. Il n'en faisait point du tout alors. Le pilote remit au gouverneur les lettres que ce vaisseau apportait de France. Il y en avait une pour madame de La Tour, de l'écriture de Virginie. Paul s'en saisit aussitôt, la baisa avec transport, la mit dans son sein, et courut à l'habitation. Du plus loin qu'il aperçut la famille, qui attendait son retour sur le rocher des Adieux, il éleva la lettre en l'air sans pouvoir parler ; et aussitôt tout le monde se rassembla chez madame de La Tour pour en entendre la lecture. Virginie mandait à sa mère, qu'elle avait éprouvé beaucoup de mauvais procédés de la part de sa grand'tante, qui l'avait voulu marier malgré elle, ensuite déshéritée, et enfin renvoyée, dans un temps qui ne lui permettait d'arriver à l'Ile-de-France que dans la saison des ouragans ; qu'elle avait essayé en vain de la fléchir, en lui représentant ce qu'elle devait à sa mère et aux habitudes du premier âge ; qu'elle en avait été traitée de fille insensée, dont la tête était gâtée par les romans ; qu'elle n'était maintenant sensible qu'au bonheur de revoir et d'embrasser sa chère famille, et qu'elle eût satisfait cet ardent désir dès le jour même, si le capitaine lui eût permis de s'embarquer dans la chaloupe du pilote ; mais qu'il s'était opposé à son départ à cause de l'éloignement de la terre, et d'une grosse mer qui régnait au large, malgré le calme des vents.

A peine cette lettre fut lue, que toute la fa-

mille, transportée de joie, s'écria : « Virginie
» est arrivée ! » Maîtres et serviteurs, tous s'embrassèrent. Madame de La Tour dit à Paul :
« Mon fils, allez prévenir notre voisin de l'arri-
» vée de Virginie. » Aussitôt Domingue alluma
un flambeau de bois de ronde, et Paul et lui
s'acheminèrent vers mon habitation.

Il pouvait être dix heures du soir. Je venais
d'éteindre ma lampe et de me coucher, lorsque
j'aperçus, à travers les palissades de ma cabane,
une lumière dans les bois. Bientôt après, j'entendis la voix de Paul qui m'appelait. Je me
lève; et à peine j'étais habillé, que Paul, hors
de lui et tout essoufflé, me saute au cou, en me
disant : « Allons, allons, Virginie est arrivée.
» Allons au port; le vaisseau y mouillera au point
» du jour. »

Sur-le-champ, nous nous mettons en route.
Comme nous traversions les bois de la Montagne-
Longue, et que nous étions déjà sur le chemin
qui mène des Pamplemousses au port, j'entendis
quelqu'un marcher derrière nous. C'était un noir
qui s'avançait à grands pas. Dès qu'il nous eut
atteints, je lui demandai d'où il venait, et où il
allait en si grande hâte. Il me répondit : « Je
» viens du quartier de l'île appelé la Poudre-
» d'Or : on m'envoie au port avertir le gou-
» verneur qu'un vaisseau de France est mouillé
» sous l'île d'Ambre. Il tire du canon pour de-

» mander du secours; car la mer est bien mau-
» vaise. » Cet homme, ayant ainsi parlé, continua sa route sans s'arrêter davantage.

Je dis alors à Paul : « Allons vers le quartier
» de la Poudre-d'Or, au-devant de Virginie;
» il n'y a que trois lieues d'ici. » Nous nous mîmes donc en route vers le nord de l'île. Il faisait une chaleur étouffante. La lune était levée : on voyait autour d'elle trois grands cercles noirs. Le ciel était d'une obscurité affreuse. On distinguait, à la lueur fréquente des éclairs, de longues files de nuages épais, sombres, peu élevés, qui s'entassaient vers le milieu de l'île, et venaient de la mer avec une grande vitesse, quoiqu'on ne sentît pas le moindre vent à terre. Chemin faisant, nous crûmes entendre rouler le tonnerre ; mais ayant prêté l'oreille attentivement, nous reconnûmes que c'étaient des coups de canon répétés par les échos. Ces coups de canon lointains, joints à l'aspect d'un ciel orageux, me firent frémir. Je ne pouvais douter qu'ils ne fussent les signaux de détresse d'un vaisseau en perdition. Une demi-heure après, nous n'entendîmes plus tirer du tout; et ce silence me parut encore plus effrayant que le bruit lugubre qui l'avait précédé.

Nous nous hâtions d'avancer sans dire un mot, et sans oser nous communiquer nos inquiétudes. Vers minuit, nous arrivâmes tout en nage sur le bord de la mer, au quartier de la Poudre-d'Or. Les flots s'y brisaient avec un bruit épouvantable ; ils en couvraient les rochers et les grèves d'écumes d'un blanc éblouissant et d'étincelles de feu. Malgré les ténèbres, nous distinguâmes, à ces lueurs phosphoriques, les pirogues des pêcheurs, qu'on avait tirées bien avant sur le sable.

A quelque distance de là, nous vîmes, à l'entrée du bois, un feu autour duquel plusieurs habitants s'étaient rassemblés. Nous fûmes nous y reposer en attendant le jour. Pendant que nous étions assis auprès de ce feu, un des habitants nous raconta que, dans l'après-midi, il avait vu un vaisseau en pleine mer, porté sur l'île par les courants ; que la nuit l'avait dérobé à sa vue ; que deux heures après le coucher du soleil, il l'avait entendu tirer du canon pour appeler du secours ; mais que la mer était si mauvaise, qu'on n'avait pu mettre aucun bateau dehors pour aller à lui ; que bientôt après, il avait cru apercevoir ses fanaux allumés ; et que dans ce cas, il craignait que le vaisseau, venu si près du rivage, n'eût passé entre la terre et la petite île d'Ambre, prenant celle-ci pour le Coin de Mire, près duquel passent les vaisseaux qui arrivent au Port-Louis ; que si cela était, ce qu'il ne pouvait toutefois affirmer, ce vaisseau était dans le plus grand péril. Un autre habitant prit la parole, et nous dit qu'il avait traversé plusieurs fois le canal qui sépare l'île d'Ambre de la côte; qu'il l'avait sondé; que la tenure et le mouillage en étaient très-bons, et que le vaisseau y était en parfaite sûreté, comme dans le meilleur port. « J'y mettrais toute ma fortune, » ajouta-t-il, et j'y dormirais aussi tranquille- » ment qu'à terre. » Un troisième habitant dit qu'il était impossible que ce vaisseau pût entrer dans ce canal, où à peine les chaloupes pouvaient naviguer. Il assura qu'il l'avait vu mouiller au-delà de l'île d'Ambre; en sorte que, si le vent venait à s'élever au matin, il serait le maître de pousser au large ou de gagner le port. D'autres habitants ouvrirent d'autres opinions. Pendant qu'ils contestaient entre eux, suivant la coutume des Créoles oisifs, Paul et moi nous gardions un profond silence. Nous restâmes là jusqu'au petit point du jour; mais il faisait trop peu de clarté au ciel, pour qu'on pût distinguer aucun objet sur la mer, qui d'ailleurs était couverte de brume : nous n'entrevîmes au large qu'un nuage sombre, qu'on nous dit être l'île d'Ambre, située à un quart de lieue de la côte. On n'apercevait dans ce jour ténébreux, que la pointe du rivage où nous étions, et quelques pitons des montagnes de l'intérieur de l'île, qui apparaissaient de temps en temps au milieu des nuages qui circulaient autour.

Vers les sept heures du matin, nous entendîmes dans les bois un bruit de tambours ; c'était le gouverneur, M. de La Bourdonnais, qui arrivait à cheval, suivi d'un détachement de soldats armés de fusils, et d'un grand nombre d'habitants et de noirs. Il plaça ses soldats sur le rivage, et leur ordonna de faire feu de leurs armes tous à-la-fois. A peine leur décharge fut faite, que nous aperçûmes sur la mer une lueur, suivie presque aussitôt d'un coup de canon. Nous jugeâmes que le vaisseau était à peu de distance de nous, et nous courûmes tous du côté où nous avions vu son signal. Nous aperçûmes alors, à travers le brouillard, le corps et les vergues d'un grand vaisseau. Nous en étions si près, que, malgré le bruit des flots, nous entendîmes le sifflet du maître qui commandait la manœuvre, et les cris des matelots, qui crièrent trois fois VIVE LE ROI ! car c'est le cri des Français dans les dangers extrêmes, ainsi que dans les grandes joies ; comme si, dans les dangers, ils appelaient leur prince à leur secours, ou comme s'ils voulaient témoigner alors qu'ils sont prêts à périr pour lui.

Depuis le moment où le Saint-Géran aperçut que nous étions à portée de le secourir, il ne cessa de tirer du canon de trois minutes en trois minutes. M. de La Bourdonnais fit allumer de grands feux de distance en distance sur la grève,

et envoya chez tous les habitants du voisinage, chercher des vivres, des planches, des câbles, et des tonneaux vides. On en vit arriver bientôt une foule, accompagnée de leurs noirs chargés de provisions et d'agrès, qui venaient des habitations de la Poudre-d'Or, du quartier de Flacque et de la rivière du Rempart. Un des plus anciens de ces habitants s'approcha du gouverneur, et lui dit : « Monsieur, on a entendu toute la
» nuit des bruits sourds dans la montagne. Dans
» les bois, les feuilles des arbres remuent sans
» qu'il fasse de vent. Les oiseaux de marine
» se réfugient à terre : certainement tous ces
» signes annoncent un ouragan. — Eh bien !
» mes amis, répondit le gouverneur, nous y
» sommes préparés, et sûrement le vaisseau l'est
» aussi. »

En effet, tout présageait l'arrivée prochaine d'un ouragan. Les nuages qu'on distinguait au zénith étaient à leur centre d'un noir affreux, et cuivrés sur leurs bords. L'air retentissait des cris des paille-en-cus, des frégates, des coupeurs d'eau, et d'une multitude d'oiseaux de marine, qui, malgré l'obscurité de l'atmosphère, venaient de tous les points de l'horizon chercher des retraites dans l'île.

Vers les neuf heures du matin, on entendit du côté de la mer des bruits épouvantables, comme si des torrents d'eau, mêlés à des tonnerres, eussent roulé du haut des montagnes. Tout le monde s'écria : « Voilà l'ouragan » ! et dans l'instant, un tourbillon affreux de vent enleva la brume qui couvrait l'île d'Ambre et son canal. Le Saint-Géran parut alors à découvert avec son pont chargé de monde, ses vergues et ses mâts de hune amenés sur le tillac, son pavillon en berne, quatre câbles sur son avant, et un de retenue sur son arrière. Il était mouillé entre l'île d'Ambre et la terre, en deçà de la ceinture de récifs qui entoure l'Ile-de-France, et qu'il avait franchie par un endroit où jamais vaisseau n'avait passé avant lui. Il présentait son avant aux flots qui venaient de la pleine mer, et à chaque lame d'eau qui s'engageait dans le canal, sa proue se soulevait tout entière, de sorte qu'on en voyait la carène en l'air; mais dans ce mouvement, sa poupe venant à plonger, disparaissait à la vue jusqu'au couronnement, comme si elle eût été submergée. Dans cette position où le vent et la mer le jetaient à terre, il lui était également impossible de s'en aller par où il était venu, ou, en coupant ses câbles, d'échouer sur le rivage, dont il était séparé par de hauts fonds semés de récifs. Chaque lame qui venait briser sur la côte, s'avançait en mugissant jusqu'au fond des anses, et y jetait des galets à plus de cinquante pieds dans les terres; puis, venant à se retirer, elle découvrait une grande partie du lit du rivage, dont elle roulait les cailloux avec un bruit rauque et affreux. La mer, soulevée par le vent, grossissait à chaque instant, et tout le canal compris entre cette île et l'île d'Ambre, n'était qu'une vaste nappe d'écumes blanches, creusées de vagues noires et profondes. Ces écumes s'amassaient dans le fond des anses à plus de six pieds de hauteur, et le vent qui en balayait la surface, les portait par-dessus l'escarpement du rivage à plus d'une demi-lieue dans les terres. A leurs flocons blancs et innombrables qui étaient chassés horizontalement jusqu'au pied des montagnes, on eût dit d'une neige qui sortait de la mer. L'horizon offrait tous les signes d'une longue tempête ; la mer y paraissait confondue avec le ciel. Il s'en détachait sans cesse des nuages d'une forme horrible, qui traversaient le zénith avec la vitesse des oiseaux, tandis que d'autres y paraissaient immobiles comme de grands rochers. On n'apercevait aucune partie azurée du firmament; une lueur olivâtre et blafarde éclairait seule tous les objets de la terre, de la mer et des cieux.

Dans les balancements du vaisseau, ce qu'on craignait arriva. Les câbles de son avant rompirent; et, comme il n'était plus retenu que par une seule ansière, il fut jeté sur les rochers à une demi-encablure du rivage. Ce ne fut qu'un cri de douleur parmi nous. Paul allait s'élancer à la mer, lorsque je le saisis par le bras. « Mon fils, lui dis-

NAUFRAGE DE VIRGINIE,
ELLE PARUT UN ANGE QUI PREND SON VOL VERS LES CIEUX.

P. P. Prudhon inv. del.   B.¹ Roger sculp.

» je, voulez-vous périr ? — Que j'aille à son se-
» cours, s'écria-t-il, ou que je meure »! Comme
le désespoir lui ôtait la raison, pour prévenir sa
perte, Domingue et moi lui attachâmes à la ceinture une longue corde dont nous saisîmes l'une
des extrémités. Paul alors s'avança vers le Saint-
Géran, tantôt nageant, tantôt marchant sur les
récifs. Quelquefois il avait l'espoir de l'aborder;
car la mer, dans ses mouvements irréguliers, lais-
sait le vaisseau presque à sec, de manière qu'on
en eût pu faire le tour à pied : mais bientôt après,
revenant sur ses pas avec une nouvelle furie, elle
le couvrait d'énormes voûtes d'eau qui soule-
vaient tout l'avant de sa carène, et rejetaient bien
loin sur le rivage le malheureux Paul, les jambes
en sang, la poitrine meurtrie, et à demi noyé.
A peine ce jeune homme avait-il repris l'usage
de ses sens, qu'il se relevait, et retournait avec
une nouvelle ardeur vers le vaisseau, que la mer
cependant entr'ouvrait par d'horribles secousses.
Tout l'équipage désespérant alors de son salut,
se précipitait en foule à la mer, sur des vergues,
des planches, des cages à poules, des tables et
des tonneaux. On vit alors un objet digne d'une
éternelle pitié : une jeune demoiselle parut dans
la galerie de la poupe du Saint-Géran, tendant
les bras vers celui qui faisait tant d'efforts pour
la joindre. C'était Virginie. Elle avait reconnu son
amant à son intrépidité. La vue de cette aimable

personne, exposée à un si terrible danger, nous remplit de douleur et de désespoir. Pour Virginie, d'un port noble et assuré, elle nous faisait signe de la main, comme nous disant un éternel adieu. Tous les matelots s'étaient jetés à la mer. Il n'en restait plus qu'un sur le pont, qui était tout nu et nerveux comme Hercule. Il s'approcha de Virginie avec respect : nous le vîmes se jeter à ses genoux, et s'efforcer même de lui ôter ses habits ; mais elle, le repoussant avec dignité, détourna de lui sa vue. On entendit aussitôt ces cris redoublés des spectateurs : « Sauvez-la, sauvez-la ; » ne la quittez pas » ! Mais dans ce moment, une montagne d'eau d'une effroyable grandeur s'engouffra entre l'île d'Ambre et la côte, et s'avança en rugissant vers le vaisseau, qu'elle menaçait de ses flancs noirs et de ses sommets écumants. A cette terrible vue, le matelot s'élança seul à la mer ; et Virginie, voyant la mort inévitable, posa une main sur ses habits, l'autre sur son cœur, et levant en haut des yeux sereins, parut un ange qui prend son vol vers les cieux.

O jour affreux ! hélas ! tout fut englouti. La lame jeta bien avant dans les terres une partie des spectateurs, qu'un mouvement d'humanité avait portés à s'avancer vers Virginie, ainsi que le matelot qui l'avait voulu sauver à la nage. Cet homme, échappé à une mort presque certaine, s'agenouilla sur le sable en disant : « O mon Dieu !

» vous m'avez sauvé la vie ; mais je l'aurais don-
» née de bon cœur pour cette digne demoiselle
» qui n'a jamais voulu se déshabiller comme
» moi. » Domingue et moi, nous retirâmes des
flots le malheureux Paul sans connaissance, ren-
dant le sang par la bouche et par les oreilles. Le
gouverneur le fit mettre entre les mains des chi-
rurgiens; et nous cherchâmes de notre côté, le
long du rivage, si la mer n'y apporterait point
le corps de Virginie : mais le vent ayant tourné
subitement, comme il arrive dans les ouragans,
nous eûmes le chagrin de penser que nous ne
pourrions pas même rendre à cette fille infortunée les devoirs de la sépulture. Nous nous éloi-
gnâmes de ce lieu, accablés de consternation,
tous l'esprit frappé d'une seule perte, dans un
naufrage où un grand nombre de personnes
avaient péri, la plupart doutant, d'après une fin
aussi funeste d'une fille si vertueuse, qu'il existât
une Providence ; car il y a des maux si terribles
et si peu mérités, que l'espérance même du sage
en est ébranlée.

Cependant on avait mis Paul, qui commençait
à reprendre ses sens, dans une maison voisine,
jusqu'à ce qu'il fût en état d'être transporté à son
habitation. Pour moi, je m'en revins avec Domingue, afin de préparer la mère de Virginie et
son amie à ce désastreux événement. Quand nous
fûmes à l'entrée du vallon de la rivière des Lata-

niers, des noirs nous dirent que la mer jetait beaucoup de débris du vaisseau dans la baie vis-à-vis. Nous y descendîmes ; et un des premiers objets que j'aperçus sur le rivage, fut le corps de Virginie. Elle était à moitié couverte de sable, dans l'attitude où nous l'avions vue périr. Ses traits n'étaient point sensiblement altérés. Ses yeux étaient fermés ; mais la sérénité était encore sur son front : seulement les pâles violettes de la mort se confondaient sur ses joues avec les roses de la pudeur. Une de ses mains était sur ses habits ; et l'autre, qu'elle appuyait sur son cœur, était fortement fermée et roidie. J'en dégageai avec peine une petite boîte : mais quelle fut ma surprise, lorsque je vis que c'était le portrait de Paul, qu'elle lui avait promis de ne jamais abandonner tant qu'elle vivrait ! A cette dernière marque de la constance et de l'amour de cette fille infortunée, je pleurai amèrement. Pour Domingue, il se frappait la poitrine, et perçait l'air de ses cris douloureux. Nous portâmes le corps de Virginie dans une cabane de pêcheurs, où nous le donnâmes à garder à de pauvres femmes malabares, qui prirent soin de le laver.

Pendant qu'elles s'occupaient de ce triste office, nous montâmes, en tremblant, à l'habitation. Nous y trouvâmes madame de La Tour et Marguerite en prières, en attendant des nouvelles du vaisseau. Dès que madame de La Tour m'a-

MORT DE VIRGINIE,
SES YEUX ÉTAIENT FERMÉS; MAIS LA SÉRÉNITÉ ÉTAIT
ENCORE SUR SON FRONT.

perçut, elle s'écria : « Où est ma fille, ma chère
» fille; mon enfant? » Ne pouvant douter de son
malheur à mon silence et à mes larmes, elle fut
saisie tout-à-coup d'étouffements et d'angoisses
douloureuses; sa voix ne faisait plus entendre
que des soupirs et des sanglots. Pour Marguerite,
elle s'écria : « Où est mon fils ? Je ne vois point
» mon fils ; » et elle s'évanouit. Nous courûmes
à elle; et l'ayant fait revenir, je l'assurai que
Paul était vivant; et que le gouverneur en faisait
prendre soin. Elle ne reprit ses sens que pour
s'occuper de son amie, qui tombait de temps en
temps dans de longs évanouissements. Madame
de La Tour passa toute la nuit dans ces cruelles
souffrances; et par leurs longues périodes, j'ai
jugé qu'aucune douleur n'était égale à la douleur
maternelle. Quand elle recouvrait la connaissance, elle tournait des regards fixes et mornes
vers le ciel. En vain son amie et moi, nous lui
pressions les mains dans les nôtres, en vain nous
l'appelions par les noms les plus tendres; elle
paraissait insensible à ces témoignages de notre
ancienne affection, et il ne sortait de sa poitrine
oppressée que de sourds gémissements.

Dès le matin, on apporta Paul couché dans un
palanquin. Il avait repris l'usage de ses sens; mais
il ne pouvait proférer une parole. Son entrevue
avec sa mère et madame de La Tour, que j'avais
d'abord redoutée, produisit un meilleur effet que

tous les soins que j'avais pris jusqu'alors. Un rayon de consolation parut sur le visage de ces deux malheureuses mères. Elles se mirent l'une et l'autre auprès de lui, le saisirent dans leurs bras, le baisèrent ; et leurs larmes, qui avaient été suspendues jusqu'alors par l'excès de leur chagrin, commencèrent à couler. Paul y mêla bientôt les siennes. La nature s'étant ainsi soulagée dans ces trois infortunés, un long assoupissement succéda à l'état convulsif de leur douleur, et leur procura un repos léthargique, semblable, à la vérité, à celui de la mort.

M. de La Bourdonnais m'envoya avertir secrètement que le corps de Virginie avait été apporté à la ville par son ordre, et que de là on allait le transférer à l'église des Pamplemousses. Je descendis aussitôt au Port-Louis, où je trouvai des habitants de tous les quartiers, rassemblés pour assister à ses funérailles, comme si l'île eût perdu en elle ce qu'elle avait de plus cher. Dans le port, les vaisseaux avaient leurs vergues croisées, leurs pavillons en berne, et tiraient du canon par longs intervalles. Des grenadiers ouvraient la marche du convoi. Ils portaient leurs fusils baissés : leurs tambours, couverts de longs crêpes, ne faisaient entendre que des sons lugubres, et on voyait l'abattement peint dans les traits de ces guerriers, qui avaient tant de fois affronté la mort dans les combats sans changer de visage. Huit jeunes demoiselles des plus considérables de l'île, vêtues de blanc et tenant des palmes à la main, portaient le corps de leur vertueuse compagne, couvert de fleurs. Un chœur de petits enfants le suivait en chantant des hymnes : après eux venait tout ce que l'île avait de plus distingué dans ses habitants et dans son état-major, à la suite duquel marchait le gouverneur, suivi de la foule du peuple.

Voilà ce que l'administration avait ordonné, pour rendre quelques honneurs à la vertu de Virginie. Mais quand son corps fut arrivé au pied de cette montagne, à la vue de ces mêmes cabanes dont elle avait fait si long-temps le bonheur, et que sa mort remplissait maintenant de désespoir, toute la pompe funèbre fut dérangée; les hymnes et les chants cessèrent; on n'entendit plus dans la plaine que des soupirs et des sanglots. On vit accourir alors des troupes de jeunes filles des habitations voisines, pour faire toucher au cercueil de Virginie des mouchoirs, des chapelets et des couronnes de fleurs, en l'invoquant comme une sainte. Les mères demandaient à Dieu une fille comme elle; les garçons, des amantes aussi constantes; les pauvres, une amie aussi tendre; les esclaves, une maîtresse aussi bonne.

Lorsqu'elle fut arrivée au lieu de sa sépulture, des négresses de Madagascar et des Cafres de Mosambique déposèrent autour d'elle des paniers de fruits, et suspendirent des pièces d'étoffes aux arbres voisins, suivant l'usage de leur pays; des Indiennes du Bengale et de la côte Malabare apportèrent des cages pleines d'oiseaux, auxquels elles donnèrent la liberté sur son corps : tant la perte d'un objet aimable intéresse toutes les nations! et tant est grand le pouvoir de la vertu malheureuse, puisqu'elle réunit toutes les religions autour de son tombeau!

Il fallut mettre des gardes auprès de sa fosse, et en écarter quelques filles de pauvres habitants, qui voulaient s'y jeter à toute force, disant qu'elles n'avaient plus de consolation à espérer dans le monde, et qu'il ne leur restait qu'à mourir avec celle qui était leur unique bienfaitrice.

On l'enterra près de l'église des Pamplemousses, sur son côté occidental, au pied d'une touffe de bambous, où, en venant à la messe avec sa mère et Marguerite, elle aimait à se reposer, assise à côté de celui qu'elle appelait alors son frère.

Au retour de cette pompe funèbre, M. de La Bourdonnais monta ici, suivi d'une partie de son nombreux cortége. Il offrit à madame de La Tour et à son amie tous les secours qui dépendaient de lui. Il s'exprima en peu de mots, mais avec indignation, contre sa tante dénaturée; et s'approchant de Paul, il lui dit tout ce qu'il crut propre à le consoler. « Je désirais, lui dit-il, votre » bonheur et celui de votre famille : Dieu m'en

» est témoin. Mon ami, il faut aller en France ;
» je vous y ferai avoir du service. Dans votre ab-
» sence, j'aurai soin de votre mère comme de la
» mienne. » Et en même temps, il lui présenta
la main ; mais Paul retira la sienne, et détourna
la tête pour ne le pas voir.

Pour moi, je restai dans l'habitation de mes amies infortunées, pour leur donner, ainsi qu'à Paul, tous les secours dont j'étais capable. Au bout de trois semaines, Paul fut en état de marcher ; mais son chagrin paraissait augmenter à mesure que son corps reprenait des forces. Il était insensible à tout ; ses regards étaient éteints, et il ne répondait rien à toutes les questions qu'on pouvait lui faire. Madame de La Tour, qui était mourante, lui disait souvent : « Mon fils,
» tant que je vous verrai, je croirai voir ma chère
» Virginie. » A ce nom de Virginie, il tressaillait et s'éloignait d'elle, malgré les invitations de sa mère qui le rappelait auprès de son amie. Il allait seul se retirer dans le jardin, et s'asseyait au pied du cocotier de Virginie, les yeux fixés sur sa fontaine. Le chirurgien du gouverneur, qui avait pris le plus grand soin de lui et de ces dames, nous dit que pour le tirer de sa noire mélancolie, il fallait lui laisser faire tout ce qu'il lui plairait, sans le contrarier en rien ; qu'il n'y avait que ce seul moyen de vaincre le silence auquel il s'obstinait.

Je résolus de suivre son conseil. Dès que Paul sentit ses forces un peu rétablies, le premier usage qu'il en fit fut de s'éloigner de l'habitation. Comme je ne le perdais pas de vue, je me mis en marche après lui, et je dis à Domingue de prendre des vivres, et de nous accompagner. A mesure que ce jeune homme descendait cette montagne, sa joie et ses forces semblaient renaître. Il prit d'abord le chemin des Pamplemousses ; et quand il fut auprès de l'église, dans l'allée des bambous, il s'en fut droit au lieu où il vit de la terre fraîchement remuée : là, il s'agenouilla, et levant les yeux au ciel, il fit une longue prière. Sa démarche me parut de bon augure pour le retour de sa raison, puisque cette marque de confiance envers l'Être suprême faisait voir que son âme commençait à reprendre ses fonctions naturelles. Domingue et moi, nous nous mîmes à genoux à son exemple, et nous priâmes avec lui. Ensuite il se leva, et prit sa route vers le nord de l'île, sans faire beaucoup d'attention à nous. Comme je savais qu'il ignorait non-seulement où on avait déposé le corps de Virginie, mais même s'il avait été retiré de la mer, je lui demandai pourquoi il avait été prier Dieu au pied de ces bambous ; il me répondit : « Nous y avons » été si souvent ! »

Il continua sa route jusqu'à l'entrée de la forêt, où la nuit nous surprit. Là, je l'engageai par mon exemple à prendre quelque nourriture; ensuite nous dormîmes sur l'herbe, au pied d'un arbre. Le lendemain, je crus qu'il se déterminerait à revenir sur ses pas. En effet, il regarda quelque temps dans la plaine l'église des Pamplemousses avec ses longues avenues de bambous, et il fit quelques mouvements comme pour y retourner; mais il s'enfonça brusquement dans la forêt, en dirigeant toujours sa route vers le nord. Je pénétrai son intention, et je m'efforçai en vain de l'en distraire. Nous arrivâmes sur le milieu du jour au quartier de la Poudre-d'Or. Il descendit précipitamment au bord de la mer, vis-à-vis du lieu où avait péri le Saint-Géran. A la vue de l'île d'Ambre, et de son canal alors uni comme un miroir, il s'écria : « Virginie! o ma chère Virginie! » et aussitôt il tomba en défaillance. Domingue et moi nous le portâmes dans l'intérieur de la forêt, où nous le fîmes revenir avec bien de la peine. Dès qu'il eut repris ses sens, il voulut retourner sur les bords de la mer; mais l'ayant supplié de ne pas renouveler sa douleur et la nôtre par de si cruels ressouvenirs, il prit une autre direction. Enfin, pendant huit jours, il se rendit dans tous les lieux où il s'était trouvé avec la compagne de son enfance. Il parcourut le sentier par où elle avait été demander la grace de l'esclave de la Rivière-Noire; il revit ensuite les bords de la rivière des Trois-Mamelles où elle s'assit ne pouvant plus marcher, et la partie du bois où elle s'était égarée. Tous les lieux qui lui rappelaient les inquiétudes, les jeux, les repas, la bienfaisance de sa bien-aimée; la rivière de la Montagne-Longue, ma petite maison, la cascade voisine, le papayer qu'elle avait planté, les pelouses où elle aimait à courir, les carrefours de la forêt où elle se plaisait à chanter, firent tour-à-tour couler ses larmes; et les mêmes échos qui avaient retenti tant de fois de leurs cris de joie communs, ne répétaient plus maintenant que ces mots douloureux : « Virginie! ô ma chère Virginie! »

Dans cette vie sauvage et vagabonde, ses yeux se cavèrent, son teint jaunit, et sa santé s'altéra de plus en plus. Persuadé que le sentiment de nos maux redouble par le souvenir de nos plaisirs, et que les passions s'accroissent dans la solitude, je résolus d'éloigner mon infortuné ami des lieux qui lui rappelaient le souvenir de sa perte, et de le transférer dans quelque endroit de l'île où il y eût beaucoup de dissipation. Pour cet effet, je le conduisis sur les hauteurs habitées du quartier de Williams, où il n'avait jamais été. L'agriculture et le commerce répandaient dans cette partie de l'île beaucoup de mouvement et de variété. Il y avait des troupes de charpentiers qui équarrissaient des bois, et d'autres qui les sciaient en planches; des voitures allaient et venaient le long de ses chemins ; de grands troupeaux de bœufs et de chevaux y paissaient dans de vastes pâturages, et la campagne y était parsemée d'habitations. L'élévation du sol y permettait en plusieurs lieux la culture de diverses espèces de végétaux de l'Europe. On y voyait çà et là des moissons de blé dans la plaine, des tapis de fraisiers dans les éclaircis des bois, et des haies de rosiers le long des routes. La fraîcheur de l'air, en donnant de la tension aux nerfs, y était même favorable à la santé des blancs. De ces hauteurs situées vers le milieu de l'île, et entourées de grands bois, on n'apercevait ni la mer, ni le Port-Louis, ni l'église des Pamplemousses, ni rien qui pût rappeler à Paul le souvenir de Virginie. Les montagnes mêmes qui présentent différentes branches du côté du Port-Louis, n'offrent plus, du côté des plaines de Williams, qu'un long promontoire en ligne droite et perpendiculaire, d'où s'élèvent plusieurs longues pyramides de rochers où se rassemblent les nuages.

Ce fut donc dans ces plaines que je conduisis Paul. Je le tenais sans cesse en action, marchant avec lui au soleil et à la pluie, de jour et de nuit, l'égarant exprès dans les bois, les défrichés, les champs, afin de distraire son esprit par la fatigue de son corps, et de donner le change à ses réflexions par l'ignorance du lieu où nous étions et du chemin que nous avions perdu. Mais l'ame d'un amant retrouve par-tout les traces de l'objet

aimé. La nuit et le jour, le calme des solitudes et le bruit des habitations, le temps même qui emporte tant de souvenirs, rien ne peut l'en écarter. Comme l'aiguille touchée de l'aimant, elle a beau être agitée, dès qu'elle rentre dans son repos, elle se tourne vers le pôle qui l'attire. Quand je demandais à Paul, égaré au milieu des plaines de Williams : « Où irons-nous maintenant » ? il se tournait vers le nord, et me disait : « Voilà
» nos montagnes ; retournons-y. »

Je vis bien que tous les moyens que je tentais pour le distraire étaient inutiles, et qu'il ne me restait d'autre ressource que d'attaquer sa passion en elle-même, en y employant toutes les forces de ma faible raison. Je lui répondis donc :
« Oui, voilà les montagnes où demeurait votre
» chère Virginie, et voilà le portrait que vous
» lui aviez donné, et qu'en mourant elle portait
» sur son cœur, dont les derniers mouvements
» ont encore été pour vous. » Je présentai alors à Paul le petit portrait qu'il avait donné à Virginie au bord de la fontaine des cocotiers. A cette vue, une joie funeste parut dans ses regards. Il saisit avidement ce portrait de ses faibles mains, et le porta sur sa bouche. Alors sa poitrine s'oppressa, et dans ses yeux à demi sanglants, des larmes s'arrêtèrent sans pouvoir couler.

Je lui dis : « Mon fils, écoutez-moi, qui suis
» votre ami, qui ai été celui de Virginie, et qui,

» au milieu de vos espérances, ai souvent tâché
» de fortifier votre raison contre les accidents
» imprévus de la vie. Que déplorez-vous avec tant
» d'amertume ? Est-ce votre malheur ? est-ce ce-
» lui de Virginie ?

» Votre malheur ? Oui, sans doute, il est grand.
» Vous avez perdu la plus aimable des filles, qui
» aurait été la plus digne des femmes. Elle avait
» sacrifié ses intérêts aux vôtres, et vous avait pré-
» féré à la fortune, comme la seule récompense
» digne de sa vertu. Mais que savez-vous si l'ob-
» jet de qui vous deviez attendre un bonheur si
» pur, n'eût pas été pour vous la source d'une
» infinité de peines ? Elle était sans bien, et dés-
» héritée; vous n'aviez désormais à partager avec
» elle que votre seul travail. Revenue plus déli-
» cate par son éducation, et plus courageuse
» par son malheur même, vous l'auriez vue cha-
» que jour succomber, en s'efforçant de partager
» vos fatigues. Quand elle vous aurait donné des
» enfants, ses peines et les vôtres auraient aug-
» menté, par la difficulté de soutenir seule avec
» vous de vieux parents, et une famille naissante.

» Vous me direz : Le gouverneur nous aurait
» aidés. Que savez-vous si, dans une colonie qui
» change si souvent d'administrateurs, vous aurez
» souvent des La Bourdonnais ? s'il ne viendra
» pas ici des chefs sans mœurs et sans morale ?
» si, pour obtenir quelque misérable secours,

13.

» votre épouse n'eût pas été obligée de leur faire
» sa cour? Ou elle eût été faible, et vous eussiez
» été à plaindre; ou elle eût été sage, et vous
» fussiez resté pauvre : heureux si, à cause de sa
» beauté et de sa vertu, vous n'eussiez pas été
» persécuté par ceux mêmes de qui vous espériez
» de la protection!

» Il me fût resté, me direz-vous, le bonheur,
» indépendant de la fortune, de protéger l'objet
» aimé qui s'attache à nous à proportion de sa
» faiblesse même; de le consoler par mes propres
» inquiétudes; de le réjouir de ma tristesse,
» et d'accroître notre amour de nos peines mu-
» tuelles. Sans doute la vertu et l'amour jouissent
» de ces plaisirs amers. Mais elle n'est plus; et il
» vous reste ce qu'après vous elle a le plus aimé,
» sa mère et la vôtre, que votre douleur incon-
» solable conduira au tombeau. Mettez votre
» bonheur à les aider, comme elle l'y avait mis
» elle-même. Mon fils, la bienfaisance est le bon-
» heur de la vertu; il n'y en a point de plus as-
» suré et de plus grand sur la terre. Les projets
» de plaisirs, de repos, de délices, d'abondance,
» de gloire, ne sont point faits pour l'homme,
» faible, voyageur et passager. Voyez comme un
» pas vers la fortune nous a précipités tous d'a-
» byme en abyme. Vous vous y êtes opposé, il
» est vrai; mais qui n'eût pas cru que le voyage
» de Virginie devait se terminer par son bon-

» heur et par le vôtre ? Les invitations d'une pa-
» rente riche et âgée, les conseils d'un sage gou-
» verneur, les applaudissements d'une colonie,
» les exhortations et l'autorité d'un prêtre, ont
» décidé du malheur de Virginie. Ainsi nous cou-
» rons à notre perte, trompés par la prudence
» même de ceux qui nous gouvernent. Il eût
» mieux valu sans doute ne pas les croire, ni se
» fier à la voix et aux espérances d'un monde
» trompeur. Mais enfin, de tant d'hommes que
» nous voyons si occupés dans ces plaines, de
» tant d'autres qui vont chercher la fortune aux
» Indes, ou qui, sans sortir de chez eux, jouissent
» en repos, en Europe, des travaux de ceux-ci, il
» n'y en a aucun qui ne soit destiné à perdre un
» jour ce qu'il chérit le plus, grandeurs, fortune,
» femme, enfants, amis. La plupart auront à
» joindre à leur perte le souvenir de leur propre
» imprudence. Pour vous, en rentrant en vous-
» même, vous n'avez rien à vous reprocher. Vous
» avez été fidèle à votre foi. Vous avez eu, à la
» fleur de la jeunesse, la prudence d'un sage, en
» ne vous écartant pas du sentiment de la na-
» ture. Vos vues seules étaient légitimes, parce
» qu'elles étaient pures, simples, désintéressées,
» et que vous aviez sur Virginie des droits sacrés
» qu'aucune fortune ne pouvait balancer. Vous
» l'avez perdue ; et ce n'est ni votre imprudence,
» ni votre avarice, ni votre fausse sagesse qui

» vous l'ont fait perdre ; mais Dieu même, qui
» a employé les passions d'autrui pour vous ôter
» l'objet de votre amour ; Dieu, de qui vous tenez
» tout, qui voit tout ce qui vous convient, et
» dont la sagesse ne vous laisse aucun lieu au
» repentir et au désespoir qui marchent à la suite
» des maux dont nous avons été la cause.

» Voilà ce que vous pouvez vous dire dans votre
» infortune : Je ne l'ai pas méritée. Est-ce donc
» le malheur de Virginie, sa fin, son état présent,
» que vous déplorez ? Elle a subi le sort réservé
» à la naissance, à la beauté, et aux empires mê-
» mes. La vie de l'homme, avec tous ses projets,
» s'élève comme une petite tour dont la mort
» est le couronnement. En naissant, elle était
» condamnée à mourir. Heureuse d'avoir dénoué
» les liens de la vie avant sa mère, avant la vôtre,
» avant vous, c'est-à-dire, de n'être pas morte
» plusieurs fois avant la dernière !

» La mort, mon fils, est un bien pour tous les
» hommes ; elle est la nuit de ce jour inquiet
» qu'on appelle la vie. C'est dans le sommeil de
» la mort que reposent pour jamais les maladies,
» les douleurs, les chagrins, les craintes, qui
» agitent sans cesse les malheureux vivants. Exa-
» minez les hommes qui paraissent les plus heu-
» reux : vous verrez qu'ils ont acheté leur pré-
» tendu bonheur bien chèrement ; la considéra-
» tion publique, par des maux domestiques ; la

» fortune, par la perte de la santé; le plaisir si
» rare d'être aimé, par des sacrifices continuels:
» et souvent, à la fin d'une vie sacrifiée aux inté-
» rêts d'autrui, ils ne voient autour d'eux que
» des amis faux et des parents ingrats. Mais Vir-
» ginie a été heureuse jusqu'au dernier moment.
» Elle l'a été avec nous par les biens de la nature ;
» loin de nous, par ceux de la vertu : et même
» dans le moment terrible où nous l'avons vue
» périr, elle était encore heureuse ; car soit
» qu'elle jetât les yeux sur une colonie entière,
» à qui elle causait une désolation universelle,
» ou sur vous, qui couriez avec tant d'intrépidité
» à son secours, elle a vu combien elle nous était
» chère à tous. Elle s'est fortifiée contre l'avenir,
» par le souvenir de l'innocence de sa vie ; et
» elle a reçu alors le prix que le ciel réserve à
» la vertu, un courage supérieur au danger. Elle
» a présenté à la mort un visage serein.

» Mon fils, Dieu donne à la vertu tous les
» événements de la vie à supporter, pour faire
» voir qu'elle seule peut en faire usage, et y
» trouver du bonheur et de la gloire. Quand il
» lui réserve une réputation illustre, il l'élève
» sur un grand théâtre, et la met aux prises
» avec la mort ; alors son courage sert d'exem-
» ple, et le souvenir de ses malheurs reçoit à
» jamais un tribut de larmes de la postérité.
» Voilà le monument immortel qui lui est ré-

» servé sur une terre où tout passe, et où la
» mémoire même de la plupart des rois est bien-
» tôt ensevelie dans un éternel oubli.

» Mais Virginie existe encore. Mon fils, voyez
» que tout change sur la terre, et que rien ne
» s'y perd. Aucun art humain ne pourrait anéan-
» tir la plus petite particule de matière; et ce
» qui fut raisonnable, sensible, aimant, ver-
» tueux, religieux, aurait péri, lorsque les élé-
» ments dont il était revêtu sont indestructibles!
» Ah! si Virginie a été heureuse avec nous,
» elle l'est maintenant bien davantage. Il y a un
» Dieu, mon fils : toute la nature l'annonce ; je
» n'ai pas besoin de vous le prouver. Il n'y a
» que la méchanceté des hommes qui leur fasse
» nier une justice qu'ils craignent. Son senti-
» ment est dans votre cœur, ainsi que ses ou-
» vrages sont sous vos yeux. Croyez-vous donc
» qu'il laisse Virginie sans récompense? Croyez-
» vous que cette même puissance, qui avait
» revêtu cette ame si noble d'une forme si
» belle, où vous sentiez un art divin, n'aurait
» pu la tirer des flots? que celui qui a arrangé
» le bonheur actuel des hommes par des lois que
» vous ne connaissez pas, ne puisse en pré-
» parer un autre à Virginie par des lois qui
» vous sont également inconnues? Quand nous
» étions dans le néant, si nous eussions été
» capables de penser, aurions-nous pu nous for-

» mer une idée de notre existence ? Et main-
» tenant que nous sommes dans cette existence
» ténébreuse et fugitive, pouvons-nous prévoir
» ce qu'il y a au-delà de la mort, par où nous
» en devons sortir? Dieu a-t-il besoin, comme
» l'homme, du petit globe de notre terre, pour
» servir de théâtre à son intelligence et à sa
» bonté ; et n'a-t-il pu propager la vie humaine
» que dans les champs de la mort ? Il n'y a
» pas dans l'Océan une seule goutte d'eau qui
» ne soit pleine d'êtres vivants qui ressortissent
» à nous; et il n'existerait rien pour nous parmi
» tant d'astres qui roulent sur nos têtes! Quoi !
» il n'y aurait d'intelligence suprême et de
» bonté divine, précisément que là où nous
» sommes ! et dans ces globes rayonnants et
» innombrables, dans ces champs infinis de lu-
» mière qui les environnent, que ni les orages
» ni les nuits n'obscurcissent jamais, il n'y aurait
» qu'un espace vain et un néant éternel ! Si
» nous, qui ne nous sommes rien donné, osions
» assigner des bornes à la puissance de laquelle
» nous avons tout reçu, nous pourrions croire
» que nous sommes ici sur les limites de son
» empire, où la vie se débat avec la mort, et
» l'innocence avec la tyrannie !

» Sans doute, il est quelque part un lieu où la
» vertu reçoit sa récompense. Virginie mainte-
» nant est heureuse. Ah ! si du séjour des anges

» elle pouvait se communiquer à vous, elle vous
» dirait, comme dans ses adieux : O Paul! la
» vie n'est qu'une épreuve. J'ai été trouvée
» fidèle aux lois de la nature, de l'amour et de
» la vertu. J'ai traversé les mers pour obéir à
» mes parents; j'ai renoncé aux richesses pour
» conserver ma foi; et j'ai mieux aimé perdre la
» vie que de violer la pudeur. Le ciel a trouvé
» ma carrière suffisamment remplie. J'ai échappé
» pour toujours à la pauvreté, à la calomnie,
» aux tempêtes, au spectacle des douleurs d'au-
» trui. Aucun des maux qui effraient les hommes
» ne peut plus désormais m'atteindre; et vous
» me plaignez! Je suis pure et inaltérable comme
» une particule de lumière; et vous me rappelez
» dans la nuit de la vie! O Paul! o mon ami!
» souviens-toi de ces jours de bonheur où dès
» le matin nous goûtions la volupté des cieux,
» se levant avec le soleil sur les pitons de ces
» rochers, et se répandant avec ses rayons au
» sein de nos forêts. Nous éprouvions un ravis-
» sement dont nous ne pouvions comprendre la
» cause. Dans nos souhaits innocents, nous dé-
» sirions être tout vue, pour jouir des riches
» couleurs de l'aurore; tout odorat, pour sentir
» les parfums de nos plantes; tout ouïe, pour
» entendre les concerts de nos oiseaux; tout
» cœur, pour reconnaître ces bienfaits. Mainte-
» nant, à la source de la beauté d'où découle

» tout ce qui est agréable sur la terre, mon ame
» voit, goûte, entend, touche immédiatement
» ce qu'elle ne pouvait sentir alors que par de
» faibles organes. Ah! quelle langue pourrait
» décrire ces rivages d'un orient éternel, que
» j'habite pour toujours? Tout ce qu'une puis-
» sance infinie et une bonté céleste ont pu créer
» pour consoler un être malheureux; tout ce que
» l'amitié d'une infinité d'êtres, réjouis de la
» même félicité, peut mettre d'harmonie dans
» des transports communs, nous l'éprouvons
» sans mélange. Soutiens donc l'épreuve qui
» t'est donnée, afin d'accroître le bonheur de
» ta Virginie par des amours qui n'auront plus
» de terme, par un hymen dont les flambeaux
» ne pourront plus s'éteindre. Là, j'apaiserai
» tes regrets; là, j'essuierai tes larmes. O mon
» ami! mon jeune époux! élève ton ame vers
» l'infini, pour supporter des peines d'un mo-
» ment. »

Ma propre émotion mit fin à mon discours. Pour Paul, me regardant fixement, il s'écria : « Elle n'est plus! elle n'est plus »! et une longue faiblesse succéda à ces douloureuses paroles. Ensuite, revenant à lui, il dit : « Puisque
» la mort est un bien, et que Virginie est heu-
» reuse, je veux aussi mourir pour me rejoindre
» à Virginie. » Ainsi mes motifs de consolation ne servirent qu'à nourrir son désespoir. J'étais

comme un homme qui veut sauver son ami, coulant à fond au milieu d'un fleuve sans vouloir nager. La douleur l'avait submergé. Hélas! les malheurs du premier âge préparent l'homme à entrer dans la vie; et Paul n'en avait jamais éprouvé.

Je le ramenai à son habitation. J'y trouvai sa mère et madame de La Tour dans un état de langueur qui avait encore augmenté. Marguerite était la plus abattue. Les caractères vifs, sur lesquels glissent les peines légères, sont ceux qui résistent le moins aux grands chagrins.

Elle me dit : « O mon bon voisin ! il m'a sem-
» blé, cette nuit, voir Virginie vêtue de blanc,
» au milieu de bocages et de jardins délicieux.
» Elle m'a dit : Je jouis d'un bonheur digne
» d'envie. Ensuite, elle s'est approchée de Paul
» d'un air riant, et l'a enlevé avec elle. Comme
» je m'efforçais de retenir mon fils, j'ai senti
» que je quittais moi-même la terre, et que je
» le suivais avec un plaisir inexprimable. Alors
» j'ai voulu dire adieu à mon amie; aussitôt je l'ai
» vue qui nous suivait avec Marie et Domingue.
» Mais ce que je trouve encore de plus étrange,
» c'est que madame de La Tour a fait, cette
» même nuit, un songe accompagné des mêmes
» circonstances. »

Je lui répondis : « Mon amie, je crois que rien
» n'arrive dans le monde sans la permission de

» Dieu. Les songes annoncent quelquefois la
» vérité. »

Madame de La Tour me fit le récit d'un songe tout-à-fait semblable qu'elle avait eu cette même nuit. Je n'avais jamais remarqué dans ces deux dames aucun penchant à la superstition ; je fus donc frappé de la concordance de leur songe, et je ne doutai pas en moi-même qu'il ne vînt à se réaliser. Cette opinion, que la vérité se présente quelquefois à nous pendant le sommeil, est répandue chez tous les peuples de la terre. Les plus grands hommes de l'antiquité y ont ajouté foi ; entre autres, Alexandre, César, les Scipions, les deux Catons, et Brutus, qui n'étaient pas des esprits faibles. L'ancien et le nouveau Testament nous fournissent quantité d'exemples de songes qui se sont réalisés. Pour moi, je n'ai besoin à cet égard que de ma propre expérience ; et j'ai éprouvé plus d'une fois que les songes sont des avertissements que nous donne quelque intelligence qui s'intéresse à nous. Que si l'on veut combattre ou défendre avec des raisonnements, des choses qui surpassent la lumière de la raison humaine, c'est ce qui n'est pas possible. Cependant, si la raison de l'homme n'est qu'une image de celle de Dieu, puisque l'homme a bien le pouvoir de faire parvenir ses intentions jusqu'au bout du monde par des moyens secrets et cachés, pourquoi l'intelligence qui gouverne l'univers n'en emploierait-elle pas de semblables pour la même fin? Un ami console son ami par une lettre qui traverse une multitude de royaumes, circule au milieu des haines des nations, et vient apporter de la joie et de l'espérance à un seul homme; pourquoi le souverain protecteur de l'innocence ne peut-il venir, par quelque voie secrète, au secours d'une ame vertueuse qui ne met sa confiance qu'en lui seul? A-t-il besoin d'employer quelque signe extérieur pour exécuter sa volonté, lui qui agit sans cesse dans tous ses ouvrages par un travail intérieur?

Pourquoi douter des songes? La vie, remplie de tant de projets passagers et vains, est-elle autre chose qu'un songe?

Quoi qu'il en soit, celui de mes amies infortunées se réalisa bientôt. Paul mourut deux mois après la mort de sa chère Virginie, dont il prononçait sans cesse le nom. Marguerite vit venir sa fin huit jours après celle de son fils, avec une joie qu'il n'est donné qu'à la vertu d'éprouver. Elle fit les plus tendres adieux à madame de La Tour, « dans l'espérance, lui dit-elle, d'une
» douce et éternelle réunion. La mort est le plus
» grand des biens, ajouta-t-elle; on doit la désirer. Si la vie est une punition, on doit en
» souhaiter la fin; si c'est une épreuve, on doit
» la demander courte. »

Le gouvernement prit soin de Domingue et de Marie, qui n'étaient plus en état de servir, et qui ne survécurent pas long-temps à leurs maîtresses. Pour le pauvre Fidèle, il était mort de langueur à-peu-près dans le même temps que son maître.

J'amenai chez moi madame de La Tour, qui se soutenait au milieu de si grandes pertes avec une grandeur d'ame incroyable. Elle avait consolé Paul et Marguerite jusqu'au dernier instant, comme si elle n'avait eu que leur malheur à supporter. Quand elle ne les vit plus, elle m'en parlait, chaque jour, comme d'amis chéris qui étaient dans le voisinage. Cependant, elle ne leur survécut que d'un mois. Quant à sa tante, loin de lui reprocher ses maux, elle priait Dieu de les lui pardonner, et d'apaiser les troubles affreux d'esprit où nous apprîmes qu'elle était tombée immédiatement après qu'elle eut renvoyé Virginie avec tant d'inhumanité.

Cette parente dénaturée ne porta pas loin la punition de sa dureté. J'appris, par l'arrivée successive de plusieurs vaisseaux, qu'elle était agitée de vapeurs qui lui rendaient la vie et la mort également insupportables. Tantôt, elle se reprochait la fin prématurée de sa charmante petite-nièce, et la perte de sa mère qui s'en était suivie. Tantôt, elle s'applaudissait d'avoir repoussé loin d'elle deux malheureuses qui, disait-elle, avaient déshonoré sa maison par la bassesse de leurs in-

clinations. Quelquefois, se mettant en fureur à
la vue de ce grand nombre de misérables dont
Paris est rempli : « Que n'envoie-t-on, s'écriait-
elle, ces fainéants périr dans nos colonies ? »
Elle ajoutait que les idées d'humanité, de vertu,
de religion, adoptées par tous les peuples, n'é-
taient que des inventions de la politique de leurs
princes. Puis, se jetant tout-à-coup dans une extrémité opposée, elle s'abandonnait à des terreurs
superstitieuses qui la remplissaient de frayeurs
mortelles. Elle courait porter d'abondantes aumônes à de riches moines qui la dirigeaient, les
suppliant d'apaiser la Divinité par le sacrifice de
sa fortune : comme si des biens qu'elle avait refusés aux malheureux pouvaient plaire au père
des hommes ! Souvent son imagination lui représentait des campagnes de feu, des montagnes
ardentes, où des spectres hideux erraient en l'appelant à grands cris. Elle se jetait aux pieds de ses
directeurs, et elle imaginait contre elle-même
des tortures et des supplices; car le ciel, le juste
ciel, envoie aux ames cruelles des religions effroyables.

Ainsi elle passa plusieurs années, tour-à-tour
athée et superstitieuse, ayant également en horreur la mort et la vie. Mais ce qui acheva la fin
d'une si déplorable existence, fut le sujet même
auquel elle avait sacrifié les sentiments de la nature. Elle eut le chagrin de voir que sa fortune

LES TOMBEAUX.

passerait, après elle, à des parents qu'elle haïssait. Elle chercha donc à en aliéner la meilleure partie ; mais ceux-ci, profitant des accès de vapeurs auxquels elle était sujette, la firent enfermer comme folle, et mettre ses biens en direction. Ainsi ses richesses mêmes achevèrent sa perte ; et comme elles avaient endurci le cœur de celle qui les possédait, elles dénaturèrent de même le cœur de ceux qui les désiraient. Elle mourut donc, et ce qui est le comble du malheur, avec assez d'usage de sa raison pour connaître qu'elle était dépouillée et méprisée par les mêmes personnes dont l'opinion l'avait dirigée toute sa vie.

On a mis auprès de Virginie, au pied des mêmes roseaux, son ami Paul, et autour d'eux leurs tendres mères et leurs fidèles serviteurs. On n'a point élevé de marbres sur leurs humbles tertres, ni gravé d'inscriptions à leurs vertus ; mais leur mémoire est restée ineffaçable dans le cœur de ceux qu'ils ont obligés. Leurs ombres n'ont pas besoin de l'éclat qu'ils ont fui pendant leur vie ; mais si elles s'intéressent encore à ce qui se passe sur la terre, sans doute elles aiment à errer sous les toits de chaume qu'habite la vertu laborieuse ; à consoler la pauvreté mécontente de son sort ; à nourrir dans les jeunes amants une flamme durable, le goût des biens naturels, l'amour du travail et la crainte des richesses.

La voix du peuple, qui se tait sur les monuments élevés à la gloire des rois, a donné à quelques parties de cette île des noms qui éterniseront la perte de Virginie. On voit près de l'île d'Ambre, au milieu des écueils, un lieu appelé LA PASSE DU SAINT-GÉRAN, du nom de ce vaisseau qui y périt en la ramenant d'Europe. L'extrémité de cette longue pointe de terre que vous apercevez à trois lieues d'ici, à demi couverte des flots de la mer, que le Saint-Géran ne put doubler, la veille de l'ouragan, pour entrer dans le port, s'appelle LE CAP MALHEUREUX; et voici devant nous, au bout de ce vallon, LA BAIE DU TOMBEAU, où Virginie fut trouvée ensevelie dans le sable; comme si la mer eût voulu rapporter son corps à sa famille, et rendre les derniers devoirs à sa pudeur sur les mêmes rivages qu'elle avait honorés de son innocence.

Jeunes gens si tendrement unis! mères infortunées! chère famille! ces bois qui vous donnaient leurs ombrages, ces fontaines qui coulaient pour vous, ces côteaux où vous reposiez ensemble, déplorent encore votre perte. Nul, depuis vous, n'a osé cultiver cette terre désolée, ni relever ces humbles cabanes. Vos chèvres sont devenues sauvages; vos vergers sont détruits; vos oiseaux sont enfuis, et on n'entend plus que les cris des éperviers qui volent en rond au haut de ce bassin de rochers. Pour moi, depuis que je ne vous vois plus, je suis comme un ami qui n'a plus d'amis, comme un père qui a perdu ses enfants, comme un voyageur qui erre sur la terre, où je suis resté seul.

En disant ces mots, ce bon vieillard s'éloigna en versant des larmes ; et les miennes avaient coulé plus d'une fois pendant ce funeste récit.

FIN.

LA
CHAUMIÈRE
INDIENNE.

AVANT-PROPOS.

Voici un petit conte indien qui renferme plus de vérités que bien des histoires. Je l'avais destiné à augmenter la relation d'un voyage à l'Ile-de-France, publiée en 1773, et que je me propose de faire réimprimer avec des additions. Comme j'y parle des Indiens qui sont dans cette île, j'avais voulu y joindre un tableau des mœurs de ceux qui sont dans l'Inde, d'après des notes assez intéressantes que je m'étais procurées. J'en avais donc formé un épisode, que j'avais lié à une anecdote historique qui en fait le commencement. C'est à l'occasion d'une compagnie de savants anglais, envoyés, il y a une trentaine d'années, dans diverses parties du monde, pour y recueillir des lumières sur plusieurs objets des sciences : j'y parle d'un d'entre eux, qui vint aux Indes pour concourir aux progrès de la vérité. Mais comme cet épisode formait un hors-d'œuvre dans mon ouvrage, j'ai jugé à propos de le publier séparément.

Je proteste ici que je n'ai eu aucune intention de jeter quelque ridicule sur les académies, quoique j'aie beaucoup à m'en plaindre, non par rapport à ma personne, mais à cause des intérêts de la vérité, * qu'ils persécutent souvent quand elle contrarie leurs systèmes. Je suis d'ailleurs trop redevable à plusieurs savants anglais qui, sans me connaître, et par le seul amour des sciences, ont honoré mes Études de la Nature de leurs plus glorieux suffrages, qu'ils n'ont pas craint de publier, comme on peut le voir, entre autres, dans un extrait de leurs journaux, rapporté par le Moniteur français, le 9 février 1790. Le caractère que j'ai donné à un de leurs confrères, est une preuve non équivoque de mon estime pour eux. Certainement j'ai dû regarder comme une démarche qui mérite toute la reconnaissance de leur nation, d'avoir cherché à importer des lumières des pays étrangers en Angleterre, ainsi que je considère celle d'en avoir

---

* Voyez la note première à la fin de ce volume.

exporté d'Angleterre dans des pays sauvages, par les voyages de Cook et de Banks, comme digne de toute celle du genre humain. La première a été imitée depuis par le Danemarck, et la seconde par la France; * mais toutes deux bien malheureusement, puisque de douze savants voyageurs danois, il n'en est revenu qu'un seul dans sa patrie; et que l'on n'a aucune nouvelle des deux vaiseaux de guerre français, employés à cette mission d'humanité, et commandés par l'infortuné de La Peyrouse. Ce n'est donc point la science en elle-même que je blâme; mais j'ai voulu faire voir que les corps savants, par leur ambition, leur jalousie et leurs préjugés, ne servent que trop souvent d'obstacles à ses progrès.

Je me suis proposé un but encore plus utile, c'est de remédier aux maux dont l'humanité est affligée aux Indes. Ma devise est de secourir les malheureux, et j'étends ce sentiment à tous les hommes. Si la philosophie est venue autrefois des Indes en Europe; pourquoi ne retournerait-

---

* Voyez la note seconde à la fin de ce volume.

elle pas aujourd'hui de l'Europe civilisée, aux Indes devenues barbares à leur tour? Il vient de se former à Calcutta une société de savants anglais, qui détruiront peut-être un jour les préjugés de l'Inde, et par ce bienfait compenseront les maux qu'y ont apportés les guerres et le commerce des Européens. Pour moi, qui n'influe sur rien, afin de donner plus de faveur et de graces à mes arguments, j'ai tâché de les revêtir de celles d'un conte. C'est avec des contes qu'on rend par-tout les hommes attentifs à la vérité.

Nous sommes tous d'Athène en ce point; et moi-même,
Au moment que je fais cette moralité;
Si Peau-d'Ane m'était conté,
J'y prendrais un plaisir extrême.

LA FONTAINE, liv. VIII, fab. 4.

On a dit avec plus d'esprit que de raison, que la fable était née dans les pays despotiques de l'Orient, et qu'on y avait voilé la vérité, afin qu'elle pût s'approcher des tyrans. Mais je demande si un sultan ne se trouverait pas plus offensé de se voir peint sous l'emblème d'un chat-huant ou d'un léopard, que d'après nature; et si des

AVANT-PROPOS.

vérités de réflexion ne le blesseraient pas pour le moins autant que des vérités directes. Thomas Rhoé, ambassadeur d'Angleterre auprès de Sélim-Cha, empereur du Mogol, rapporte que ce prince très-despotique ayant fait ouvrir devant lui des coffres qui arrivaient d'Angleterre, afin d'y prendre quelques présents qui lui étaient destinés, fut fort surpris d'y trouver un tableau représentant un Satyre qu'une Vénus menait par le nez. « Il s'imagina, dit-il, que cette pein-
» ture était faite en dérision des peuples de
» l'Asie ; qu'ils y étaient figurés par le Satyre
» noir et cornu, comme étant d'une même com-
» plexion, et que la Vénus qui menait le Sa-
» tyre par le nez, représentait le grand em-
» pire que les femmes de ce pays-là ont sur les
» hommes. »

Thomas Rhoé, à qui ce tableau était adressé, eut bien de la peine à en détruire l'effet dans l'esprit du Mogol, en lui donnant une idée de nos fables. Il recommande à cette occasion bien expressément aux directeurs de la compagnie des Indes, en Angleterre, de n'envoyer à l'avenir aucune peinture allégorique aux Indes, parce que les princes, dit-il, y sont très-soupçonneux. C'est en effet le caractère des despotes. Je crois donc que nulle part les fables n'ont été imaginées pour eux, si ce n'est pour les flatter.

En général, le goût pour les fables est répandu par toute la terre, mais bien plus dans les pays libres que dans les despotiques. Les peuples sauvages fondent leurs traditions sur des fables : il n'y a point de pays où elles aient été plus communes que dans la Grèce, où tous les objets de la nature, de la politique et de la religion, n'étaient que des résultats de quelques métamorphoses. Il n'y avait guère de famille illustre qui n'eût quelque animal au nombre de ses ancêtres, et qui ne comptât parmi ses cousins ou ses cousines, des taureaux, des cygnes, des rossignols, des tourterelles, des corneilles ou des pies. On peut observer que les Anglais, dans leur littérature, ont un goût particulier pour l'allégorie, quoique la vérité puisse se dire chez eux fort librement. Les Asiatiques ont été dans le même cas du temps d'Ésope et de Lockman ; mais on ne trouve plus aujourd'hui chez eux de fabulistes, quoique leur pays soit rempli de sultans.

Ce sont les peuples les plus rapprochés de la nature, et par conséquent les plus libres, qui ont le plus aimé à orner la vérité de fables : c'est par un effet de l'amour même de la vérité, qui est le sentiment des lois de la nature. La vérité est la lumière de l'ame, comme la lumière physique est la vérité des corps. L'une et l'autre réunies donnent la science de ce qui est : celle-ci éclaire les objets, celle-là nous en montre les convenances ; et, comme dans le principe, toute lumière tire son origine du soleil, toute vérité tire la sienne de Dieu, dont cet astre est la plus sensible image. Peu d'hommes peuvent supporter la lumière pure du soleil. C'est à cause de la faiblesse de nos yeux, que la nature nous a donné des paupières pour les voiler au degré qui nous convient ; qu'elle a planté la terre de forêts, dont les feuillages verts nous offrent des ombrages doux et transparents ; et qu'elle répand dans les cieux des vapeurs et des nuages, pour affaiblir les rayons trop vifs de l'astre du jour. Peu d'hommes aussi peuvent saisir les vérités purement métaphysiques. C'est à cause de la faiblesse de notre intelligence, que la nature nous a donné l'ignorance pour servir de paupière à notre ame : c'est par son moyen que l'ame s'ouvre par degrés à la vérité, qu'elle n'en admet que ce qu'elle en peut supporter, qu'elle s'entoure de fables, qui sont comme autant de berceaux à l'ombre desquels elle la contemple ; et lorsqu'elle veut s'élever jusqu'à la Divinité même, elle la voile d'allégories et de mystères pour en soutenir l'éclat.

Nous ne verrions pas la lumière du soleil, si elle ne s'arrêtait sur des corps ou au moins sur des nuages. Elle nous échappe hors de notre atmosphère, et nous éblouit à sa source. Il en est de même de la vérité; nous ne la saisirions pas, si elle ne se fixait sur des événements sensibles, ou au moins sur des métaphores et des comparaisons qui la réfléchissent ; il lui faut un corps qui la renvoie. Notre entendement n'a point de prise sur les vérités purement métaphysiques ; il est ébloui par celles qui émanent de la Divinité, et il ne peut saisir celles qui ne se reposent pas sur ses ouvrages. C'est par cette dernière raison que le langage des peuples civilisés ne peint rien, parce qu'il est plein d'idées vagues et d'abstractions ; et que celui des peuples simples et naturels est très-expressif, parce qu'il est rempli de similitudes et d'images. Les premiers sont habitués à cacher leurs sentiments, les seconds à les étendre. Mais comme souvent les nuages, dispersés sous mille formes fantastiques, décomposent les rayons du soleil en teintes plus riches et plus variées que celles qui colorent les ouvrages réguliers de la nature ; ainsi les fables réfléchissent la vérité avec plus d'étendue que les événements réels : elles la transportent dans tous les règnes ; elles l'approprient aux animaux, aux arbres, aux éléments, et en font jaillir mille reflets. Ainsi les rayons du soleil se jouent, sans s'éteindre, au fond des eaux, y reflètent les objets de la terre et des cieux, et redoublent leurs beautés par des consonnances.

L'ignorance est donc aussi nécessaire à la vérité que l'ombre l'est à la lumière, puisque c'est des premières que se forment les harmonies de notre intelligence, comme des secondes se composent celles de notre vue.

Les moralistes, comme je l'ai déjà observé dans mes Études, ont presque toujours confondu l'ignorance avec l'erreur. L'ignorance, à la considérer seule et sans la vérité avec laquelle elle a de si douces harmonies, est le repos de notre intelligence ; elle nous fait oublier les maux passés, nous dissimule les présents, et nous cache ceux de l'avenir ; enfin elle est un bien, puisque nous la tenons de la nature. L'erreur, au contraire, est l'ouvrage de l'homme; elle est toujours un mal; c'est une fausse lumière qui luit pour nous égarer. Je ne puis mieux la comparer qu'à la lueur d'un incendie, qui dévore les habitations qu'elle éclaire. Il est remarquable qu'il n'y a pas un seul mal moral ou physique qui n'ait pour principe une erreur. Les tyrannies, l'esclavage, les guerres, sont fondés sur des erreurs politiques, et même sacrées; car les tyrans, qui les ont répandues pour établir leur puissance, les ont toujours dérivées de la Divinité ou de quelque vertu, afin de les faire respecter des hommes.

« Il est cependant bien facile de distinguer l'erreur de la vérité. La vérité est une lumière naturelle qui luit d'elle-même par toute la terre, parce qu'elle vient de Dieu ; l'erreur est une lueur artificielle qui a besoin sans cesse d'être alimentée, et qui ne peut jamais être universelle, parce qu'elle n'est que l'ouvrage des hommes. La vérité est utile à tous les hommes ; l'erreur n'est profitable qu'à quelques-uns, et est nuisible à tous, parce que l'intérêt particulier est l'ennemi de l'intérêt général, quand il s'en sépare.

Il faut bien prendre garde de confondre la fable avec l'erreur. La fable est le voile de la vérité, et l'erreur en est le fantôme. Ce fut souvent pour le dissiper, que la fable fut imaginée ; cependant, quelque innocente qu'elle soit dans son principe, elle devient dangereuse lorsqu'elle prend le caractère principal de l'erreur, c'est-à-dire, lorsqu'elle tourne au profit particulier de quelques hommes. Par exemple, il importait peu qu'on eût fait jadis de la lune, sous le nom de Diane, une déesse toujours vierge, qui présidait à la chasse. Cette allégorie signifiait que la lumière de la lune était favorable aux chasseurs pour tendre des pièges aux bêtes fauves, et que l'exercice de la chasse détruisait la passion de l'amour. Il n'y eut pas un grand mal quand on lui dédia le pin * dans les forêts; cet arbre devint un rendez-vous de chasse. Il n'y eut pas encore un grand mal quand un chasseur, pour s'attirer la protection de Diane, y suspendit la tête d'un loup. Mais quand il y mit la peau tout entière, il se trouva des gens qui songèrent à en profiter; ils bâtirent à la déesse une chapelle, où l'on offrit non-seulement la peau d'un loup, mais des moutons, afin de préserver des loups le reste du troupeau. Les offrandes s'y multiplièrent à l'occasion de la hure de quelque monstrueux sanglier qui avait bouleversé les vignes, et qui avait mis à ses trousses tous les chiens et toute la jeunesse du voisinage. Les chasseurs y attirèrent les pèlerins, et les pèlerins les marchands. Il se forma bientôt un bourg autour de la chapelle, qui, parmi tant de gens crédules, ne tarda pas d'avoir ses

---

* Voyez la note troisième à la fin de ce volume.

oracles. Comme on y prédisait des victoires, les rois y envoyèrent des présents ; alors la chapelle devint un temple, et le bourg une ville qui eut des pontifes, des magistrats, des territoires. Bientôt on leva des impôts sur les peuples, pour lui bâtir des temples magnifiques comme celui d'Éphèse ; et comme la crainte a encore plus de pouvoir que la confiance sur l'esprit humain, pour rendre le culte de Diane redoutable, on lui sacrifia des hommes dans la Tauride. Ainsi concourut au malheur des peuples une allégorie imaginée pour leur bonheur, parce qu'elle tourna au profit d'une ville ou d'un temple.

La vérité même est funeste aux hommes, quand elle devient le patrimoine d'une tribu. Il y a certainement bien loin de la tolérance de l'évangile à l'intolérance de l'inquisition, et du précepte donné par Jésus à ses apôtres, de secouer de leurs pieds la poussière des maisons où on refusait de les recevoir, et de son indignation lorsqu'ils lui proposèrent d'y faire tomber le feu du ciel, à la destruction des anciens Indiens de l'Amérique et aux bûchers des auto-da-fé.

Il y a à la galerie des Tuileries, à droite en entrant dans le jardin, une colonne ionique, que le célèbre Blondel, professeur d'architecture, montrait comme un modèle à ses élèves; il leur faisait observer que toutes celles qui la suivaient, allaient en diminuant de plus en plus en beauté. La première, disait-il, est l'ouvrage d'un fameux sculpteur, et les autres ont été faites successivement par des artistes qui se sont écartés de ses graces et proportions, à mesure qu'ils s'en éloignaient. Celui qui a sculpté la seconde, a assez bien imité la première; mais celui qui a fait la troisième, ne copiait plus que la seconde. Ainsi, de copie en copie, la dernière se trouve fort au-dessous de l'original. J'ai comparé bien des fois l'Évangile à cette belle colonne des Tuileries, et les ouvrages des commentateurs anciens à celles du reste de la galerie. Mais, si on mettait de suite les commentateurs modernes jusqu'à nos jours, quelles colonnes informes offriraient leurs volumes! et qui, dans les tempêtes de la vie, oserait s'y appuyer?

Puisque la vérité est un rayon de la lumière céleste, elle luira toujours pour tous les hommes, pourvu qu'on ne mette pas d'impôts sur leurs fenêtres; mais, dans tous les genres, combien de corps fondés pour la propager, par cela même qu'elle tourne à leur profit, y substituent celle de leurs bougies ou de leurs lanternes! Ils en viennent bientôt, quand ils sont puissants, à persécuter ceux qui la trouvent; et quand ils ne le sont pas, ils leur opposent une force d'inertie qui les empêche de la répandre : voilà pourquoi ceux qui l'aiment, s'éloignent souvent des hommes et des villes. Telle est la vérité que j'ai voulu prouver dans ce petit ouvrage. Heureux si je peux contribuer, dans ma patrie, au bonheur d'un seul infortuné, en peignant aux Indes celui d'un Paria dans sa chaumière!

Ce n'est qu'à vous, auguste assemblée des représentants de la France, qu'il appartient de faire du bien à tous les hommes, en détruisant les obstacles qui s'opposent à la vérité, puisqu'elle est la source de tous les biens, et qu'elle se répand par toute la terre. Rome et Athènes ne défendirent que leur liberté. Les peuples modernes n'ont combattu que pour étendre leur religion et leur commerce. Tous ont opprimé l'univers ; vous seule avez défendu ses droits en sacrifiant vos priviléges. Un jour il s'intéressera à votre bonheur, comme vous vous êtes intéressée à ses destins. Puisse le monarque vertueux qui vous a convoquée, et a sanctionné vos laborieux travaux, en partager la gloire à jamais! Son nom sera immortel comme vos lois. Les peuples anciens ont fixé leur principale époque à celle qui importait le plus à leurs plaisirs, à leur puissance ou à leur liberté; les Grecs, si amoureux des fêtes, à leurs olympiades; les Romains, si patriotes, à la fondation de Rome; les peuples opprimés, à la naissance de leurs religions : mais les peuples que vous rappelez au bonheur auquel la nature les destinait, dateront les droits de l'homme, aussi anciens que le monde, du règne de Louis XVI.

PRÉAMBULE.

Le début de ce petit ouvrage a été marqué par trois sortes de succès.

Le premier, c'est que, dès qu'il a été publié sous format in-18, il en a paru plusieurs contrefaçons au Palais-Royal. C'est sans doute me faire beaucoup d'honneur; mais aussi c'est me le faire payer assez cher, et tromper le public en lui présentant des éditions fautives.

Le second succès de la Chaumière Indienne, est de m'avoir attiré des éloges des journalistes les plus distingués, et des lettres pleines d'intérêt, de beaucoup de mes lecteurs. Rien n'est agréable comme une amitié nouvelle. Toutes les primeurs plaisent, et sur-tout celles du cœur. Quelque sensible que j'y sois, il ne m'est pas possible de les cultiver toutes. Parmi les personnes qui me font l'honneur de rechercher ma correspondance, il y en a, et ce ne sont pas toujours des dames, qui, de peur, disent-elles, de m'importuner, m'écrivent de petites lettres qui demandent de grandes réponses : le contraire m'arrangerait beaucoup mieux. C'est sans doute la plus douce de mes jouissances, de voir les sentiments sortis de mon ame y retourner avec ceux des amis qu'ils m'ont conciliés; mais c'est une de mes plus grandes peines, de ne pouvoir suffire à des relations si intéressantes. Je suis seul, ma santé est mauvaise, et je ne peux écrire que quelques heures de la matinée; j'ai des matériaux considérables à arranger, que je n'ai ni la force, ni le temps de mettre en ordre; ma fortune même est un obstacle à mes correspondances, car beaucoup de ces lettres m'arrivent de fort loin sans être affranchies. J'espère que ces considérations, qui me forcent de tant de manières au laconisme ou au silence, me serviront d'excuses auprès de la plupart de mes lecteurs, dont les suffrages d'ailleurs sont la plus agréable récompense de mes travaux.

Le troisième succès de la Chaumière Indienne, est d'avoir excité l'envie. Des journalistes m'ont attaqué dans leurs feuilles. Un abbé, déguisé sous le nom d'un Anglais, a prétendu, dans son journal, que, sous le nom de brames, je voulais tourner nos prêtres en ridicule. A la vérité, il a dit à une dame de ses souscripteurs, qui lui en faisait des reproches, que s'il avait su qu'elle fût de mes amies, il n'aurait pas publié cette lettre : tant il est vrai que c'est l'intérêt et non la vérité qui guide un écrivain mercenaire !

Un journaliste académicien s'est plaint avec amertume d'une note de mon avant-propos, où je parle de l'aplatissement des pôles comme d'une erreur. Un autre journaliste du même ordre, n'ayant rien à voir ni à ma religion, ni aux pôles du monde, a senti réveiller sa jalousie naturelle par des succès qu'il n'avait pas préparés. N'ayant rien à reprendre dans ma Chaumière Indienne, il a attaqué avec amertume mes Principes sur l'Éducation. Accoutumé à ne répéter que les idées d'autrui, il ne veut pas que j'aie les miennes; il me blâme d'interdire l'ambition aux enfants, qu'il veut élever, comme lui, avec des hochets académiques. Il trouve mauvais que je leur défende de chercher à être les premiers ; que je substitue dans leurs jeunes ames, l'amour de l'humanité à l'amour de soi, l'intérêt général à l'intérêt particulier, et que je les fasse vivre en paix dans l'âge de l'innocence, afin de les disposer à la concorde dans celui des passions. Certainement si j'avais besoin de quelque preuve bien frappante des mauvais effets de l'éducation ancienne, pour rendre les hommes jaloux, injurieux, à grandes prétentions et à petit talent, je ne voudrais pas lui en alléguer d'autre exemple que lui-même.

Il y a des êtres méchants sans nécessité. J'ai vu des pies tourner autour des cages des pigeons, uniquement pour leur crever les yeux. Ces oiseaux babillards et malfaisants se saisissent de tout ce qui brille, pour le cacher dans leurs trous. J'ai balancé si je ne mettrais pas les détracteurs de mes ouvrages dans le préambule de ma Chaumière, comme on cloue des pies sur la porte d'un colombier; mais je me suis ressouvenu de ce précepte de Pythagore : « Ne charge pas tes » enfants de ta vengeance. » Pensées de ma solitude, filles de la nature, vous n'êtes point renfermées dans des cages, et l'envie ne pourra vous crever les yeux; libres comme votre mère, vous parcourrez un jour les diverses régions de la terre, vous reposant près des cœurs sensibles, et leur portant, comme des colombes, l'amour et la paix.

En défendant la vérité de mes ennemis, je tairai donc leurs noms, quoique dans leurs journaux ils aient nommé ou désigné le mien. Ces trompettes de différents partis se sont rendus les dispensateurs de la louange et du blâme; mais ils ne sont redoutables qu'aux ames énervées par notre éducation ambitieuse. On ne donne à un homme le pouvoir de nous déshonorer, que quand on lui a donné celui de nous honorer. Tout flatteur est calomniateur. Pour moi, je n'attends mon jugement que de l'opinion publique; c'est à elle à faire justice de ces petits tribunaux qui s'élèvent de leur propre autorité pour lui donner des lois. Elle a détruit des aristocraties qui s'étaient emparées de l'honneur, de la justice, de la conscience des peuples; c'est à elle à réformer celles qui ont envahi les arts, les sciences, les lettres, et les plus nobles facultés de la raison humaine, le tout souvent pour le profit d'un entrepreneur, qui trafique de leur politique, de leur philosophie et de leur théologie.

Mettant donc à part tout ce qui m'est personnel, je ne répondrai qu'à quelques objections faites contre des vérités morales, qui sont les premiers principes de l'amour que nous devons à Dieu et aux hommes. Cette réponse servira de suite aux Études de la Nature, et aux Vœux d'un Solitaire dans lesquels je me suis particulièrement occupé des bases fondamentales de la société humaine, relativement à notre nouvelle constitution. Quant aux vérités physiques, d'où dépendent, selon moi, les premières connaissances du globe, je veux dire l'alongement de ses pôles, et la circulation de ses mers qui en découlent tour-à-tour, je les réserve pour un autre ouvrage, où j'espère, graces à Dieu, après avoir réfuté les systèmes contraires, ajouter de nouvelles preuves à ma théorie, et les mettre avec les anciennes, dans un ordre qui ne laissera rien à désirer.

En attendant, je répondrai à ceux qui m'accusent d'avoir voulu, dans ma Chaumière Indienne, faire la satire de nos prêtres sous le nom de Brames, que si c'eût été mon intention, j'aurais fait voyager le docteur anglais, non chez les Brames, mais chez le Dalaï-Lama, l'image vivante du dieu Fo, dont le clergé a une hiérarchie, des cérémonies et des dogmes si semblables à ceux de l'église romaine, que les missionnaires jésuites Grebner, Désideri, Gerbillon, et le père Horace de la Penna, capucin, qui y ont voyagé, et nous en ont donné des relations, croient que le christianisme y a été autrefois prêché. On peut consulter sur ces conformités, le septième tome de l'Histoire générale de l'abbé Prévost; mais, suivant l'observation même de ce rédacteur, les usages religieux des prêtres Lamas paraissent beaucoup plus anciens, puisque Fo ou La, le fondateur de leur religion, est né 1026 ans avant Jésus-Christ. Je n'ai donc voulu peindre dans les brames que les brames; et c'est ce que savent tous ceux qui ont été dans l'Inde, ou qui en ont lu les relations.

Il y a bien plus; c'est que loin d'avoir voulu attaquer la religion chrétienne, j'ai représenté un homme rempli de son esprit, dans le respectable habitant de la chaumière indienne. Le Paria est l'homme de l'évangile; il aime tous les hommes, et il fait du bien même à ses ennemis; il ne se fie qu'à Dieu seul. A la vérité, il n'a point de foi aux livres; en quoi il est fort excusable, puisqu'il ne sait point lire. Mais ce n'était point avec des livres que Jésus, qui n'en a jamais fait, appelait ses apôtres, qui n'étaient guère plus savants que le Paria; c'était par sa bonté, sa charité et la sublimité de sa morale, dont les premières lois ne sont point imprimées dans des livres, mais dans le cœur humain, et dont la lumière éclaire, suivant saint Jean, tout homme venant en ce monde. Jésus n'a rien écrit qu'à l'occasion des docteurs de la loi, qui accusaient la femme adultère. On a supposé, avec vraisemblance, que c'étaient leurs propres péchés; mais il est digne de remarque, qu'il ne les écrivit que sur le sable. J'ai donc tâché, par l'exemple du Paria, et conformément à la doctrine de Jésus, de rapprocher les infortunés de Dieu et des hommes, en leur montrant que Dieu a mis dans leur propre cœur une source de vérités éternelles, où chacun d'eux peut puiser pour ses besoins, et que les méchants ne peuvent troubler.

C'est à ce sujet que le Paria, interrogé par le docteur anglais, s'il faut dire la vérité aux hommes, répond comme Jésus, qu'il ne faut pas la dire aux méchants; et se servant d'une similitude semblable, il compare la vérité à une perle fine, et le méchant au crocodile. « Ne jetez pas, dit Jésus, les perles
» devant les pourceaux, de peur qu'ils ne
» les foulent aux pieds, et que se tournant
» contre vous, ils ne vous déchirent. » Matth. ch. 7, v. 6. Enfin, c'est aux hommes semblables au Paria, pauvres d'esprit, doux, affligés, victimes de l'injustice, charitables, purs, pacifiques et persécutés, que Jésus a promis les huit béatitudes de la terre et du ciel, quoiqu'ils ne sachent pas lire; tandis qu'il menace des huit malédictions de l'enfer ceux qui, prenant le nom de docteur, qu'il interdit à ses disciples, ferment aux hommes le royaume des cieux, dévorent les maisons des veuves sous prétexte de leurs prières, courent la mer et la terre pour faire des prosélytes, dispensent des serments, sacrifient la justice, la miséricorde et la confiance en Dieu, à de simples réglements de discipline, ne nettoient que les dehors de leur coupe,

sont semblables à des sépulcres blanchis, et élèvent avec faste des monuments religieux, pour en imposer aux hommes. Matth. ch. 5 et 23.

Je ne dissimulerai pas qu'en venant au secours des malheureux, suivant la devise de mes écrits, j'ai tâché de renverser leurs tyrans, de quelque espèce qu'ils puissent être. Celle de leurs maximes la plus universellement répandue, est que les enfants sont héritiers des vertus et des vices de leurs pères. C'est ainsi que l'ambition a tendu ses chaînes non-seulement dans le présent, mais dans le passé et dans l'avenir. Toute tyrannie est fondée sur une erreur souvent consacrée par la religion; c'est à l'influence prétendue de la naissance, que sont attachés la plupart des maux du genre humain. C'est sur elle que sont fondés, d'un côté, la haine et le mépris qui accablent une foule d'hommes utiles, et même des peuples entiers, l'esclavage des Nègres, les persécutions faites aux Juifs, l'ancienne servitude féodale de nos paysans, l'oppression des Guèbres chez les Turcs, l'infamie des Parias chez les Indiens, etc....; et d'un autre côté, les prérogatives et les respects accordés aux castes nobles et religieuses de l'Asie et de l'Europe, telles que les naïres, les brames, etc.... Cette opinion fait irrévocablement le malheur des hommes, lorsqu'elle se combine avec la religion ; car elle inspire aux uns un orgueil intolérable, en leur persuadant qu'ils sont revêtus d'une origine et d'une puissance céleste, et elle jette les autres dans le désespoir, en les empêchant d'oser lever les yeux vers une divinité implacable dont ils se croient les victimes de père en fils.

Si les armes de la raison m'eussent manqué pour combattre une erreur si injurieuse à Dieu et si funeste aux hommes, j'en eusse trouvé dans les livres mêmes dont des docteurs de mauvaise foi se sont servis pour l'établir parmi nous. Du temps du prophète Ezéchiel, les Israélites, accablés de maux, accusaient d'injustice Dieu, qui, selon eux, leur faisait porter la peine des fautes de leurs pères. Ils disaient : « Les pères ont mangé » des raisins verts, et les dents des enfants » en sont agacées. » Ezéchiel leur répond au nom de Dieu : « Je jure par moi-même, » dit le Seigneur, que cette parabole ne pas-

» sera plus parmi vous en proverbe dans
» Israël, car toutes les ames sont à moi :
» l'ame du fils est à moi comme l'ame du
» père. Le fils ne portera point l'iniquité du
» père, et le père ne portera point l'iniquité
» du fils. La justice du juste sera sur lui,
» et l'impiété de l'impie sera sur lui. » Ezéchiel, ch. 18, v. 2, 3, 20. On ne peut rien de plus précis pour prouver l'innocence naturelle de l'homme. La même vérité se retrouve dans l'Évangile. Quoique les Juifs fussent alors fort corrompus, Jésus regarde leurs enfants comme innocents. Il dit à ses disciples, qui les repoussaient avec des paroles rudes : « Laissez venir à moi les petits en-
» fants, et ne les en empêchez point, car le
» royaume du ciel est pour ceux qui leur
» ressemblent. » Matth. ch. 18, v. 16. Il dit ailleurs : « Quiconque reçoit un enfant en
» mon nom, me reçoit. » Certainement il n'eût pas parlé ainsi des enfants, si les vices des pères les eussent entachés.

J'ai fait raisonner le Paria comme le prophète Ezéchiel, et je l'ai fait agir comme un disciple de Jésus. L'Évangile n'est que l'expression des lois sublimes de la nature.

PRÉAMBULE.

Quand nous n'aurions pas l'autorité de ce livre sacré, nous avons celle de la nature même. Nous voyons tous les jours les enfants différer essentiellement de leurs pères. Si les qualités morales se transmettaient par la naissance, on verrait des races invariables de Socrates, de Catons, de Nérons, de Tibères; ou plutôt tous les hommes seraient absolument semblables, puisqu'ils sortent tous du premier homme.

C'est cependant sur cette opinion si réfutée par l'expérience, que les aristocraties fondent leurs prérogatives. Dans nos écoles, qui ont flatté toutes les tyrannies, on les soutient par des raisonnements subtils. Tous les hommes, y dit-on, ont été contenus de pères en fils dans le premier homme, comme des gobelets renfermés les uns dans les autres: Leur naissance n'est que leur développement. Il en est de même de tous les êtres organisés. Chaque individu sort de son premier germe, où il était enclos avec toute sa postérité. Le premier gland renfermait tous les chênes de l'univers. On cite en preuve visible un ognon de tulipe, qui renferme sa fleur déjà toute formée; et si on n'aperçoit pas, dit-on, dans les semences de cette fleur, une seconde génération de tulipes, c'est que l'œil de l'homme ne peut pas porter plus loin ses observations. Nos docteurs, non contents de resserrer une quantité infinie de matière dans un espace très-petit, étendent, avec la même facilité, une très-petite portion de matière dans un espace infiniment grand. Si vous mettez, disent-ils, un grain de carmin dissoudre dans une pinte d'eau, toute cette eau sera colorée de rouge. Si vous la mêlez à l'eau d'un tonneau, chaque goutte d'eau du tonneau aura une portion d'eau carminée. Si vous videz le tonneau dans un lac, chaque goutte du lac contiendra une portion de l'eau rougie du tonneau. Enfin, si vous faites écouler le lac dans la mer, chaque goutte d'eau de la mer renfermera une portion de l'eau carminée du lac. Ainsi un grain de carmin s'étend dans tout l'Océan. Voilà comme se prouve, selon eux, la divisibilité de la matière à l'infini, en descendant du grand au petit, et en remontant du petit au grand. J'ai passé de beaux jours de ma jeunesse à combattre ces chimères dans nos écoles dites de philosophie. Quand je

PRÉAMBULE. 245

rejetais l'incompréhensibilité de ces raisonnements, on m'objectait l'insuffisance de ma raison. On m'opposait l'autorité géométrique, en me citant, dans les asymptotes de l'hyperbole, deux lignes qui vont toujours s'approchant de la courbe sans jamais la rencontrer. Ce n'était qu'un sophisme de plus. Le mal est que, de cette descendance à l'infini, on tire des conséquences dangereuses pour le malheur de plusieurs tribus, et surtout pour celui du genre humain.

J'aurais pu me démontrer la fausseté de ce principe, d'après l'injustice de ses conséquences; car tout mal a pour racine quelque erreur, comme tout bien émane de quelque vérité. Ainsi Dieu n'est la source de l'intelligence, que parce qu'il est celle de la bonté. Mais il s'agissait moins de régler mon cœur que d'éclairer mon esprit. Il fallait donc le débarrasser des subtilités de l'école. Je ne le croyais pas d'une qualité différente de celui de nos docteurs, qui prétendaient concevoir et expliquer leur mystère; et puisque je voyais des contradictions où ils assuraient apercevoir l'évidence, j'en concluais que leur raison ou la mienne était dans l'erreur. Pour rectifier en moi cette règle de nos jugements, je ne l'appliquai pas sur des lois écrites dans des livres, ces ouvrages des hommes sujets comme moi à se tromper, mais sur les lois de la nature, cet ouvrage de Dieu qui ne s'égare jamais. C'est le sentiment de ses lois qui forme l'évidence, ce *nec plus ultrà* de la raison humaine.

D'abord il me parut certain que toute progression infinie descendante devait se terminer à zéro. Je pris pour comparaison une échelle formée de deux montants inclinés l'un vers l'autre. Il me parut évident que ces deux montants, prolongés du côté où ils se rapprochent, devaient nécessairement se rencontrer, et que les échelons compris entre eux devaient aussi aller toujours en diminuant, de sorte qu'au point où les deux montants se toucheraient, le dernier échelon se trouverait réduit à rien. Je suppose donc que les deux montants représentent le premier mâle et la première femelle dans chaque espèce d'être, et les échelons les générations descendantes du père et de la mère; il est clair que ces générations iront en diminuant, puisque la première renferme la seconde, la seconde la troisième, etc.... Ainsi la dernière génération enclose dans le père et la mère, comme le dernier échelon compris entre les deux montants de l'échelle, doit, au bout de quelques degrés, se réduire à rien.

Cette démonstration me parut bien autrement sensible, quand j'eus étudié les lois mêmes de la nature. J'y vis clairement que si Dieu eût renfermé toutes les générations de chaque être dans un premier germe, il eût contrevenu aux lois qu'il a établies lui-même pour engendrer successivement les générations, et les rendre productives à leur tour. Ces lois sont celles de l'amour, qui existent pour les hommes, les animaux, les végétaux, et peut-être pour des êtres d'un autre règne. L'exemple d'un ognon de tulipe, qui renferme sa fleur toute formée, en est une preuve. Cette fleur enclose n'est composée que d'embryons floraux, dont les pétales ont besoin d'être développés par le concours des éléments. Ses anthères ou parties mâles, ont besoin pareillement de devenir fécondantes par l'action du soleil, et les stygmates du pistil ou parties femelles de la fleur, d'être fécondées par les poussières séminales des anthères, pour que les semences enfermées dans l'ovaire puissent produire des tulipes. Ainsi toute l'échelle de cette prétendue descendance infinie de tulipes, se termine au premier ognon. D'ailleurs, la semence de la tulipe n'est pas même un ognon, puisque, pour parvenir à cet état, il faut qu'elle soit mise en terre, et que chaque lune la couvre d'une nouvelle couche concentrique, comme les plantes bulbeuses et plusieurs autres racines. En prenant pour exemple un gland, et en supposant qu'on puisse y apercevoir un chêne renfermé, certainement on n'y verrait pas les rudiments de ses noueuses racines, qui doivent percer le lit des rochers, ni ceux de son tronc, ouvrage des siècles, auquel chaque année solaire ajoute un cercle, comme chaque mois lunaire ajoute un cercle aux plantes bulbeuses. Il est d'ailleurs impossible que ce chêne embryon porte actuellement des glands; car la génération de ces glands dépend de la fécondation de leurs fleurs mâles et femelles qui n'existent pas encore, puisqu'elles ne paraissent sur l'arbre même qu'après un certain nombre d'années, lorsqu'il est en quelque sorte adulte. Ainsi la prétendue suite infinie de chênes, renfermée dans un premier gland, se termine tout au plus à un premier chêne embryon. Il en est de même des générations successives des hommes. En supposant que le premier de tous ait renfermé un embryon humain, cet embryon a eu besoin du sein maternel pour parvenir à la vie élémentaire, et de douze à quatorze ans pour se développer, et former en lui-même les molécules séminales qui doivent renfermer une seconde génération. L'anatomie n'a jamais découvert les molécules séminales dans les enfants morts avant l'âge de puberté; elles n'existent donc pas dans le premier embryon, qui a besoin lui-même du concours de deux sexes pour recevoir la vie élémentaire et développer ses organes. Ainsi la nature n'a pu renfermer toutes les générations de chaque être dans leur premier germe, puisque chaque génération ne peut recevoir l'existence que par l'action combinée d'un père et d'une mère, et qu'elle ne peut la donner à son tour à la génération suivante, que par les mêmes moyens. Dire que tous les chênes étaient renfermés dans le premier gland, et toutes les générations de tous les hommes dans le premier embryon, c'est dire que tous les siècles du monde étaient renfermés dans la première minute. Ainsi un fils n'est pas plus contenu actuellement dans son père, que demain n'est renfermé dans aujourd'hui, et l'année prochaine dans l'année présente. Chaque enfant doit son existence au concours d'un mâle et d'une femelle, comme chaque année doit la sienne au mouvement combiné du soleil et de la terre; et l'enfant, comme l'année, ne devient capable d'engendrer que par une suite périodique de jours et de saisons, que l'astre de la lumière, image de Dieu, produit successivement.

C'est cependant en soutenant que tous les hommes étaient renfermés dans leurs ancêtres, que nos écoles ont égaré les esprits pendant des siècles. Combien de conséquences dangereuses n'a-t-on pas tirées de cette métaphysique pour le malheur des hommes! car, je le répète, il n'y a point d'erreur qui ne produise de mal, ni de mal qui ne provienne de l'erreur. Des écrivains ont de plus rendu des familles, des tribus, des peuples entiers, infâmes ou illustres, vicieux ou vertueux, uniquement à cause de leur origine; d'autres, et souvent les mêmes, ont étendu une proscription universelle sur tout le genre humain, sans s'embarrasser même de se contredire par leurs exceptions. Cependant la nature leur faisait voir que, dans les mêmes familles, il y avait des hommes bons et méchants, ce qui ne serait pas arrivé, s'ils avaient tous la même empreinte originelle, comme des pièces de métal frappées au même coin : d'ailleurs, si les vices et les vertus se transmettaient, il en serait de même des talents, des arts et des sciences. Un père savant engendrerait des enfants savants, comme on suppose qu'un père vertueux produit un enfant vertueux ; mais l'expérience prouve que les lumières et les erreurs, ainsi que les vertus et les vices, sont les fruits de l'éducation et des habitudes.

Je crois que tous les hommes sont sortis d'un premier homme, mais qu'ils sont formés successivement par le concours des deux sexes. La loi merveilleuse par laquelle on les suppose renfermés les uns dans les autres, ne serait, au bout du compte, qu'une loi très-mécanique; mais celle qui les produit par l'harmonie des amours, est une loi divine.

C'est une loi toujours vivante, toujours aimante, et digne seule de l'auteur de l'univers. Il a engendré autrefois les genres, il engendre encore les individus; il agit à chaque instant; il fait intervenir tour-à-tour les harmonies élémentaires, filiales, végétales, animales, fraternelles, conjugales, maternelles, tributives, nationales, et jusqu'à celles de tout le genre humain, pour former un seul homme. Il fait naître des harmonies physiques, les harmonies morales; des élémentaires, les premiers sentiments d'amour et de haine dans les enfants; des filiales, leur reconnaissance et leur piété envers leurs parents; des végétales et des animales, l'intelligence de la nature et de son auteur dans les adolescents; des fraternelles, le sentiment de l'amitié et de l'égalité dans les jeunes gens; des conjugales, la foi, la constance, la générosité, et toutes les affections des amants; des paternelles, l'économie, la prudence, la force, et toutes les vertus domestiques qui honorent l'âge viril; des tributives, l'amour de la gloire qui naît du désir de servir ses semblables; des nationales, l'amour de la patrie, qui, dans un âge avancé, étend ses affections à toutes les tribus; et des harmonies du genre humain, la philanthropie qui embrasse toutes les nations, et qui résulte de l'expérience et de la sagesse des vieillards. Toutes ces harmonies physiques et morales sont encore divisées en actives et en passives, en positives et en négatives; et il résulte de leur accord, le concert admirable de l'univers et du genre humain.

Dira-t-on maintenant qu'un homme renferme en lui toute sa postérité? Par la seule harmonie des sexes, chaque génération se trouve modifiée, de manière que, pour l'ordinaire, les mâles tiennent de la mère et les filles du père, leur caractère et leur physionomie. Ainsi la nature se perpétue en se variant sans cesse. J'ai présenté, dans mes Études, quelques anneaux de la chaîne admirable de ces harmonies; mais si Dieu me donne un jour, loin des villes, le loisir et la grace de parcourir ce cercle d'amours et de vertus, je ferai voir que c'est à ces lois harmoniques que doivent se fixer toutes les lois sociales, puisque ce sont celles de la nature même. J'espère au moins y attacher celles de l'éducation nationale, car l'éducation ne doit être qu'un apprentissage de la vie humaine.

Nous tenons donc le premier germe de nos corps de nos parents, et souvent notre constitution physique, bonne ou mauvaise; mais il n'en est pas de même de notre constitution morale. Nos ames nous sont données innocentes et pures, parce qu'elles viennent de Dieu, et qu'elles sont à lui seul, comme le dit Ezéchiel; c'est à nous, avec son aide, à les conserver bonnes et justes. Il avait tracé, pour les développer, un cercle d'amours et de vertus : si nous en avons été rejetés par les dépravations de la société, nous y reviendrons en rentrant en nous-mêmes : le bonheur d'un seul homme est fondé sur les mêmes lois qui assurent celui du genre humain.

C'est d'après ce sentiment naturel, que le Paria se dégage des préjugés de son pays. J'ai regardé souvent comme un des plus grands malheurs de la condition humaine, que la superstition vînt envahir, dès l'enfance, une ame innocente, sans qu'elle puisse s'en préserver; mais considérant combien les superstitieux étaient, par tout pays, opiniâtres, intolérants, durs et cruels, malgré les moyens que la nature leur présente dans le cours de la vie pour les ramener à la vérité et à la vertu, j'ai reconnu que la superstition était, comme l'athéisme, une suite de l'ambition, et que, comme lui, elle en était la punition. En effet, on ne rend point un enfant superstitieux, sans lui inspirer une ambition positive ou négative de sa religion : on commence d'abord par lui en faire peur; bientôt il cherche à en effrayer les autres à son tour. Chacun volontiers fait part de l'objet de sa crainte, et garde pour soi celui de ses espérances.* Les religions les plus tyranniques ont toujours fait le plus de prosélytes. Il faut donc préparer une ame inno-

---

* Le superstitieux passe souvent à l'athéisme; car, ses probabilités de salut étant en très-petit nombre, et celles de damnation étant infinies, il s'ensuit qu'il a beaucoup plus à craindre qu'à espérer, et dans cette inquiétude, il se détermine à la longue à ne rien croire du tout. Il aime mieux croire que Dieu n'existe pas, que de croire qu'il est un tyran éternel. L'athée passe rarement à la superstition, par la raison qu'un homme ne retombe point en maladie quand une fois il est mort. La vraie religion est entre la superstition et l'athéisme, elle est la santé de l'ame.

cente avec quelque vice étranger, pour y faire mordre la superstition, comme on ronge une laine blanche avec l'alun, pour la teindre en noir. Le Paria, en rentrant en lui-même, se dépouille des préjugés des brames, et se retrouve tel que la nature l'a fait, comme un sauvage qui, en déposant l'habit dont les Européens l'avaient revêtu, échappe à-la-fois à la vanité qu'ils lui avaient inspirée, et à la servitude où ils voulaient le réduire.

Plusieurs personnes, considérant les erreurs et les terreurs qui se saisissent de nous dès la naissance, et nous enveloppent pendant tout le cours de notre vie, ont désiré, pour en être préservées, la solitude profonde du Paria sous le beau climat de l'Inde; mais nous en trouverons de plus inaccessibles que les rochers, et de plus douces que les figuiers des Banians, si nous rentrons en nous-mêmes. Le sort pouvait nous faire naître du temps des druides ou sous la tyrannie des brames, ou, ce qui renferme tous les maux, sous la peau d'un noir d'Afrique, livré en Amérique aux fouets et aux opinions des Européens, et adorant jusqu'aux erreurs qui le rendent misérable; dans toutes ces modifications de la misère humaine, nous aurions reçu de la nature, pour contre-poids des maux des sociétés, une ame amie de la vérité. Cherchons donc en nous-mêmes, et dans la nature qui ne nous trompe point, la vérité qui doit nous éclairer. O homme, qui croyez qu'il n'y a dans l'univers d'autre livre que celui où on vous a appris à lire, et d'autre clarté que celle de votre lampe, regardez le livre de la nature et l'astre du jour qui l'éclaire pour l'instruction de tous les mortels! Lisez dans la nature, et vous verrez que toutes les vérités viennent de Dieu, comme toutes les lumières du soleil. Que vous faut-il donc pour les recueillir et les conserver? Un cœur pur, qui s'ouvre à la vérité et se ferme aux préjugés. La nature vous l'a donné en naissant, comme elle vous a donné des yeux pour voir la lumière, et des paupières pour les couvrir.

LA
CHAUMIÈRE
INDIENNE.

1

LA CHAUMIÈRE INDIENNE.

Il y a environ trente ans qu'il se forma, à Londres, une compagnie de savants anglais, qui entreprit d'aller chercher, dans diverses parties du monde, des lumières sur toutes les sciences, afin d'éclairer les hommes et de les rendre plus heureux. Elle était défrayée par une compagnie de souscripteurs de la même nation, composée de négociants, de lords, d'évêques, d'universités, et de la famille royale d'Angleterre, à laquelle se joignirent quelques souverains du nord de l'Europe. Ces savants étaient au nombre de vingt; et la société royale de Londres avait donné à chacun d'eux un volume, contenant l'état des questions dont il devait rapporter les solutions. Ces questions montaient au nombre de trois mille cinq cents. Quoiqu'elles fussent toutes différentes pour chacun de ces docteurs, et convenables au pays où ils devaient voyager, elles étaient toutes liées entre elles, en sorte que la lumière répandue sur l'une devait nécessairement s'étendre sur toutes les autres. Le président de la société royale, qui les avait rédigées à l'aide de ses confrères, avait fort bien senti que l'éclaircissement d'une difficulté dépend souvent de la solution d'une autre, et celle-ci d'une précédente; ce qui mène dans la recherche de la vérité, bien plus loin qu'on ne pense. Enfin, pour me servir des expressions mêmes employées par le président dans leurs instructions, c'était le plus superbe édifice encyclopédique qu'aucune nation eût encore élevé aux progrès des connaissances humaines ; ce qui prouve bien, ajoutait-il, la nécessité des corps académiques, pour mettre de l'ensemble dans les vérités dispersées par toute la terre.

Chacun de ces savants voyageurs avait, outre son volume de questions à éclaircir, la commission d'acheter, chemin faisant, les plus anciens exemplaires de la Bible, et les manuscrits les plus rares en tout genre, ou au moins de ne rien épargner pour s'en procurer de bonnes copies. Pour cela, leurs souscripteurs leur avaient procuré, à tous, des lettres de recommandation pour les consuls, ministres et ambassadeurs de la Grande-Bretagne, qu'ils devaient trouver sur leur route, et, ce qui vaut encore mieux, de bonnes lettres de change, endossées par les plus fameux banquiers de Londres.

Le plus savant de ces docteurs, qui savait l'hébreu, l'arabe et l'indou, fut envoyé par terre aux Indes orientales, le berceau de tous les arts et de toutes les sciences. Il prit d'abord son chemin par la Hollande, et visita successivement la synagogue d'Amsterdam, et le synode de Dordrecht ; en France, la Sorbonne et l'académie des sciences de Paris ; en Italie, quantité d'académies, de muséum et de bibliothèques, entre autres le muséum de Florence, la bibliothèque de Saint-Marc, à Venise ; et à Rome, celle du Vatican. Étant à Rome, il balança si, avant de se diriger vers l'orient, il irait en Espagne consulter la fameuse université de Salamanque ; mais, dans la crainte de l'inquisition, il aima mieux s'embarquer tout droit pour la Turquie. Il passa donc à Constantinople, où, pour son argent, un effendi le mit à même de feuilleter tous les livres de la mosquée de Sainte-Sophie. De là il fut en Égypte, chez les Cophtes ; puis chez les Maronites du mont Liban, les moines du mont Carmel ; de là à Sana, en Arabie ; ensuite à Ispahan, à Kandahar, Delhi, Agra : enfin, après trois ans de courses, il arriva sur les bords du Gange, à Bénarès, l'Athènes des Indes, où il conféra avec les brames. Sa collection d'anciennes éditions, de livres originaux, de manuscrits rares, de copies, d'extraits et d'annotations en tout genre, se trouva alors la plus considérable qu'aucun particulier eût jamais faite. Il suffit de dire qu'elle composait quatre-vingt-dix ballots, pesant ensemble neuf mille cinq cent quarante livres, poids de Troye.*Il était sur le point de s'embarquer pour Londres avec une si riche cargaison de lumières, plein de joie d'avoir surpassé les espérances de la société royale, lorsqu'une réflexion toute simple vint l'accabler de chagrin.

Il pensa qu'après avoir conféré avec les rabbins juifs, les ministres protestants, les surintendants des églises luthériennes, les docteurs catholiques, les académiciens de Paris, de la Crusca, des Arcades, et de vingt-quatre autres des plus célèbres académies d'Italie, les papas grecs, les molhas turcs, les verbiests arméniens, les seidres et les casys persans, les scheics arabes, les anciens parsis, les pandects indiens, que loin d'avoir éclairci aucune des trois mille cinq cents questions de la société royale, il n'avait contribué qu'à en multiplier les doutes; et comme elles étaient toutes liées les unes aux autres, il s'ensuivait, au contraire de ce qu'avait pensé son illustre président, que l'obscurité d'une solution obscurcissait l'évidence d'une autre, que les vérités les plus claires étaient devenues tout-

* Le poids de Troye, autrement dit livre de Troye ou troyenné (en anglais Pound-Troy) est de douze onces, poids de marc.

à-fait problématiques, et qu'il était même impossible d'en démêler aucune dans ce vaste labyrinthe de réponses et d'autorités contradictoires.

Le docteur en jugeait par un simple aperçu. Parmi ces questions, il y en avait à résoudre deux cents sur la théologie des Hébreux; quatre cent quatre-vingts sur celle des diverses communions de l'église grecque et de l'église romaine; trois cent douze sur l'ancienne religion des brames; cinq cent huit sur la langue hanscrit ou sacrée; trois sur l'état actuel du peuple indien; deux cent onze sur le commerce des Anglais aux Indes; sept cent vingt-neuf sur les anciens monuments des îles d'Eléphanta et de Salsette, dans le voisinage de l'île de Bombay; cinq sur l'antiquité du monde; six cent soixante-treize sur l'origine de l'ambre gris, et sur les propriétés de différentes espèces de bézoards; une sur la cause non encore examinée du cours de l'Océan indien, qui flue six mois vers l'orient et six mois vers l'occident; et trois cent soixante-dix-huit sur les sources et les inondations périodiques du Gange. A cette occasion, le docteur était invité de recueillir, sur sa route, tout ce qu'il pourrait touchant les sources et les inondations du Nil, qui occupaient les savants de l'Europe depuis tant de siècles. Mais il jugea cette matière suffisamment débattue, et étrangère d'ailleurs à sa mission. Or, sur chacune des questions proposées par la société royale, il apportait, l'une dans l'autre, cinq solutions différentes, qui, pour les trois mille cinq cents questions, donnaient dix-sept mille cinq cents réponses; et en supposant que chacun de ses dix-neuf confrères en rapportât autant de son côté, il s'ensuivait que la société royale aurait trois cent cinquante mille difficultés à résoudre avant de pouvoir établir aucune vérité sur une base solide. Ainsi, toute leur collection, loin de faire converger chaque proposition vers un centre commun, suivant les termes de leur instruction, les ferait au contraire diverger l'une de l'autre, sans qu'il fût possible de les rapprocher. Une autre réflexion faisait encore plus de peine au docteur; c'est que, quoiqu'il eût employé dans ses laborieuses recherches tout le sang-froid de son pays, et une politesse qui lui était particulière, il s'était fait des ennemis implacables de la plupart des docteurs avec lesquels il avait argumenté. Que deviendra donc, disait-il, le repos de mes compatriotes, quand je leur aurai rapporté dans mes quatre-vingt-dix ballots, au lieu de la vérité, de nouveaux sujets de doutes et de disputes?

Il était au moment de s'embarquer pour l'Angleterre, plein de perplexité et d'ennui, lorsque les brames de Bénarès lui apprirent que le brame supérieur de la fameuse pagode de Jagrenat, ou Jagernat, située sur la côte d'Orixa, au bord de la mer, près d'une des embouchures du Gange, était seul capable de résoudre toutes les questions de la société royale de Londres. C'était en effet le plus fameux pandect, ou docteur, dont on eût jamais ouï parler : on venait le consulter de toutes les parties de l'Inde, et de plusieurs royaumes de l'Asie.

Aussitôt le docteur anglais partit pour Calcutta, et s'adressa au directeur de la compagnie anglaise des Indes, qui, pour l'honneur de sa nation et la gloire des sciences, lui donna, pour le porter à Jagrenat, un palanquin à tendelets de soie cramoisie, à glands d'or, avec deux relais de vigoureux coulis, ou porteurs, de quatre hommes chacun; deux portefaix; un porteur d'eau, un porteur de gargoulette, pour le rafraîchir; un porteur de pipe; un porteur d'ombrelle, pour le couvrir du soleil le jour; un masalchi, ou porte-flambeau, pour la nuit; un fendeur de bois; deux cuisiniers; deux chameaux, et leurs conducteurs, pour porter ses provisions et ses bagages; deux pions, ou coureurs, pour l'annoncer; quatre cipayes, ou respoutes montés sur des chevaux persans, pour l'escorter; et un porte-étendard, avec son étendard aux armes d'Angleterre. On eût pris le docteur, avec son bel équipage, pour un commis de la compagnie des Indes. Il y avait cependant cette différence, que le docteur, au lieu d'aller chercher des présents, était chargé d'en faire. Comme on ne paraît point, aux Indes, les mains vides devant les personnes constituées en dignité, le directeur lui avait donné, aux frais de sa nation, un beau télescope, et un tapis de pied de Perse pour le chef des brames; des chittes superbes pour sa femme, et trois pièces de taffetas de la Chine, rouges, blanches et jaunes, pour faire des écharpes à ses disciples. Les présents chargés sur les chameaux, le docteur se mit en route dans son palanquin, avec le livre de la société royale.

Chemin faisant, il pensait à la question par laquelle il débuterait avec le chef des brames de Jagrenat, s'il commencerait par une des trois cent soixante-dix-huit qui avaient rapport aux sources et aux inondations du Gange, ou par celle qui regardait le cours alternatif et semi-annuel de la mer des Indes, qui pouvait servir à découvrir les sources et les mouvements périodiques de l'océan par tout le globe. Mais quoique cette question intéressât la physique infiniment plus que toutes celles qui avaient été faites depuis tant de siècles sur les sources et les accroissements même du Nil, elle n'avait pas encore attiré l'attention des savants de l'Europe. Il préférait donc d'interroger le brame sur l'universalité du déluge, qui a excité tant de disputes; ou, en remontant plus haut, s'il est vrai que le soleil ait changé plusieurs fois'son cours, se levant à l'occident et se couchant à l'orient, suivant la tradition des prêtres de l'Égypte, rapportée par Hérodote; et même sur l'époque de la création de la terre, à laquelle les Indiens donnent plusieurs millions d'années d'antiquité. Quelquefois il trouvait qu'il serait plus utile de le consulter sur la meilleure sorte de gouvernement à donner à une nation, et même sur les droits de l'homme, dont il n'y a de code nulle part; mais ces dernières questions n'étaient pas dans son livre.

Cependant, disait le docteur, avant tout, il me semblerait à propos de demander au pandect indien, par quel moyen on peut trouver la vérité; car si c'est avec la raison, comme j'ai tâché de le faire jusqu'à présent, la raison varie chez tous les hommes : je dois lui demander aussi où il faut chercher la vérité; car si c'est dans les livres, ils se contredisent tous : et enfin, s'il faut communiquer la vérité aux hommes; car dès qu'on la leur fait connaître, on se brouille avec eux. Voilà trois questions préalables auxquelles notre illustre président n'a pas pensé. Si le brame de Jagrenat peut me les résoudre, j'aurai la clef de toutes les sciences, et, ce qui vaut encore mieux, je vivrai en paix avec tout le monde.

C'est ainsi que le docteur raisonnait avec lui-même. Après dix jours de marche, il arriva sur les bords du golfe du Bengale; il rencontra sur sa route quantité de gens qui revenaient de Jagrenat, tous enchantés de la science du chef des pandects qu'ils venaient de consulter. Le onzième jour, au soleil levant, il aperçut la fameuse pagode de Jagrenat, bâtie sur le bord de la mer, qu'elle semblait dominer avec ses grands murs rouges et ses galeries, ses dômes et ses tourelles de marbre blanc. Elle s'élevait au centre de neuf avenues d'arbres toujours verts, qui divergent vers autant de royaumes. Chacune de ces avenues est formée d'une espèce d'arbres différente, de palmiers arecs, de tecques, de cocotiers, de manguiers, de lataniers, d'arbres de camphre, de bambous, de badamiers, d'arbres de sandal, et se dirige vers Ceylan, Golconde, l'Arabie, la Perse, le Thibet, la Chine, le royaume d'Ava, celui de Siam, et les îles de la mer des Indes. Le docteur arriva à la pagode par l'avenue de bambous, qui côtoie le Gange et les îles enchantées de son embouchure. Cette pagode, quoique bâtie dans une plaine, est si élevée, que l'ayant aperçue le matin, il ne put s'y rendre que vers le soir. Il fut véritablement frappé d'admiration quand il considéra de près sa magnificence et sa grandeur. Ses portes, de bronze, étincelaient des rayons du soleil couchant; et les aigles planaient autour de son faîte, qui se perdait dans les nues. Elle était entourée de grands bassins de marbre blanc, qui réfléchissaient au fond de leurs eaux transparentes, ses dômes, ses galeries et ses portes : tout autour régnaient de vastes cours, et des jardins environnés de grands bâtiments où logeaient les bramès qui la desservaient.

Les pions du docteur coururent l'annoncer; et aussitôt une troupe de jeunes bayadères sortit d'un des jardins, et vint au-devant de lui en chantant et en dansant au son des tambours de basque. Elles avaient pour colliers, des cordons de fleurs de mougris; et pour ceintures, des guirlandes de fleurs de frangipanier. Le docteur, entouré de leurs parfums, de leurs danses et de leur musique, s'avança jusqu'à la porte de la pagode, au fond de laquelle il aperçut, à la clarté de plusieurs lampes d'or et d'argent, la statue de Jagrenat, la septième incarnation de Brama, en forme de pyramide, sans pieds et sans mains, qu'il avait perdus en voulant porter le monde pour le sauver.* A ses pieds étaient prosternés, la face contre terre, des pénitents, dont les uns promettaient, à haute voix, de se faire accrocher, le jour de sa fête, à son char par les épaules; et les autres, de se faire écraser

* Voyez Kircher.

sous ses roues. Quoique le spectacle de ces fanatiques, qui poussaient de profonds gémissements en prononçant leurs horribles vœux, inspirât une sorte de terreur, le docteur se préparait à entrer dans la pagode, lorsqu'un vieux brame, qui en gardait la porte, l'arrêta, et lui demanda quel était le sujet qui l'amenait. Lorsqu'il l'eut appris, il dit au docteur : « Qu'attendu sa qua-
» lité de frangui, ou d'impur, il ne pouvait se
» présenter ni devant Jagrenat, ni devant son
» grand-prêtre, qu'il n'eût été lavé trois fois
» dans un des lavoirs du temple, et qu'il n'eût
» rien sur lui qui fût de la dépouille d'aucun
» animal, mais sur-tout ni poil de vache, parce
» qu'elle est adorée des brames, ni poil de porc,
» parce qu'il leur est en horreur. — Comment
» ferai-je donc, lui répondit le docteur? J'ap-
» porte en présent, au chef des brames, un
» tapis de Perse, de poil de chèvre d'Angora,
» et des étoffes de la Chine, qui sont de soie.
» — Toutes choses, repartit le brame, offertes
» au temple de Jagrenat, ou à son grand-prêtre,
» sont purifiées par le don même; mais il n'en
» peut être ainsi de vos habillements. » Il fallut donc que le docteur ôtât son surtout de laine d'Angleterre, ses souliers de peau de chèvre, et son chapeau de castor. Ensuite, le vieux brame l'ayant lavé trois fois, le revêtit d'une toile de coton couleur de sandal, et le conduisit à l'en-

trée de l'appartement du chef des brames. Le docteur se préparait à y entrer, tenant sous son bras le livre des questions de la société royale, lorsque son introducteur lui demanda de quelle matière ce livre était couvert. Il est relié en veau, répondit le docteur. — Comment! dit le brame hors de lui, ne vous ai-je pas prévenu que la vache était adorée des brames? et vous osez vous présenter devant leur chef avec un livre couvert de la peau d'un veau! Le docteur aurait été obligé d'aller se purifier dans le Gange, s'il n'eût abrégé toute difficulté en présentant quelques pagodes ou pièces d'or, à son introducteur. Il laissa donc le livre des questions dans son palanquin; mais il s'en consolait en lui-même, en disant : « Au bout du compte, je n'ai que trois questions à faire à ce docteur indien. Je serai content s'il m'apprend par quel moyen on doit chercher la vérité, où on peut la trouver, et s'il faut la communiquer aux hommes. »

Le vieux brame introduisit donc le docteur anglais, revêtu de sa toile de coton, nu-tête et nu-pieds, chez le grand-prêtre de Jagrenat, dans un vaste salon, soutenu par des colonnes de bois de sandal. Les murs en étaient verts, étant corroyés de stuc mêlé de bouze de vache, si brillant et si poli qu'on pouvait s'y mirer. Le plancher était couvert de nattes très-fines, de six pieds de long sur autant de large. Au fond du salon était une estrade, entourée d'une balustrade de bois d'ébène; et sur cette estrade, on entrevoyait, à travers un treillis de cannes d'Inde vernies en rouge, le vénérable chef des pandects avec sa barbe blanche, et trois fils de coton passés en bandoulière, suivant l'usage des brames. Il était assis sur un tapis jaune, les jambes croisées, dans un état d'immobilité si parfaite, qu'il ne remuait pas même les yeux. Quelques-uns de ses disciples chassaient les mouches autour de lui avec des éventails de queue de paon; d'autres brûlaient, dans des cassolettes d'argent, des parfums de bois d'aloès; et d'autres jouaient du tympanon sur un mode très-doux. Le reste, en grand nombre, parmi lesquels étaient des faquirs, des joguis et des santons, était rangé sur plusieurs files, des deux côtés de la salle, dans un profond silence, les yeux fixés en terre, et les bras croisés sur la poitrine.

Le docteur voulut d'abord s'avancer jusqu'au chef des pandects pour lui faire son compliment; mais son introducteur le retint à neuf nattes de là, en lui disant que les omrahs, ou grands seigneurs indiens, n'allaient pas plus loin; que les rajahs, ou souverains de l'Inde, ne s'avançaient qu'à six nattes; les princes, fils du Mogol, à trois; et qu'on n'accordait qu'au Mogol l'honneur d'approcher jusqu'au vénérable chef, pour lui baiser les pieds.

Cependant plusieurs brames apportèrent, jusqu'au pied de l'estrade, le télescope, les chittes, les pièces de soie et le tapis, que les gens du docteur avaient déposés à l'entrée de la salle ; et le vieux brame y ayant jeté les yeux, sans donner aucune marque d'approbation, on les emporta dans l'intérieur des appartements.

Le docteur anglais allait commencer un fort beau discours en langue indou, lorsque son introducteur le prévint qu'il devait attendre que le grand-prêtre l'interrogeât. Il le fit donc asseoir sur ses talons, les jambes croisées comme un tailleur, suivant l'usage du pays. Le docteur murmurait en lui-même de tant de formalités ; mais que ne fait-on pas pour trouver la vérité, après être venu la chercher aux Indes?

Dès que le docteur se fut assis, la musique se tut, et après quelques moments d'un profond silence, le chef des pandects lui fit demander pourquoi il était venu à Jagrenat.

Quoique le grand-prêtre de Jagrenat eût parlé en langage indou assez distinctement pour être entendu d'une partie de l'assemblée, sa parole fut portée par un faquir qui la donna à un autre, et cet autre à un troisième, qui la rendit au docteur. Celui-ci répondit dans la même langue : « Qu'il était venu à Jagrenat consulter le chef des brames, sur sa grande réputation, pour savoir de lui par quel moyen on pourrait connaître la vérité. »

La réponse du docteur fut rapportée au chef des pandects par les mêmes interlocuteurs qui avaient été chargés de la demande. Il en fut ainsi du reste du colloque.

Le vieux chef des pandects, après s'être un peu recueilli, répondit : « La vérité ne se peut connaître que par le moyen des brames. » Alors toute l'assemblée s'inclina, en admirant la réponse de son chef.

« Où faut-il chercher la vérité, reprit assez vivement le docteur anglais? — Toute vérité, répondit le vieux docteur indien, est renfermée dans les quatre beths, écrits il y a cent vingt mille ans dans la langue hanscrit, dont les seuls brames ont l'intelligence. »

A ces mots, tout le salon retentit d'applaudissements.

Le docteur reprenant son sang-froid, dit au grand-prêtre de Jagrenat : « Puisque Dieu a renfermé la vérité dans des livres dont l'intelligence n'est réservée qu'aux brames, il s'ensuit donc que Dieu en a interdit la connaissance à la plupart des hommes, qui ignorent même s'il existe des brames : or, si cela était, Dieu ne serait pas juste. »

« Brama l'a voulu ainsi, reprit le grand-prêtre.

On ne peut rien opposer à la volonté de Brama. »
Les applaudissements de l'assemblée redoublèrent. Dès qu'ils se furent apaisés, l'anglais proposa sa troisième question : « Faut-il communiquer la vérité aux hommes ? »

« Souvent, dit le vieux pandect, c'est prudence de la cacher à tout le monde ; mais c'est un devoir de la dire aux brames. »

« Comment, s'écria le docteur anglais en colère, il faut dire la vérité aux brames, qui ne la disent à personne ! En vérité, les brames sont bien injustes. »

A ces mots, il se fit un tumulte épouvantable dans l'assemblée. Elle avait entendu sans murmurer taxer Dieu d'injustice, mais il n'en fut pas de même quand elle s'entendit appliquer ce reproche. Les pandects, les faquirs, les santons, les joguis, les brames et leurs disciples voulaient argumenter tous à-la-fois contre le docteur anglais ; mais le grand-prêtre de Jagrenat fit cesser le bruit en frappant des mains, et disant d'une voix très-distincte : « Les brames ne disputent » point comme les docteurs de l'Europe. » Alors s'étant levé, il se retira aux acclamations de toute l'assemblée, qui murmurait hautement contre le docteur ; et lui aurait peut-être fait un mauvais parti sans la crainte des Anglais, dont le crédit est tout-puissant sur les bords du Gange. Le docteur étant sorti du salon, son introducteur lui dit : « Notre très-vénérable père vous aurait fait présenter, suivant l'usage, le sorbet, le bétel et les parfums; mais vous l'avez fâché. — Ce serait à moi à me fâcher, reprit le docteur, d'avoir pris tant de peines inutiles. Mais de quoi donc votre chef a-t-il à se plaindre? — Comment, reprit l'introducteur, vous voulez disputer contre lui ! Ne savez-vous pas qu'il est l'oracle des Indes, et que chacune de ses paroles est un rayon d'intelligence? — Je ne m'en serais jamais douté, dit le docteur, en prenant son surtout, ses souliers et son chapeau. » Le temps était à l'orage, et la nuit s'approchait; il demanda à la passer dans un des logements de la pagode; mais on lui refusa d'y coucher, à cause qu'il était frangui. Comme la cérémonie l'avait fort altéré, il demanda à boire. On lui apporta de l'eau dans une gargoulette; mais dès qu'il y eut bu, on la cassa, parce que, comme frangui, il l'avait souillée en buvant à même. Alors le docteur, très-piqué, appela ses gens, prosternés en adoration sur les degrés de la pagode, et étant remonté dans son palanquin, il se remit en route par l'allée des bambous, le long de la mer, à l'entrée de la nuit, et sous un ciel couvert de nuages. Chemin faisant, il se disait à lui-même : Le proverbe indien est bien vrai : tout Européen qui vient aux Indes gagne de la patience, s'il n'en a pas ; et il la perd, s'il en a. Pour moi, j'ai perdu la mienne. Comment, je ne pourrai savoir par quel moyen on peut trouver la vérité, où il faut la chercher, et s'il faut la communiquer aux hommes! L'homme est donc condamné par toute la terre aux erreurs et aux disputes: c'était bien la peine de venir aux Indes consulter les brames!

Pendant que le docteur raisonnait ainsi dans son palanquin, il survint un de ces ouragans, qu'on appelle aux Indes un typhon. Le vent venait de la mer, et faisant refluer les eaux du Gange, les brisait en écume contre les îles de son embouchure. Il enlevait de leurs rivages des colonnes de sable, et de leurs forêts des nuées de feuilles, qu'il emportait pêle-mêle à travers le fleuve et les campagnes, jusqu'au haut des airs. Quelquefois il s'engouffrait dans l'allée des bambous, et quoique ces roseaux indiens fussent aussi élevés que les plus grands arbres, il les agitait comme l'herbe des prairies. On voyait, à travers les tourbillons de poussière et de feuilles, leur longue avenue toute ondoyante, dont une partie se renversait à droite et à gauche jusqu'à terre, tandis que l'autre se relevait en gémissant. Les gens du docteur, dans la crainte d'en être écrasés, ou d'être submergés par les eaux du Gange qui débordaient déjà leurs rivages, prirent leur chemin à travers les champs, en se dirigeant au hasard vers les hauteurs voisines. Cependant la nuit vint; et ils marchaient depuis trois heures dans l'obscurité la plus profonde, ne sachant où ils allaient, lorsqu'un éclair fendant les nues et blanchissant tout l'horizon, leur fit voir bien loin sur leur droite la pagode de Jagrenat, les îles du Gange, la mer agitée, et tout près, devant eux, un petit vallon et un bois entre deux collines. Ils coururent s'y réfugier, et déjà le tonnerre faisait entendre ses lugubres roulements, lorsqu'ils arrivèrent à l'entrée du vallon. Il était flanqué de rochers, et rempli de vieux arbres d'une grosseur prodigieuse. Quoique la tempête courbât leurs cimes avec d'horribles mugissements, leurs troncs monstrueux étaient inébranlables comme les rochers qui les environnaient. Cette portion de forêt antique paraissait l'asyle du repos, mais il était difficile d'y pénétrer. Des rotins qui serpentaient à son orée, couvraient le pied de ces arbres, et des lianes qui s'enlaçaient d'un tronc à l'autre, ne présentaient de tous côtés qu'un rempart de feuillages où paraissaient quelques cavernes de verdure, mais qui n'avaient point d'issue. Cependant les reispoutes s'y étant ouvert un passage avec leurs sabres, tous les gens de la suite y entrèrent avec le palanquin. Ils s'y croyaient à l'abri de l'orage, lorsque la pluie qui tombait à verse forma autour d'eux mille torrents. Dans cette perplexité, ils aperçurent sous les arbres, dans le lieu le plus étroit du vallon, une lumière et une cabane. Le masalchi y courut pour allumer son flambeau; mais il revint un peu après, hors d'haleine, criant : « N'approchez pas d'ici, il y a un paria! » Aussitôt la troupe effrayée cria : « Un paria! un » paria! » Le docteur, croyant que c'était quelque animal féroce, mit la main sur ses pistolets. « Qu'est-ce qu'un paria, demanda-t-il à son porte-flambeau? — C'est, lui répondit celui-ci, un homme qui n'a ni foi ni loi. — C'est, ajouta le chef des reispoutes, un Indien de caste si infâme, qu'il est permis de le tuer, si on en est seulement touché. Si nous entrons chez lui, nous ne pouvons, de neuf lunes, mettre le pied dans aucune pagode, et pour nous purifier, il faudra nous baigner neuf fois dans le Gange, et nous faire laver autant de fois, de la tête aux pieds, d'urine de vache, par la main d'un brame. » Tous les Indiens s'écrièrent : « Nous n'entrerons point chez un paria. — Comment, dit le docteur à son porte-flambeau, avez-vous su que votre compatriote était paria, c'est-à-dire, sans foi ni loi? — C'est, répondit le porte-flambeau, que lorsque j'ai ouvert sa cabane, j'ai vu qu'il était couché avec son chien sur la même natte que sa femme, à laquelle il présentait à boire dans une corne de vache. »

Tous les gens de la suite du docteur répétèrent :
« Nous n'entrerons point chez un paria. — Restez ici si vous voulez, leur dit l'anglais ; pour moi, toutes les castes de l'Inde me sont égales, lorsqu'il s'agit de me mettre à l'abri de la pluie. »

En disant ces mots, il sauta en bas de son palanquin, et prenant sous son bras son livre de questions avec son sac de nuit, et à la main ses pistolets et sa pipe, il s'en vint tout seul à la porte de la cabane. A peine il y eut frappé, qu'un homme d'une physionomie fort douce vint lui en ouvrir la porte, et s'éloigna de lui aussitôt, en lui disant : « Seigneur, je ne suis qu'un pauvre paria, qui ne suis pas digne de vous recevoir ; mais si vous jugez à propos de vous mettre à l'abri chez moi, vous m'honorerez beaucoup. — Mon frère, lui répondit l'anglais, j'accepte de bon cœur votre hospitalité. » Cependant le paria sortit avec une torche à la main, une charge de bois sec sur son dos, et un panier plein de cocos et de bananes sous son bras ; il s'approcha des gens de la suite du docteur, qui étaient à quelque distance de là sous un arbre, et leur dit : « Puisque vous ne voulez pas me faire l'honneur d'entrer chez moi, voilà des fruits enveloppés de leurs écorces que vous pouvez manger sans être souillés, et voilà du feu pour vous sécher et vous préserver des tigres. Que

SEIGNEUR, JE NE SUIS QU'UN PAUVRE PARIA.

Dieu vous conserve ! » Il rentra aussitôt dans sa cabane, et dit au docteur : « Seigneur, je vous le répète, je ne suis qu'un malheureux paria ; mais, comme à votre teint blanc et à vos habits je vois que vous n'êtes pas Indien, j'espère que vous n'aurez pas de répugnance pour les aliments que vous présentera votre pauvre serviteur. » En même temps, il mit à terre, sur une natte, des mangues, des pommes de crême, des ignames, des patates cuites sous la cendre, des bananes grillées, et un pot de riz accommodé au sucre et au lait de coco ; après quoi il se retira sur sa natte, auprès de sa femme et de son enfant, endormi près d'elle dans un berceau.

« Homme vertueux, lui dit l'anglais, vous valez beaucoup mieux que moi, puisque vous faites du bien à ceux qui vous méprisent. Si vous ne m'honorez pas de votre présence sur cette même natte, je croirai que vous me prenez moi-même pour un homme méchant, et je sors à l'instant de votre cabane, dussé-je être noyé par la pluie, ou dévoré par les tigres. »

Le paria vint s'asseoir sur la même natte que son hôte, et ils se mirent tous deux à manger. Cependant le docteur jouissait du plaisir d'être en sûreté au milieu de la tempête. La cabane était inébranlable : outre qu'elle était dans le plus étroit du vallon, elle était bâtie sous un arbre de war ou figuier des banians, dont les branches, qui poussent des paquets de racines à leurs extrémités, forment autant d'arcades qui appuient le tronc principal. Le feuillage de cet arbre était si épais, qu'il n'y passait pas une goutte de pluie ; et quoique l'ouragan fît entendre ses terribles rugissements entremêlés des éclats de la foudre, la fumée du foyer qui sortait par le milieu du toit, et la lumière de la lampe n'étaient pas même agitées. Le docteur admirait autour de lui le calme de l'indien et de sa femme, encore plus profond que celui des éléments. Leur enfant, noir et poli comme l'ébène, dormait dans son berceau ; sa mère le berçait avec son pied, tandis qu'elle s'amusait à lui faire un collier avec des pois d'angole rouges et noirs. Le père jetait alternativement sur l'un et sur l'autre des regards pleins de tendresse. Enfin, jusqu'au chien prenait part au bonheur commun ; couché avec un chat auprès du feu, il entr'ouvrait de temps en temps les yeux, et soupirait en regardant son maître.

Dès que l'anglais eut cessé de manger, le paria lui présenta un charbon de feu pour allumer sa pipe, et ayant pareillement allumé la sienne, il fit un signe à sa femme, qui apporta sur la natte, deux tasses de coco, et une grande câlebasse pleine de punch, qu'elle avait préparé, pendant le souper, avec de l'eau, de l'arrack, du jus de citron, et du jus de canne de sucre.

Pendant qu'ils fumaient et buvaient alternativement, le docteur dit à l'indien : « Je vous crois un des hommes les plus heureux que j'aie jamais rencontrés, et par conséquent un des plus sages. Permettez-moi de vous faire quelques questions. Comment êtes-vous si tranquille au milieu d'un si terrible orage ? Vous n'êtes cependant à couvert que par un arbre, et les arbres attirent la foudre. — Jamais, répondit le paria, la foudre n'est tombée sur un figuier des banians. — Voilà qui est fort curieux, reprit le docteur ; c'est sans doute parce que cet arbre a une électricité négative, comme le laurier. — Je ne vous comprends pas, repartit le paria ; mais ma femme croit que c'est parce que le dieu Brama se mit un jour à l'abri sous son feuillage : pour moi, je pense que Dieu, dans ces climats orageux, ayant donné au figuier des banians un feuillage fort épais, et des arcades pour y mettre les hommes à l'abri de l'orage, il ne permet pas qu'ils y soient atteints du tonnerre. — Votre réponse est bien religieuse, repartit le docteur. Ainsi c'est votre confiance en Dieu qui vous tranquillise. La conscience rassure mieux que la science. Dites-moi, je vous prie, de quelle secte vous êtes ; car vous n'êtes d'aucune de celles des Indes, puisque aucun Indien ne veut communiquer avec vous. Dans la liste des castes savantes que je devais consulter sur ma route, je n'y ai point trouvé celle des parias. Dans quel canton de l'Inde est votre pagode ? — Par-tout, répondit le paria : ma pagode c'est la nature ; j'adore son auteur au lever du soleil, et je le bénis à son coucher. Instruit par le malheur, jamais je ne refuse mon secours à un plus malheureux que moi. Je tâche de rendre heureux ma femme, mon enfant, et même mon chat et mon chien. J'attends la mort à la fin de ma vie, comme un doux sommeil à la fin du jour. — Dans quel livre avez-vous puisé ces principes, demanda le docteur ? — Dans la nature, répondit l'indien ; je n'en connais pas d'autre. — Ah ! c'est un grand livre, dit l'anglais : mais qui vous a appris à y lire ? — Le malheur, reprit le paria : étant d'une caste réputée infâme dans mon pays, ne pouvant être Indien, je me suis fait homme ; repoussé par la société, je me suis réfugié dans la nature. — Mais dans votre solitude vous avez au moins quelques livres, reprit le docteur ? — Pas un seul, dit le paria, je ne sais même ni lire ni écrire. — Vous vous êtes épargné bien des doutes, dit le docteur en se frottant le front. Pour moi, j'ai été envoyé d'Angleterre, ma patrie, pour chercher la vérité chez les savants de quantité de nations, afin d'éclairer les hommes et de les rendre plus heureux ; mais après bien des recherches vaines, et des disputes fort graves, j'ai conclu que la recherche de la vérité était une folie, parce que, quand on la trouverait, on ne saurait à qui la dire sans se faire beaucoup d'ennemis. Parlez-moi sincèrement, ne pensez-vous pas comme moi? — Quoique je ne sois qu'un ignorant, répondit le paria, puisque vous me permettez de dire mon avis, je pense que tout homme est obligé de chercher la vérité pour son propre bonheur; autrement, il sera avare, ambitieux, superstitieux, méchant, anthropophage même, suivant les préjugés ou les intérêts de ceux qui l'auront élevé. »

Le docteur, qui pensait toujours aux trois questions qu'il avait proposées au chef des pandects, fut ravi de la réponse du paria. « Puisque vous croyez, lui dit-il, que tout homme est obligé de chercher la vérité, dites-moi donc d'abord de quel moyen on doit se servir pour la trouver; car nos sens nous trompent, et notre raison nous égare encore davantage. La raison diffère presque chez tous les hommes; elle n'est, je crois, au fond, que l'intérêt particulier de chacun d'eux : voilà pourquoi elle est si variable par toute la terre. Il n'y a pas deux religions, deux nations, deux tribus, deux familles, que dis-je? il n'y a pas deux hommes qui pensent de la même manière. Avec quel sens donc doit-on chercher la vérité, si celui de l'intelligence n'y peut servir? — Je crois, répondit le paria, que c'est avec un cœur simple. Les sens et l'esprit peuvent se tromper; mais un cœur simple, encore qu'il puisse être trompé, ne trompe jamais. »

« Votre réponse est profonde, dit le docteur. Il faut d'abord chercher la vérité avec son cœur, et non avec son esprit. Les hommes sentent tous de la même manière, et ils raisonnent différemment, parce que les principes de la vérité sont dans la nature, et que les conséquences qu'ils en tirent sont dans leurs intérêts. C'est donc avec un cœur simple qu'on doit chercher la vérité ; car un cœur simple n'a jamais feint d'entendre ce qu'il n'entendait pas, et de croire ce qu'il ne croyait pas. Il n'aide point à se tromper, ni à tromper ensuite les autres : ainsi un cœur simple, loin d'être faible comme ceux de la plupart des hommes séduits par leurs intérêts, est fort, et tel qu'il convient pour chercher la vérité et pour la garder. — Vous avez développé mon idée bien mieux que je n'aurais fait, reprit le paria. La vérité est comme la rosée du ciel ; pour la conserver pure, il faut la recueillir dans un vase pur. »

« C'est fort bien dit, homme sincère, reprit l'anglais ; mais le plus difficile reste à trouver. Où faut-il chercher la vérité ? Un cœur simple dépend de nous, mais la vérité dépend des autres hommes. Où la trouvera-t-on, si ceux qui nous environnent sont séduits par leurs préjugés, ou corrompus par leurs intérêts, comme ils le sont pour la plupart ? J'ai voyagé chez beaucoup de peuples; j'ai fouillé leurs bibliothèques, j'ai consulté leurs docteurs, et je n'ai trouvé partout que contradictions, doutes et opinions mille fois plus variés que leurs langages. Si donc on ne trouve pas la vérité dans les plus célèbres dépôts des connaissances humaines, où faudra-t-il l'aller chercher? à quoi servira d'avoir un cœur simple parmi des hommes qui ont l'esprit faux et le cœur corrompu? — La vérité me serait suspecte, répondit le paria, si elle ne venait à moi que par le moyen des hommes : ce n'est point parmi eux qu'il faut la chercher, c'est dans la nature. La nature est la source de tout ce qui existe; son langage n'est point inintelligible et variable, comme celui des hommes et de leurs livres. Les hommes font des livres, mais la nature fait des choses. Fonder la vérité sur un livre, c'est comme si on la fondait sur un tableau, ou sur une statue, qui ne peut intéresser qu'un pays, et que le temps altère chaque jour. Tout livre est l'art d'un homme; mais la nature est l'art de Dieu. »

« Vous avez bien raison, reprit le docteur, la nature est la source des vérités naturelles; mais où est, par exemple, la source des vérités historiques, si ce n'est dans les livres? Comment donc s'assurer aujourd'hui de la vérité d'un fait arrivé il y a deux mille ans? Ceux qui nous l'ont transmis étaient-ils sans préjugés, sans esprit de

parti? avaient-ils un cœur simple? D'ailleurs, les livres mêmes qui nous le transmettent n'ont-ils pas besoin de copistes, d'imprimeurs, de commentateurs, de traducteurs ; et tous ces gens-là n'altèrent-ils pas plus ou moins la vérité? Comme vous le dites fort bien, un livre n'est que l'art d'un homme. Il faut donc renoncer à toute vérité historique, puisqu'elle ne peut nous parvenir que par le moyen des hommes, sujets à l'erreur.
— Qu'importe à notre bonheur, dit l'indien, l'histoire des choses passées? L'histoire de ce qui est, est l'histoire de ce qui a été et de ce qui sera. »

« Fort bien, dit l'anglais; mais vous conviendrez que les vérités morales sont nécessaires au bonheur du genre humain. Comment donc les trouver dans la nature? Les animaux s'y font la guerre, s'entretuent et se dévorent; les éléments mêmes combattent contre les éléments : les hommes en agiront-ils de même entre eux? — Oh! non, répondit le bon paria; mais chaque homme trouvera la règle de sa conduite dans son propre cœur, si son cœur est simple. La nature y a mis cette loi : Ne faites pas aux autres ce que vous ne voudriez pas que les autres vous fissent. — Il est vrai, reprit le docteur, elle a réglé les intérêts du genre humain sur les nôtres; mais les vérités religieuses, comment les découvrira-t-on parmi tant de traditions et de cultes qui divisent les nations? — Dans la nature même;

répondit le paria; si nous la considérons avec un cœur simple, nous y verrons Dieu dans sa puissance, son intelligence et sa bonté; et comme nous sommes faibles, ignorants et misérables, en voilà assez pour nous engager à l'adorer, à le prier, et à l'aimer toute notre vie sans disputer. »

« Admirablement, repartit l'anglais ! Mais maintenant, dites-moi, quand on a découvert une vérité, faut-il en faire part aux autres hommes ? Si vous la publiez, vous serez persécuté par une infinité de gens qui vivent de l'erreur contraire, en assurant que cette erreur même est la vérité, et que tout ce qui tend à la détruire est l'erreur elle-même. — Il faut, répondit le paria, dire la vérité aux hommes qui ont le cœur simple, c'est-à-dire, aux gens de bien qui la cherchent, et non aux méchants qui la repoussent. La vérité est une perle fine, et le méchant un crocodile qui ne peut la mettre à ses oreilles, parce qu'il n'en a pas. Si vous jetez une perle à un crocodile, au lieu de s'en parer, il voudra la dévorer; il se cassera les dents, et de fureur il se jettera sur vous. »

« Il ne me reste qu'une objection à vous faire, dit l'anglais, c'est qu'il s'ensuit de ce que vous venez de dire, que les hommes sont condamnés à l'erreur, quoique la vérité leur soit nécessaire; car, puisqu'ils persécutent ceux qui la leur disent, quel est le docteur qui osera les instruire ? — Celui, répondit le paria, qui persécute lui-même les hommes pour la leur apprendre ; le malheur. — Oh ! pour cette fois, homme de la nature, reprit l'anglais, je crois que vous vous trompez. Le malheur jette les hommes dans la superstition ; il abat le cœur et l'esprit. Plus les hommes sont misérables, plus ils sont vils, crédules et rampants. — C'est qu'ils ne sont pas assez malheureux, repartit le paria. Le malheur ressemble à la montagne Noire de Bember, aux extrémités du royaume brûlant de Lahor : tant que vous la montez, vous ne voyez devant vous que de stériles rochers ; mais quand vous êtes au sommet, vous apercevez le ciel sur votre tête, et à vos pieds le royaume de Cachemire. »

« Charmante et juste comparaison, reprit le docteur ! chacun, en effet, a dans la vie sa montagne à grimper. La vôtre, vertueux solitaire, a dû être bien rude, car vous êtes élevé par-dessus tous les hommes que je connais. Vous avez donc été bien malheureux ? Mais, dites-moi d'abord, pourquoi votre caste est-elle si avilie dans l'Inde, et celle des brames si honorée ? Je viens de chez le supérieur de la pagode de Jagrenat, qui ne pense pas plus que son idole, et qui se fait adorer comme un dieu. — C'est, répondit le paria, parce que les brames disent que dans l'origine ils sont sortis de la tête du dieu Brama, et que les parias sont descendus de ses pieds. Ils ajoutent de plus, qu'un jour Brama en voyageant, demanda à manger à un paria, qui lui présenta de la chair humaine : depuis cette tradition, leur caste est honorée, et la nôtre est maudite dans toute l'Inde. Il ne nous est pas permis d'approcher des villes, et tout naïre ou reispoute peut nous tuer, si nous l'approchons seulement à la portée de notre haleine. — Par saint George, s'écria l'anglais, voilà qui est bien fou et bien injuste ! Comment les brames ont-ils pu persuader une pareille sottise aux Indiens ? — En la leur apprenant dès l'enfance, dit le paria, et en la leur répétant sans cesse : les hommes s'instruisent comme les perroquets. — Infortuné ! dit l'anglais, comment avez-vous fait pour vous tirer de l'abyme de l'infamie où les brames vous avaient jeté en naissant ? Je ne trouve rien de plus désespérant pour un homme, que de le rendre vil à ses propres yeux : c'est lui ôter la première des consolations ; car la plus sûre de toutes, est celle qu'on trouve à rentrer en soi-même. »

« Je me suis dit d'abord, reprit le paria : l'histoire du dieu Brama est-elle bien vraie ? il n'y a que les brames, intéressés à se donner une origine céleste, qui la racontent. Ils ont sans doute imaginé qu'un paria avait voulu rendre Brama anthropophage, pour se venger des parias qui refusaient de croire ce qu'ils débitaient de leur sainteté. Après cela je me suis dit : Supposons que ce fait soit vrai ; Dieu est juste, il ne peut rendre toute une caste coupable du crime d'un de ses membres, lorsque la caste n'y a pas participé. Mais en supposant que toute la caste des parias ait pris part à ce crime, leurs descendants n'en ont pas été complices. Dieu ne punit pas plus dans les enfants les fautes de leurs aïeux qu'ils n'ont jamais vus, qu'il ne punirait dans les aïeux les fautes de leurs petits-enfants qui ne sont pas encore nés. Mais supposons encore que j'aie part aujourd'hui à la punition d'un paria, perfide envers son dieu il y a des milliers d'années, sans avoir eu part à son crime ; est-ce que quelque chose pourrait subsister, haï de Dieu, sans être détruit aussitôt? Si j'étais maudit de Dieu, rien de ce que je planterais ne réussirait. Enfin, je me dis : Je suppose que je sois haï de Dieu, qui me fait du bien ; je veux tâcher de me rendre agréable à lui, en faisant, à son exemple, du bien à ceux que je devrais haïr. »

« Mais, lui demanda l'anglais, comment faisiez-vous pour vivre, étant repoussé de tout le monde? — D'abord, dit l'indien, je me dis : Si tout le monde est ton ennemi, sois à toi-même ton ami. Ton malheur n'est pas au-dessus des forces d'un homme. Quelque grande que soit la pluie, un petit oiseau n'en reçoit qu'une goutte à-la-fois. J'allais dans les bois et le long des rivières chercher à manger, mais je n'y recueillais le plus souvent que quelque fruit sauvage, et j'avais à craindre les bêtes féroces : ainsi je connus que la nature n'avait presque rien fait pour l'homme seul, et qu'elle avait attaché mon existence à cette même société qui me rejetait de son sein. Je fréquentai alors les champs abandonnés, qui sont en grand nombre dans l'Inde, et j'y rencontrais toujours quelque plante comestible qui avait survécu à la ruine de ses cultivateurs. Je voyageais ainsi de province en province, assuré de trouver par-tout ma subsistance dans les débris de l'agriculture. Quand je trouvais les semences de quelque végétal utile, je les ressemais, en disant : Si ce n'est pas pour moi, ce sera pour d'autres. Je me trouvais moins misérable en voyant que je pouvais faire quelque bien. Il y avait une chose que je désirais passionnément, c'était d'entrer dans quelques villes. J'admirais de loin leurs remparts et leurs tours, le concours prodigieux de barques sur leurs rivières, et de caravanes sur leurs chemins, chargées de marchandises qui y abordaient de tous les points de l'horizon ; les troupes de gens de guerre, qui y venaient monter la garde du fond des provinces ; les marches des ambassadeurs avec leurs suites nombreuses, qui y arrivaient des royaumes étrangers pour y notifier des événements heureux, ou pour y faire des alliances. Je m'approchais le plus qu'il m'était permis de leurs avenues, contemplant avec étonnement les longues colonnes de poussière que tant de voyageurs y faisaient lever, et je tressaillais de désir à ce bruit confus qui sort des grandes villes, et qui dans les campagnes voisines ressemble au murmure des flots qui se brisent sur les rivages de la mer. Je me disais : Une congrégation d'hommes de tant d'états différents, qui mettent en commun leur industrie, leurs richesses et leur joie, doit faire d'une ville un séjour de délices. Mais, s'il ne m'est pas permis d'en approcher pendant le jour, qui m'empêche d'y entrer pendant la nuit? Une faible souris, qui a tant d'ennemis, va et vient où elle veut à la faveur des ténèbres; elle passe de la cabane du pauvre dans le palais des rois. Pour jouir de la vie, il lui suffit de la lumière des étoiles; pourquoi me faut-il celle du soleil? C'était aux environs de Delhi que je faisais ces réflexions; elles m'enhardirent au point que j'entrai dans la ville avec la nuit : j'y pénétrai par la porte de Lahor. D'abord je parcourus une longue rue solitaire, formée, à droite et à gauche, de maisons bordées de terrasses, portées par des arcades, où sont les boutiques des marchands. De distance à autre, je rencontrais de grands caravansérails bien fermés, et de vastes bazars ou marchés, où régnait le plus grand silence. En approchant de l'intérieur de la ville, je traversai le superbe quartier des omrahs, rempli de palais et de jardins situés le long de la Gemna. Tout y retentissait du bruit des instruments et des chansons des bayadères, qui dansaient sur les bords du fleuve à la lueur des flambeaux. Je me présentai à la porte d'un jardin pour jouir d'un si doux spectacle, mais j'en fus repoussé par des esclaves, qui en chassaient les misérables à coups de bâton. En m'éloignant du quartier des grands, je passai près de plusieurs pagodes de ma religion, où un grand nombre d'infortunés, prosternés à terre, se livraient aux larmes. Je me hâtai de fuir à la vue de ces monuments de la superstition et de la terreur. Plus loin, les voix perçantes des mollahs, qui annonçaient du haut des airs les heures de la nuit, m'apprirent que j'étais au pied des minarets d'une mosquée. Près de là étaient les factoreries des Européens avec leurs pavillons, et des gardiens qui criaient sans cesse *kaber-dar!* prenez garde à vous! Je côtoyai ensuite un grand bâtiment, que je reconnus pour une prison, au bruit des chaînes et aux gémissements qui en sortaient. J'entendis bientôt les cris de la douleur dans un vaste hôpital, d'où l'on sortait des chariots pleins de cadavres. Chemin faisant, je rencontrai des voleurs qui fuyaient le long des rues, des patrouilles de gardes qui couraient après eux; des groupes de mendiants qui, malgré les coups de rotin, sollicitaient aux portes des palais quelques débris de leurs festins; et par-tout des femmes qui se prostituaient publiquement pour avoir de quoi vivre. Enfin, après une longue marche dans la même rue, je parvins à une place immense, qui entoure la forteresse habitée par le grand-mogol. Elle était couverte de tentes des rajahs ou nababs de sa garde, et de leurs escadrons, distingués les uns des autres par des flambeaux, des étendards, et de longues cannes terminées par des queues de vaches du Thibet. Un large fossé plein d'eau, et hérissé d'artillerie, faisait, comme la place, le tour de la forteresse. Je considérais, à la clarté des feux de la garde, les tours du château qui s'élevaient jusqu'aux nues, et la longueur de ses remparts qui se perdaient dans l'horizon. J'aurais bien voulu y pénétrer, mais de grands korahs, ou fouets, suspendus à des poteaux, m'ôtèrent même le désir de mettre le pied dans la place. Je me tins donc à une de ses extrémités, auprès de quelques nègres esclaves, qui me permirent de me reposer auprès d'un feu autour duquel ils étaient assis. De là je considérai avec admiration le palais impérial, et je me dis : C'est donc ici que demeure le plus heureux des hommes! c'est pour son obéissance, que tant de religions prêchent; pour sa gloire, que tant d'ambassadeurs arrivent; pour ses trésors, que tant de provinces s'épuisent; pour ses voluptés, que tant de caravanes voyagent; et pour sa sûreté, que tant d'hommes armés veillent en silence!

« Pendant que je faisais ces réflexions, de grands cris de joie se firent entendre dans toute la place, et je vis passer huit chameaux décorés de banderoles. J'appris qu'ils étaient chargés de têtes de rebelles, que les généraux du Mogol lui envoyaient de la province du Décan, où un de ses fils, qu'il en avait nommé gouverneur, lui faisait la guerre depuis trois ans. Un peu après arriva, à bride abattue, un courrier monté sur un dromadaire; il venait annoncer la perte d'une ville frontière de l'Inde, par la trahison d'un de ses commandants qui l'avait livrée au roi de Perse. A peine ce courrier était passé, qu'un autre, envoyé par le gouverneur du Bengale, vint apporter la nouvelle que des Européens, auxquels l'empereur avait accordé, pour le bien du commerce, un comptoir à l'embouchure du Gange, y avaient bâti une forteresse, et s'y étaient emparés de la navigation du fleuve. Quelques momens après l'arrivée de ces deux courriers, on vit sortir du château un officier à la tête d'un détachement des gardes. Le Mogol lui avait ordonné d'aller dans le quartier des omrahs, et d'en amener trois des principaux, chargés de chaînes, accusés d'être d'intelligence avec les ennemis de l'état. Il avait fait arrêter la veille un mollah, qui faisait dans ses sermons l'éloge du roi de Perse, et disait hautement que l'empereur des Indes était infidèle, parce que, contre la loi de Mahomet, il buvait du vin. Enfin, on assurait qu'il venait de faire étrangler et jeter dans la Gemna une de ses femmes, et deux capitaines de sa garde, convaincus d'avoir trempé dans la rébellion de son fils. Pendant que je réfléchissais sur ces tragiques événements, une longue colonne de feu s'éleva tout-à-coup des cuisines du sérail : ses tourbillons de fumée se confondaient avec les nuages, et la lueur rouge éclairait les tours de la forteresse, ses fossés, la place, les minarets des mosquées, et s'étendait jusqu'à l'horizon. Aussitôt les grosses timbales de cuivre, et les karnas ou grands hautbois de la garde, sonnèrent l'alarme avec un bruit épouvantable : des escadrons de cavalerie se répandirent dans la ville, enfonçant les portes des maisons voisines du château, et forçant à grands coups de korahs, leurs habitants d'accourir au feu. J'éprouvai aussi moi-même combien le voisinage des grands est dangereux aux petits. Les grands sont comme le feu, qui brûle même ceux qui lui jettent de l'encens, s'ils s'en approchent de trop près. Je voulus m'échapper; mais toutes les avenues de la place étaient fermées. Il m'eût été impossible d'en sortir, si, par la providence de Dieu, le côté où je m'étais mis n'eût été celui du sérail. Comme les eunuques en déménageaient les femmes sur des éléphants, ils facilitèrent mon évasion; car si, par-tout les gardes obligeaient, à coups de fouet, les hommes de venir au secours du château; les éléphants, à coups de trompe, les forçaient de s'en éloigner. Ainsi, tantôt poursuivi par les uns, tantôt repoussé par les autres, je sortis de cet affreux chaos; et, à la clarté de l'incendie, je gagnai l'autre extrémité du faubourg, où, sous des huttes, loin des grands, le peuple reposait en paix de ses travaux. Ce fut là que je commençai à respirer. Je me dis : J'ai donc vu une ville ! j'ai vu la demeure des maîtres des nations !. Oh ! de combien de maîtres ne sont-ils pas eux-mêmes les esclaves ! Ils obéissent, jusque dans le temps du repos, aux voluptés, à l'ambition, à la superstition, à l'avarice : ils ont à craindre, même dans le sommeil, une foule d'êtres misérables et malfaisants dont ils sont entourés; des voleurs, des mendiants, des courtisanes, des incendiaires, et jusqu'à leurs soldats, leurs grands et leurs prêtres. Que doit-ce être d'une ville pendant le jour, si elle est ainsi troublée pendant la nuit? Les maux de l'homme croissent avec ses jouissances : combien l'empereur, qui les réunit toutes, n'est-il pas à plaindre !. Il a à redouter les guerres civiles et étrangères, et les objets mêmes qui font sa consolation et sa défense, ses généraux, ses gardes, ses mollahs, ses femmes et ses enfants. Les fossés de sa forteresse ne sauraient arrêter les fantômes de la superstition; ni ses éléphants si bien dressés, repousser loin de lui les noirs soucis. Pour moi, je ne crains rien de tout cela : aucun tyran n'a d'empire ni sur mon corps ni sur mon âme. Je peux servir Dieu suivant ma conscience, et je n'ai rien à redouter d'aucun homme, si je ne me tourmente moi-même : en vérité, un paria est moins malheureux qu'un empereur. En disant ces mots, les larmes me vinrent aux yeux; et tombant à genoux, je remerciai le Ciel, qui, pour m'apprendre à supporter mes maux, m'en avait montré de plus intolérables que les miens.

« Depuis ce temps, je n'ai fréquenté dans Delhi que les faubourgs. De là je voyais les étoiles éclairer les habitations des hommes et se confondre avec leurs feux, comme si le ciel et la ville n'eussent fait qu'un même domaine. Quand la lune venait éclairer ce paysage, j'y apercevais d'autres couleurs que celles du jour. J'admirais les tours, les maisons et les arbres, à-la-fois argentés et couverts de crêpes, qui se reflétaient au loin dans les eaux de la Gemna. Je parcourais en liberté de grands quartiers solitaires et silencieux, et il me semblait alors que toute la ville était à moi.

Cependant l'humanité m'y aurait refusé une poignée de riz, tant la religion m'y avait rendu odieux ! Ne pouvant donc trouver à vivre parmi les vivants, j'en cherchais parmi les morts; j'allais dans les cimetières manger sur les tombeaux les mets offerts par la piété des parents. C'était dans ces lieux que j'aimais à réfléchir. Je me disais : C'est ici la ville de la paix; ici ont disparu la puissance et l'orgueil; l'innocence et la vertu sont en sûreté : ici sont mortes toutes les craintes de la vie, même celle de mourir : c'est ici l'hôtellerie où pour toujours le charretier a dételé, et où le paria repose. Dans ces pensées, je trouvais la mort désirable, et je venais à mépriser la terre. Je considérais l'orient d'où sortait à chaque instant une multitude d'étoiles. Quoique leurs destins me fussent inconnus, je sentais qu'ils étaient liés avec ceux des hommes, et que la nature qui a fait ressortir à leurs besoins tant d'objets qu'ils ne voient pas, y avait au moins attaché ceux qu'elle offrait à leur vue. Mon ame s'élevait donc dans le firmament avec les astres; et lorsque l'aurore venait joindre à leurs douces et éternelles clartés ses teintes de rose, je me croyais aux portes du ciel. Mais dès que ses feux doraient les sommets des pagodes, je disparaissais comme une ombre; j'allais, loin des hommes, me reposer dans les champs au pied d'un arbre, où je m'endormais au chant des oiseaux. »

« Homme sensible et infortuné, dit l'anglais, votre récit est bien touchant : croyez-moi, la plupart des villes ne méritent d'être vues que la nuit. Après tout, la nature a des beautés nocturnes qui ne sont pas les moins touchantes ; un poëte fameux de mon pays n'en a pas célébré d'autres. Mais, dites-moi, comment enfin avez-vous fait pour vous rendre heureux à la lumière du jour ? »

« C'était déjà beaucoup d'être heureux la nuit, reprit l'indien ; la nature ressemble à une belle femme, qui, pendant le jour, ne montre au vulgaire que les beautés de son visage, et qui, pendant la nuit, en dévoile de secrètes à son amant. Mais si la solitude a ses jouissances, elle a ses privations ; elle paraît à l'infortuné un port tranquille, d'où il voit s'écouler les passions des autres hommes sans en être ébranlé ; mais, pendant qu'il se félicite de son immobilité, le temps l'entraîne lui-même. On ne jette point l'ancre dans le fleuve de la vie ; il emporte également celui qui lutte contre son cours et celui qui s'y abandonne, le sage comme l'insensé ; et tous deux arrivent à la fin de leurs jours, l'un après en avoir abusé, et l'autre sans en avoir joui. Je ne voulais pas être plus sage que la nature, ni trouver mon bonheur hors des lois qu'elle a prescrites à l'homme. Je désirais sur-tout un ami à qui je pusse communiquer mes plaisirs et mes peines. Je le cherchai long-temps parmi mes égaux; mais je n'y vis que des envieux. Cependant j'en trouvai un sensible, reconnaissant, fidèle, et inaccessible aux préjugés : à la vérité, ce n'était pas dans mon espèce, mais dans celle des animaux; c'était ce chien que vous voyez. On l'avait exposé, tout petit, au coin d'une rue, où il était près de mourir de faim. Il me toucha de compassion; je l'élevai : il s'attacha à moi, et je m'en fis un compagnon inséparable. Ce n'était pas assez : il me fallait un ami plus malheureux qu'un chien, qui connût tous les maux de la société humaine, et qui m'aidât à les supporter; qui ne désirât que les biens de la nature, et avec qui je pusse en jouir. Ce n'est qu'en s'entrelaçant que deux faibles arbrisseaux résistent à l'orage. La Providence combla mes désirs en me donnant une bonne femme. Ce fut à la source de mes malheurs que je trouvai celle de mon bonheur. Une nuit que j'étais au cimetière des brames, j'aperçus, au clair de la lune, une jeune bramine, à demi couverte de son voile jaune. A l'aspect d'une femme du sang de mes tyrans, je reculai d'horreur; mais je m'en rapprochai de compassion, en voyant le soin dont elle était occupée. Elle mettait à manger sur un tertre qui couvrait les cendres de sa mère, brûlée depuis peu, toute vive, avec le corps de son père, suivant l'usage de sa caste; et elle y brûlait de l'encens, pour appeler son ombre. Les larmes me vinrent aux yeux, en voyant une personne plus infortunée que moi. Je me dis : Hélas ! je suis lié des liens de l'infamie, mais tu l'es de ceux de la gloire. Au moins je vis tranquille au fond de mon précipice ; et toi, toujours tremblante sur le bord du tien. Le même destin qui t'a enlevé ta mère, te menace aussi de t'enlever un jour. Tu n'as reçu qu'une vie, et tu dois mourir de deux morts : si ta propre mort ne te fait descendre au tombeau, celle de ton époux t'y entraînera toute vivante. Je pleurais, et elle pleurait : nos yeux, baignés de larmes, se rencontrèrent, et se parlèrent comme ceux des malheureux : elle détourna les siens, s'enveloppa de son voile, et se retira. La nuit suivante, je revins au même lieu. Cette fois elle avait mis une plus grande provision de vivres sur le tombeau de sa mère : elle avait jugé que j'en avais besoin ; et comme les brames empoisonnent souvent leurs mets funéraires, pour empêcher les parias de les manger ; pour me rassurer sur l'usage des siens, elle n'y avait apporté que des fruits. Je fus touché de cette marque d'humanité ; et pour lui témoigner le respect que je portais à son offrande filiale, au lieu de prendre ses fruits, j'y joignis des fleurs : c'étaient des pavots, qui exprimaient la part que je prenais à sa douleur. La nuit suivante, je vis avec joie qu'elle avait approuvé mon hommage ; les pavots étaient arrosés, et elle avait mis un nouveau panier de fruits à quelque distance du tombeau. La pitié et la reconnaissance m'enhardirent. N'osant lui parler comme paria, de peur de la compromettre, j'entrepris, comme homme, de lui exprimer toutes les affections qu'elle faisait naître dans mon ame : suivant l'usage des Indes, j'empruntai, pour me faire entendre, le langage des fleurs; j'ajoutai aux pavots des soucis. La nuit d'après, je retrouvai mes pavots et mes soucis baignés d'eau. La nuit suivante, je devins plus hardi; je joignis aux pavots et aux soucis une fleur de foulsapatte, qui sert aux cordonniers à teindre leurs cuirs en noir, comme l'expression d'un amour humble et malheureux. Le lendemain, dès l'aurore, je courus au tombeau; mais j'y vis la foulsapatte desséchée, parce qu'elle n'avait pas été arrosée. La nuit suivante, j'y mis, en tremblant, une tulipe dont les feuilles rouges et le cœur noir exprimaient les feux dont j'étais brûlé : le lendemain je retrouvai ma tulipe dans l'état de la foulsapatte. J'étais accablé de chagrin; cependant le surlendemain j'y apportai un bouton de rose avec ses épines, comme le symbole de mes espérances mêlées de beaucoup de craintes. Mais quel fut mon désespoir, quand je vis, aux premiers rayons du jour, mon bouton de rose loin du tombeau ! je crus que je perdrais la raison. Quoiqu'il pût m'en arriver, je résolus de lui parler. La nuit suivante, dès qu'elle parut, je me jetai à ses pieds; mais j'y restai tout interdit en lui présentant ma rose. Elle prit la parole, et me dit : « Infortuné ! tu me parles d'amour, et bientôt je ne serai plus. Il faut, à l'exemple de ma mère, que j'accompagne au bûcher mon époux qui vient de mourir : il était vieux, je l'épousai enfant : adieu ; retire-toi, et oublie-moi ; dans trois jours, je ne serai qu'un peu de cendre. » En disant ces mots, elle soupira. Pour moi, pénétré de douleur, je lui dis : « Malheureuse bramine ! la nature a rompu les liens que la société vous avait donnés; achevez de rompre ceux de la superstition : vous le pouvez, en me prenant pour votre époux. — Quoi ! reprit-elle en pleurant, j'échapperais à la mort pour vivre avec toi dans l'opprobre ! Ah ! si tu m'aimes, laisse-moi mourir. — A Dieu ne plaise, m'écriai-je, que je ne vous tire de vos maux, que pour vous plonger dans les miens ! Chère bramine, fuyons ensemble au fond des forêts ; il vaut encore mieux se fier aux tigres qu'aux hommes. Mais le ciel, dans qui j'espère, ne nous abandonnera pas. Fuyons : l'amour, la nuit, ton malheur, ton innocence, tout nous favorise. Hâtons-nous, veuve infortunée ! déjà ton bûcher se prépare, et ton époux mort t'y appelle. Pauvre liane renversée, appuie-toi sur moi, je serai ton palmier. » Alors elle jeta, en gémissant, un

INFORTUNÉ! TU ME PARLES D'AMOUR
ET BIENTOT JE NE SERAI PLUS.

regard sur le tombeau de sa mère, puis vers le ciel; et laissant tomber une de ses mains dans la mienne, de l'autre elle prit ma rose. Aussitôt je la saisis par le bras, et nous nous mîmes en route. Je jetai son voile dans le Gange, pour faire croire à ses parents qu'elle s'y était noyée. Nous marchâmes pendant plusieurs nuits le long du fleuve, nous cachant le jour dans des rizières. Enfin, nous arrivâmes dans cette contrée que la guerre autrefois a dépeuplée d'habitants. Je pénétrai au fond de ce bois, où j'ai bâti cette cabane, et planté un petit jardin : nous y vivons très-heureux. Je révère ma femme comme le soleil, et je l'aime comme la lune. Dans cette solitude, nous nous tenons lieu de tout : nous étions méprisés du monde; mais, comme nous nous estimons mutuellement, les louanges que je lui donne, ou celles que j'en reçois, nous paraissent plus douces que les applaudissements d'un peuple. » En disant ces mots, il regardait son enfant dans son berceau, et sa femme qui versait des larmes de joie.

Le docteur, en essuyant les siennes, dit à son hôte : « En vérité, ce qui est en honneur chez les hommes est souvent digne de leur mépris, et ce qui est méprisé d'eux mérite souvent d'en être honoré. Mais Dieu est juste; vous êtes mille fois plus heureux dans votre obscurité, que le chef des brames de Jagrenat dans toute sa gloire.

Il est exposé, ainsi que sa caste, à toutes les révolutions de la fortune ; c'est sur les brames que tombent la plupart des fléaux des guerres civiles et étrangères qui désolent votre beau pays depuis tant de siècles ; c'est à eux qu'on s'adresse souvent pour avoir des contributions forcées ; à cause de l'empire qu'ils exercent sur l'opinion des peuples. Mais, ce qu'il y a de plus cruel pour eux, ils sont les premières victimes de leur religion inhumaine. A force de prêcher l'erreur, ils s'en pénètrent eux-mêmes au point de perdre le sentiment de la vérité, de la justice, de l'humanité, de la piété ; ils sont liés des chaînes de la superstition dont ils veulent captiver leurs compatriotes ; ils sont forcés à chaque instant de se laver, de se purifier, et de s'abstenir d'une multitude de jouissances innocentes ; enfin, ce qu'on ne peut dire sans horreur, par une suite de leurs dogmes barbares, ils voient brûler vives leurs parentes, leurs mères, leurs sœurs et leurs propres filles : ainsi les punit la nature, dont ils ont violé les lois. Pour vous, il vous est permis d'être sincère, bon, juste, hospitalier, pieux ; et vous échappez aux coups de la fortune et aux maux de l'opinion par votre humiliation même. »

Après cette conversation, le paria prit congé de son hôte pour le laisser reposer, et se retira, avec sa femme et le berceau de son enfant, dans une petite pièce voisine.

Le lendemain, au lever de l'aurore, le docteur fut réveillé par le chant des oiseaux nichés dans les branches du figuier d'Inde, et par les voix du paria et de sa femme, qui faisaient ensemble la prière du matin. Il se leva, et fut bien fâché lorsque, le paria et sa femme ouvrant leur porte pour lui souhaiter le bon jour, il vit qu'il n'y avait pas d'autre lit dans la cabane que le lit conjugal, et qu'ils avaient veillé toute la nuit pour le lui céder. Après qu'ils lui eurent fait le salam, ils se hâtèrent de lui préparer à déjeuner. Pendant ce temps-là, il fut faire un tour dans le jardin : il le trouva, ainsi que la cabane, entouré des arcades du figuier d'Inde, si entrelacées, qu'elles formaient une haie impénétrable même à la vue. Il apercevait seulement au-dessus de leur feuillage les flancs rouges du rocher qui flanquait le vallon tout autour de lui : il en sortait une petite source qui arrosait ce jardin planté sans ordre. On y voyait pêle-mêle des mangoustans, des orangers, des cocotiers, des litchis, des durions, des manguiers, des jacquiers, des bananiers, et d'autres végétaux tous chargés de fleurs ou de fruits. Leurs troncs mêmes en étaient couverts ; le bétel serpentait autour du palmier arec, et le poivrier le long de la canne à sucre. L'air était embaumé de leurs parfums. Quoique la plupart des arbres fussent encore dans l'ombre, les premiers rayons de l'aurore éclairaient déjà leurs sommets ; on y voyait voltiger des colibris étincelants comme des rubis et des topazes, tandis que des bengalis et des sensa-soulé, ou cinq cents voix, cachés sous l'humide feuillée, faisaient entendre sur leurs nids leurs doux concerts. Le docteur se promenait sous ces charmants ombrages, loin des pensées savantes et ambitieuses, lorsque le paria vint l'inviter à déjeuner. « Votre jardin est délicieux, dit l'anglais, je ne lui trouve d'autre défaut que d'être trop petit ; à votre place, j'y ajouterais un boulingrin, et je l'étendrais dans la forêt. — Seigneur, lui répondit le paria, moins on tient de place, plus on est à couvert : une feuille suffit au nid de l'oiseau-mouche. » En disant ces mots, ils entrèrent dans la cabane, où ils trouvèrent dans un coin la femme du paria qui allaitait son enfant : elle avait servi le déjeuner. Après un repas silencieux, le docteur se préparant à partir, l'indien lui dit : « Mon hôte, les campagnes sont encore inondées des pluies de la nuit, les chemins sont impraticables ; passez ce jour avec nous. — Je ne le peux, dit le docteur, j'ai trop de monde avec moi. — Je le vois, reprit le paria, vous avez hâte de quitter le pays des brames pour retourner dans celui des chrétiens, dont la religion fait vivre tous les hommes en frères. » Le docteur se leva en soupirant. Alors le paria fit un signe à sa femme, qui, les yeux baissés et sans parler, présenta au docteur une corbeille de fleurs et de fruits. Le paria, prenant la parole pour elle, dit à l'anglais : « Seigneur, excusez notre pauvreté ; nous n'avons, pour parfumer nos hôtes suivant l'usage de l'Inde, ni ambre gris, ni bois d'aloès ; nous n'avons que des fleurs et des fruits ; mais j'espère que vous ne mépriserez pas cette petite corbeille remplie par les mains de ma femme : il n'y a ni pavots, ni soucis, mais des jasmins, du mougris et des bergamottes, symboles, par la durée de leurs parfums, de notre affection, dont le souvenir nous restera lors même que nous ne vous verrons plus. » Le docteur prit la corbeille, et dit au paria : « Je ne saurais trop reconnaître votre hospitalité, et vous témoigner toute l'estime que je vous porte : acceptez cette montre d'or ; elle est de Greenham, le plus fameux horloger de Londres ; on ne la remonte qu'une fois par an. » Le paria lui répondit : « Seigneur, nous n'avons pas besoin de montre ; nous en avons une qui va toujours, et qui ne se dérange jamais ; c'est le soleil. — Ma montre sonne les heures, ajouta le docteur. — Nos oiseaux les chantent, repartit le paria. — Au moins, dit le docteur, recevez ces cordons de corail pour faire des colliers rouges à votre femme et à votre enfant. — Ma femme et mon enfant, répondit l'indien, ne manqueront jamais de colliers rouges tant que notre jardin produira des pois d'angole. — Acceptez donc, dit le docteur, ces pistolets pour vous défendre des voleurs dans votre solitude. — La pauvreté, dit le paria, est un rempart qui éloigne de nous les voleurs ; l'argent dont vos armes sont garnies, suffirait pour les attirer. Au nom de Dieu qui nous protége, et de qui nous attendons notre récompense, ne nous enlevez pas le prix de notre hospitalité. — Cependant, reprit l'anglais, je désirerais que vous conservassiez quelque chose de moi. — Eh bien, mon hôte, répondit le paria, puisque vous le voulez, j'oserai vous proposer un échange ; donnez-moi votre pipe, et recevez la mienne : lorsque je fumerai dans la vôtre, je me rappellerai qu'un pandect européen n'a pas dédaigné d'accepter l'hospitalité chez un pauvre paria. » Aussitôt le docteur lui présenta sa pipe de cuir d'Angleterre, dont l'embouchure était d'ambre jaune, et reçut en retour celle du paria, dont le tuyau était de bambou, et le fourneau de terre cuite.

Ensuite il appela ses gens qui étaient tous morfondus de leur mauvaise nuit passée ; et après avoir embrassé le paria, il monta dans son palanquin. La femme du paria, qui pleurait, resta sur la porte de la cabane, tenant son enfant dans ses bras ; mais son mari accompagna le docteur jusqu'à la sortie du bois, en le comblant de bénédictions. « Que Dieu soit votre récompense, lui disait-il, pour votre bonté envers les malheureux! que je lui sois en sacrifice pour vous ! qu'il vous ramène heureusement en Angleterre, ce pays de savants et d'amis, qui cherchent la vérité par-tout le monde pour le bonheur des hommes! » Le docteur lui répondit : « J'ai parcouru la moitié du globe, et je n'ai vu par-tout que l'erreur et la discorde : je n'ai trouvé la vérité et le bonheur que dans votre cabane. » En disant ces mots, ils se séparèrent l'un de l'autre en versant des larmes. Le docteur était déjà bien loin dans la campagne, qu'il voyait encore le bon paria au pied d'un arbre, qui lui faisait signe des mains pour lui dire adieu.

Le docteur, de retour à Calcutta, s'embarqua pour Chandernagor, d'où il fit voile pour l'Angleterre. Arrivé à Londres, il remit les quatre-vingt-dix ballots de ses manuscrits au président de la société royale, qui les déposa au muséum britannique, où les savants et les journalistes s'occupent encore aujourd'hui à en faire des traductions, des éloges, des diatribes, des critiques et des pamphlets. Quant au docteur, il garda pour lui les trois réponses du paria sur la vérité. Il fumait souvent dans sa pipe ; et quand on le questionnait sur ce qu'il avait appris de plus utile dans ses voyages, il répondait : « Il faut chercher la vérité avec un cœur simple ; on ne la trouve que dans la nature ; on ne doit la dire qu'aux gens de bien. » À quoi il ajoutait : « On n'est heureux qu'avec une bonne femme. »

LE CAFÉ
DE SURATE.

LE CAFÉ

DE SURATE.

—

Il y avait à Surate un café où beaucoup d'étrangers s'assemblaient l'après-midi. Un jour il y vint un seïdre persan, ou docteur de la loi, qui avait écrit toute sa vie sur la théologie, et qui ne croyait plus en Dieu. Qu'est-ce que Dieu, disait-il? d'où vient-il? qu'est-ce qui l'a créé? où est-il? Si c'était un corps, on le verrait : si c'était un esprit, il serait intelligent et juste; il ne permettrait pas qu'il y eût des malheureux sur la terre. Moi-même, après avoir tant travaillé pour son service, je serais pontife à Ispahan, et je n'aurais pas été forcé de m'enfuir de la Perse après avoir cherché à éclairer les hommes. Il n'y a donc point de Dieu. Ainsi le docteur, égaré par son ambition, à force de raisonner sur la première raison de toutes choses, était venu à perdre la sienne, et à croire que c'était non sa propre intelligence qui n'existait plus, mais celle qui gouverne l'univers. Il avait pour esclave un Cafre presque nu, qu'il laissa à la porte du café. Pour lui, il fut se coucher sur un sopha, et il prit une tasse de coquenar ou d'opium. Lorsque cette boisson commença à échauffer son cerveau, il adressa la parole à son esclave, qui était assis sur une pierre au soleil, occupé à chasser les mouches qui le dévoraient, et lui dit : Misérable noir! crois-tu qu'il y ait un Dieu ? Qui peut en douter, lui répondit le Cafre ? En disant ces mots, le Cafre tira d'un lambeau de pagne qui lui ceignait les reins, un petit marmouset de bois, et dit : Voilà le dieu qui m'a protégé depuis que je suis au monde; il est fait d'une branche de l'arbre fétiche de mon pays. Tous les gens du café ne furent pas moins surpris de la réponse de l'esclave que de la question de son maître.

Alors un brame haussant les épaules, dit au nègre : Pauvre imbécille! comment, tu portes ton dieu dans ta ceinture! Apprends qu'il n'y a point d'autre dieu que Brama, qui a créé le monde, et dont les temples sont sur les bords du Gange. Les brames sont ses seuls prêtres, et c'est par sa protection particulière qu'ils subsistent depuis cent vingt mille ans, malgré toutes les révolutions de l'Inde. Aussitôt un courtier juif prit la parole, et dit : Comment les brames peuvent-ils croire que Dieu n'a de temples que dans l'Inde, et qu'il n'existe que pour leur caste? Il n'y a d'autre Dieu que celui d'Abraham, qui n'a d'autre peuple que celui d'Israël. Il le conserve, quoique dispersé par toute la terre, jusqu'à ce qu'il l'ait rassemblé à Jérusalem pour lui donner l'empire des nations, lorsqu'il y aura relevé son temple, jadis la merveille de l'univers. En disant ces mots, l'Israélite versa quelques larmes. Il allait parler encore, lorsqu'un Italien en robe bleue lui dit en colère : Vous faites Dieu injuste, en disant qu'il n'aime que le peuple d'Israël. Il l'a rejeté depuis plus de dix-sept cents ans, comme vous en pouvez juger par sa dispersion même. Il appelle aujourd'hui tous les hommes dans l'église romaine, hors laquelle il n'y a point de salut. Un ministre protestant, de la mission danoise de Trinquebar, répondit en pâlissant au missionnaire catholique : Comment pouvez-vous restreindre le salut des hommes à votre communion idolâtre? apprenez qu'il n'y aura de sauvés que ceux qui, suivant l'Évangile, adorent Dieu en esprit et en vérité, sous la loi de Jésus. Alors un Turc, officier de la douane de Surate, qui fumait sa pipe, dit aux deux chrétiens d'un air grave : Padres, comment pouvez-vous borner la connaissance de Dieu à vos églises? la loi de Jésus a été abolie depuis l'arrivée de Mahomet, le paraclet prédit par Jésus lui-même le verbe de Dieu. Votre religion ne subsiste plus que dans quelques royaumes, et c'est sur ses ruines que la nôtre s'est élevée dans la plus belle portion de l'Europe, de l'Afrique, de l'Asie, et de ses îles. Elle est aujourd'hui assise sur le trône du Mogol, et se répand jusque dans la Chine, ce pays de lumières. Vous reconnaissez vous-même la réprobation des Juifs à leur humiliation; reconnaissez donc la mission du prophète à ses victoires. Il n'y aura de sauvés que les amis de Mahomet et d'Omar; car pour ceux qui suivent Ali, ce sont des infidèles. A ces mots, le seidre qui était de Perse, où le peuple suit la secte d'Ali, se mit à sourire; mais il s'éleva une grande querelle dans le café, à cause de tous les étrangers qui étaient de diverses religions, et parmi lesquels il y avait encore des chrétiens abyssins, des Cophtes, des Tartares lamas, des Arabes ismaélites, et des Guèbres ou adorateurs du feu. Tous disputaient sur la nature de Dieu et sur son culte, chacun soutenant que la véritable religion n'était que dans son pays.

Il y avait là un lettré de la Chine, disciple de Confucius, qui voyageait pour son instruction. Il était dans un coin du café, prenant du thé, écoutant tout et ne disant mot. Le douanier turc, s'adressant à lui, lui cria d'une voix forte: Bon Chinois, qui gardez le silence, vous savez que beaucoup de religions ont pénétré à la Chine.

Des marchands de votre pays, qui avaient besoin ici de mes services, me l'ont dit, en m'assurant que celle de Mahomet était la meilleure. Rendez comme eux justice à la vérité : que pensez-vous de Dieu et de la religion de son prophète? Il se fit alors un grand silence dans le café. Le disciple de Confucius, ayant retiré ses mains dans les larges manches de sa robe, et les ayant croisées sur sa poitrine, se recueillit en lui-même, et dit d'une voix douce et posée : Messieurs, si vous me permettez de vous le dire, c'est l'ambition qui empêche, en toutes choses, les hommes d'être d'accord; si vous avez la patience de m'entendre, je vais vous en citer un exemple qui est encore tout frais à ma mémoire. Lorsque je partis de la Chine pour venir à Surate, je m'embarquai sur un vaisseau anglais qui avait fait le tour du monde. En chemin faisant, nous jetâmes l'ancre sur la côte orientale de Sumatra. Sur le midi, étant descendus à terre avec plusieurs gens de l'équipage, nous fûmes nous asseoir sur le bord de la mer, près d'un petit village, sous des cocotiers, à l'ombre desquels se reposaient plusieurs hommes de divers pays. Il y vint un aveugle qui avait perdu la vue à force de contempler le soleil. Il avait eu l'ambitieuse folie d'en comprendre la nature, afin de s'en approprier la lumière. Il avait tenté tous les moyens de l'optique, de la chimie, et même de la nécromancie, pour renfermer un de ses rayons dans une bouteille ; n'ayant pu en venir à bout, il disait : La lumière du soleil n'est point un fluide, car elle ne peut être agitée par le vent ; ce n'est point un solide, car on ne peut en détacher des morceaux ; ce n'est point un feu, car elle ne s'éteint point dans l'eau ; ce n'est point un esprit, puisqu'elle est visible ; ce n'est point un corps, puisqu'on ne peut la manier ; ce n'est pas même un mouvement, puisqu'elle n'agite pas les corps les plus légers : ce n'est donc rien du tout. Enfin, à force de contempler le soleil et de raisonner sur sa lumière, il en avait perdu les yeux, et qui pis est, la raison. Il croyait que c'était non pas sa vue, mais le soleil qui n'existait plus dans l'univers. Il avait pour conducteur un nègre qui, ayant fait asseoir son maître à l'ombre d'un cocotier, ramassa par terre un de ses cocos, et se mit à faire un lampion avec sa coque, une mèche avec son caire, et à exprimer de sa noix un peu d'huile pour mettre dans son lampion. Pendant que le nègre s'occupait ainsi, l'aveugle lui dit en soupirant : Il n'y a donc plus de lumière au monde ? Il y a celle du soleil, répondit le nègre. Qu'est-ce que le soleil, reprit l'aveugle ? Je n'en sais rien, répondit l'Africain, si ce n'est que son lever est le commencement de mes travaux, et son coucher en est la fin. Sa lumière m'intéresse moins que celle de mon lampion, qui m'éclaire dans ma case : sans elle, je ne pourrais vous servir pendant la nuit. Alors, montrant son petit coco, il dit : Voilà mon soleil. A ce propos, un homme du village qui marchait avec des béquilles, se mit à rire; et croyant que l'aveugle était un aveugle-né, il lui dit : Apprenez que le soleil est un globe de feu qui se lève tous les jours dans la mer, et qui se couche tous les soirs à l'occident dans les montagnes de Sumatra. C'est ce que vous verriez vous-même, ainsi que nous tous, si vous jouissiez de la vue. Un pêcheur prit alors la parole, et dit au boiteux : On voit bien que vous n'êtes jamais sorti de votre village. Si vous aviez des jambes, et que vous eussiez fait le tour de l'île de Sumatra, vous sauriez que le soleil ne se couche point dans ses montagnes; mais il sort tous les matins de la mer, et il y rentre tous les soirs pour se rafraîchir; c'est ce que je vois tous les jours le long des côtes. Un habitant de la presqu'île de l'Inde dit alors au pêcheur : Comment un homme qui a le sens commun peut-il croire que le soleil est un globe de feu, et que chaque jour il sort de la mer, et qu'il y rentre sans s'éteindre ? Apprenez donc que le soleil est une deuta ou divinité de mon pays, qu'il parcourt tous les jours le ciel sur un char, tournant autour de la montagne d'Or de Mérouwa; que lorsqu'il s'éclipse, c'est qu'il est englouti par les serpents ragou et kétou, dont il n'est délivré que par les prières des Indiens sur les bords du Gange. C'est une ambition bien folle à un habitant de Sumatra de croire qu'il ne luit que sur l'horizon de son île ; elle ne peut entrer que dans la tête d'un homme qui n'a navigué que dans une pirogue. Un Lascar, patron d'une barque de commerce qui était à l'ancre, prit alors la parole, et dit : C'est une ambition encore plus folle de croire que le soleil préfère l'Inde à tous les pays du monde. J'ai voyagé dans la Mer-Rouge, sur les côtes de l'Arabie, à Madagascar, aux îles Moluques et aux Philippines ; le soleil éclaire tous ces pays, ainsi que l'Inde. Il ne tourne point autour d'une montagne ; mais il se lève dans les îles du Japon, qu'on appelle pour cette raison Jepon ou Gé-puen ; naissance du soleil, et il se couche bien loin à l'occident, derrière les îles d'Angleterre. J'en suis bien sûr, car je l'ai ouï dire dans mon enfance à mon grand-père, qui avait voyagé jusqu'aux extrémités de la mer. Il allait en dire davantage, lorsqu'un matelot anglais de notre équipage l'interrompit, en disant : Il n'y a point de pays où l'on connaisse mieux le cours du soleil qu'en Angleterre : apprenez donc qu'il ne se lève et ne se couche nulle part. Il fait sans cesse le tour du monde ; et j'en suis bien certain, car nous venons de le faire aussi,

et nous l'avons rencontré par-tout. Alors, prenant un rotin des mains d'un des auditeurs, il traça un cercle sur le sable, tâchant de leur expliquer le cours du soleil d'un tropique à l'autre; mais, n'en pouvant venir à bout, il prit à témoin de tout ce qu'il voulait dire le pilote de son vaisseau. Ce pilote était un homme sage qui avait entendu toute la dispute sans rien dire; mais quand il vit que tous les auditeurs gardaient le silence pour l'écouter, il prit alors la parole, et leur dit : « Chacun de vous trompe les
» autres, et en est trompé. Le soleil ne tourne
» point autour de la terre, mais c'est la terre
» qui tourne autour de lui, lui présentant, tour-
» à-tour en vingt-quatre heures, les îles du Japon,
» les Philippines, les Moluques, Sumatra, l'A-
» frique, l'Europe, l'Angleterre, et bien d'au-
» tres pays. Le soleil ne luit point seulement
» pour une montagne, une île, un horizon, une
» mer, ni même pour la terre; mais il est au
» centre de l'univers, d'où il éclaire avec elle
» cinq autres planètes qui tournent aussi autour
» de lui, et dont quelques-unes sont bien plus
» grosses que la terre, et bien plus éloignées
» qu'elle du soleil. Tel est entre autres Sa-
» turne, de trente mille lieues de diamètre, et
» qui en est à deux cent quatre-vingt-cinq mil-
» lions de lieues de distance. Je ne parle pas
» des lunes qui renvoient aux planètes éloignées

» du soleil sa lumière, et qui sont en bon nom-
» bre. Chacun de vous aurait une idée de ces vé-
» rités, s'il jetait seulement, la nuit, les yeux au
» ciel, et s'il n'avait pas l'ambition de croire
» que le soleil ne luit que pour son pays. » Ainsi
parla, au grand étonnement de ses auditeurs, le
pilote qui avait fait le tour du monde et observé
les cieux.

Il en est de même, ajouta le disciple de Confucius, de Dieu comme du soleil. Chaque homme croit l'avoir à lui seul, dans sa chapelle, ou au moins dans son pays. Chaque peuple croit renfermer dans ses temples celui que l'univers visible ne renferme pas. Cependant, est-il un temple comparable à celui que Dieu lui-même a élevé pour rassembler tous les hommes dans la même communion? Tous les temples du monde ne sont faits qu'à l'imitation de celui de la nature. On trouve, dans la plupart, des lavoirs ou bénitiers, des colonnes, des voûtes, des lampes, des statues, des inscriptions, des livres de la loi, des sacrifices, des autels et des prêtres. Mais dans quel temple y a-t-il un bénitier aussi vaste que la mer, qui n'est point renfermée dans une coquille ? d'aussi belles colonnes que les arbres des forêts, ou ceux des vergers chargés de fruits? une voûte aussi élevée que le ciel, et une lampe aussi éclatante que le soleil? Où verra-t-on des statues aussi intéressantes que tant d'êtres sensibles qui s'aiment, qui s'entr'aident et qui parlent ? des inscriptions aussi intelligibles et plus religieuses que les bienfaits mêmes de la nature ? un livre de la loi aussi universel que l'amour de Dieu fondé sur notre reconnaissance, et que l'amour de nos semblables sur nos propres intérêts ? des sacrifices plus touchants que ceux de nos louanges pour celui qui nous a tout donné, et de nos passions pour ceux avec lesquels nous devons tout partager ? enfin un autel aussi saint que le cœur de l'homme de bien, dont Dieu même est le pontife ? Ainsi, plus l'homme étendra loin la puissance de Dieu, plus il approchera de sa connaissance ; et plus il aura d'indulgence pour les hommes, plus il imitera sa bonté. Que celui donc qui jouit de la lumière de Dieu répandue dans tout l'univers, ne méprise pas le superstitieux qui n'en aperçoit qu'un petit rayon dans son idole, ni même l'athée qui en est tout-à-fait privé, de peur qu'en punition de son orgueil, il ne lui arrive comme à ce philosophe qui, voulant s'approprier la lumière du soleil, devint aveugle, et se vit réduit, pour se conduire, à se servir du lampion d'un nègre.

Ainsi parla le disciple de Confucius, et tous les gens du café qui disputaient sur l'excellence de leurs religions, gardèrent un profond silence.

VOYAGE
EN SILÉSIE.

VOYAGE
EN SILÉSIE.

Lorsque je revenais de Russie en France, je me trouvai avec un bon nombre de voyageurs de différentes nations, sur le chariot de poste qui mène de Riga à Breslau. Nous étions rangés deux à deux, assis sur des bancs de bois, nos malles sous nos pieds, le ciel sur nos têtes, voyageant jour et nuit, exposés à toutes les injures de l'air, et ne trouvant dans les auberges de la route que du pain noir, de l'eau-de-vie de grain, et du café. Telle est la manière de voyager en Russie, en Prusse, en Pologne, et dans la plupart des pays du nord. Après avoir traversé, tantôt de grandes forêts de sapins et de bouleaux, tantôt des campagnes sablonneuses, nous entrâmes dans des montagnes couvertes de hêtres et de chênes, qui séparent la Pologne de la Silésie.

Quoique mes compagnons de voyage sussent le français, langue aujourd'hui universelle en

Europe, ils parlaient fort peu. Un matin au lever de l'aurore, nous nous trouvâmes sur une colline auprès d'un château situé dans une position charmante. Plusieurs ruisseaux circulaient à travers ses longues avenues de tilleuls, et formaient, au bas, des îles plantées de vergers au milieu des prairies. Au loin, autant que la vue pouvait s'étendre, nous apercevions les riches campagnes de la Silésie, couvertes de moissons, de villages, et de maisons de plaisance arrosées par l'Oder, qui les traversait comme un ruban d'argent et d'azur. « Oh la belle vue ! s'écria un peintre italien qui allait à Dresde ; il me semble voir le Milanais. » Un astronome de l'académie de Berlin se mit à dire : « Voilà de grandes plaines, on pourrait y tracer une longue base, et par ces clochers avoir une belle suite de triangles. » Un baron autrichien, souriant dédaigneusement, répondit au géomètre : « Sachez que cette terre est des plus nobles d'Allemagne ; tous ces clochers que vous voyez là-bas en dépendent. — Cela étant, repartit un marchand suisse, les habitants y sont donc serfs. Par ma foi, c'est un pauvre pays. » Un officier hussard prussien, qui fumait sa pipe, la retira gravement de sa bouche, et se mit à dire d'un ton ferme : « Personne ici ne relève que du roi de Prusse. Il a délivré les Silésiens du joug de l'Autriche et de ses nobles. Je me souviens qu'il nous a fait camper ici il y a quatre ans. Oh, les belles campagnes pour donner une bataille ! j'établirais mes magasins dans le château, et mon artillerie sur ses terrasses. Je borderais la rivière avec mon infanterie; je mettrais ma cavalerie sur les ailes; et avec trente mille hommes j'attendrais ici toutes les forces de l'Empire. Vive Frédéric! » A peine s'était-il remis à fumer, qu'un officier russe prit la parole. « Je ne voudrais pas, dit-il, vivre dans un pays comme la Silésie, ouvert à toutes les armées. Nos Cosaques l'ont ravagée dans la dernière guerre, et sans nos troupes réglées qui les continrent, ils n'y auraient pas laissé une chaumière debout. C'est encore pis à présent. Les paysans peuvent y plaider contre leurs seigneurs. Les bourgeois y ont même de plus grands privilèges dans leurs municipalités. J'aime mieux les environs de Moscou. » Un jeune étudiant de Leipsick répondit aux deux officiers : « Messieurs, comment pouvez-vous parler de guerre dans des lieux si charmants ? Permettez-moi de vous apprendre que le nom même de Silésie vient de *Campi Elysii*, Champs Élysiens. Il vaut mieux s'écrier avec Virgile :

> . . . . Lycori,
> . . . Hic ipso tecum consumerer ævo.

o Lycoris ! c'est ici, qu'avec toi, je voudrais

être dissous par le temps. » A ces mots prononcés avec chaleur, une aimable marchande de modes de Paris, que l'ennui du voyage avait endormie, se réveilla, et à la vue de ce beau paysage, s'écria à son tour : « Oh le délicieux pays ! il n'y manque que des Français. Qu'avez-vous à soupirer, dit-elle à un jeune rabbin qui était à ses côtés ? — Voyez, dit le docteur juif, cette montagne là-bas avec sa pointe, elle ressemble au mont Sinaï. » Tout le monde se mit à rire. Mais un vieux ministre luthérien d'Erfurt, en Saxe, fronça le sourcil, et dit en colère : « La Silésie est une terre maudite, puisque la vérité en est bannie. Elle est sous le joug du papisme. Vous verrez, à l'entrée de Breslau, le palais des anciens ducs de Silésie, qui sert aujourd'hui de collège aux jésuites, quoique chassés de toute l'Europe. » Un gros marchand hollandais, pourvoyeur de l'armée prussienne dans la dernière guerre, lui repartit : « Comment pouvez-vous appeler maudite une terre couverte de tant de biens ? Le roi de Prusse a fort bien fait de conquérir la Silésie ; c'est le plus beau fleuron de sa couronne. J'y aimerais mieux un arpent de jardin qu'un mille carré dans la Marche sablonneuse de Brandebourg. » Nous arrivâmes, ainsi disputant, à Breslau, où nous mîmes pied à terre dans une fort belle auberge. En attendant le dîner, on parla du maître du château. Le ministre saxon assura que c'était un scélérat, qui commandait l'artillerie prussienne au siége de Dresde; qu'il avait écrasé avec des bombes empoisonnées cette malheureuse ville, dont la moitié des maisons était encore abattue, et qu'il n'avait acquis sa terre que par des contributions levées en Saxe. « Vous vous trompez, répondit le baron; il ne l'a eue que par son mariage avec une comtesse autrichienne, qui s'est mésalliée en l'épousant. Sa femme est aujourd'hui bien à plaindre. Aucun de ses enfants ne pourra entrer dans les chapitres nobles de l'Allemagne, car leur père n'est qu'un officier de fortune. — Ce que vous dites là, reprit le hussard prussien, lui fait honneur, et il en serait comblé aujourd'hui en Prusse, s'il ne l'avait perdu en sortant, à la paix, du service du roi. C'est un officier qui ne peut plus se montrer. » L'hôte, qui faisait mettre le couvert, dit : « Messieurs, on voit bien que vous ne connaissez pas le seigneur dont vous parlez; c'est un homme aimé et considéré de tout le monde : il n'y a pas un mendiant dans ses domaines. Quoique catholique, il secourt les pauvres passants, de quelque pays et religion qu'ils soient. S'ils sont Saxons, il les loge et les nourrit pendant trois jours, en compensation du mal qu'il a été obligé de leur faire pendant la guerre. Il est adoré de sa femme et de ses enfants. — Apprenez, répondit à l'hôte le ministre luthérien, qu'il n'y a ni charité ni vertu dans sa communion. Tout son fait est pure hypocrisie, comme les vertus des païens et des papistes. »

Nous avions parmi nous plusieurs catholiques qui allaient élever une terrible dispute, lorsque l'hôte s'étant mis à la principale place de la table, suivant l'usage de l'Allemagne, fit servir le dîner. Alors on garda un profond silence, et chacun se mit à boire et à manger en voyageur. On fit fort bonne chère. On servit au dessert des pêches, des raisins et des melons. L'hôte dit alors à sa femme d'apporter, en attendant le café, quelques bouteilles de vin de Champagne, dont il voulait régaler la compagnie en l'honneur, dit-il, du seigneur du château, auquel il avait des obligations particulières. Les bouteilles étant arrivées, il les posa auprès de la dame française, en la priant d'en faire les honneurs. La joie parut alors sur tous les visages, et la conversation se ranima. Ma compatriote présenta à l'hôte le premier verre de son vin, en lui disant qu'on était aussi bien traité chez lui que dans les meilleures auberges de Paris, et qu'elle n'avait point connu de Français qui le surpassât en galanterie. L'officier russe convint qu'il y avait plus de fruits à Breslau qu'à Moscou; il compara la Silésie à la Livonie pour la fertilité, et il ajouta que la liberté des paysans rendait un pays mieux cultivé,

et leur seigneur plus heureux. L'astronome observa que Moscou était à-peu-près à la même latitude que Breslau, et par conséquent susceptible des mêmes productions. L'officier hussard dit :
« En vérité, je trouve que le seigneur du château, sur les terres duquel nous avons passé, a fort bien fait de quitter le service. Après tout, notre grand Frédéric, après avoir fait glorieusement la guerre, passe une partie de son temps à jardiner et à cultiver lui-même des melons à Sans-Souci. » Tout le monde fut de l'avis du hussard. Le ministre saxon même se mit à dire que la Silésie était une belle et bonne province, que c'était dommage qu'elle fût dans l'erreur ; mais qu'il ne doutait pas que la liberté de conscience étant établie dans les états du roi de Prusse, tous les habitants, et sur-tout le maître du château, ne se rendissent à la vérité, et n'embrassassent la confession d'Ausbourg : « car, ajouta-t-il, Dieu ne laisse point une bonne action sans récompense, et c'en est une qu'on ne peut trop louer dans un militaire qui a fait du mal aux gens de mon pays pendant la guerre, de leur faire du bien pendant la paix. » L'hôte alors proposa de boire à la santé de ce brave seigneur, ce qui fut exécuté aux applaudissements de toute la compagnie.

Il n'y eut pas jusqu'au jeune rabbin qui ne voulut aussi trinquer avec elle. Il dînait seul et tristement, de ses provisions, dans un coin de la salle, suivant la coutume des juifs en voyage ; il se leva, et vint présenter sa grande tasse de cuir à la dame, qui la lui remplit jusqu'au bord. Il la vida d'un seul trait : alors elle lui dit : « Que vous en semble, docteur? La terre qui produit de si bon vin ne vaut-elle pas bien la terre promise? — Sans doute, madame, répondit-il d'un air riant, sur-tout quand ce bon vin est versé par d'aussi jolies mains. — Souhaitez donc, lui dit-elle, que votre messie naisse en France, afin qu'il y rassemble vos tribus de toutes les parties du monde. — Plût à Dieu ! repartit l'israélite; mais auparavant il faudrait qu'il fît la conquête de l'Europe, où nous sommes presque par-tout si misérables. Il faudrait que ce fût un nouveau Cyrus, qui en forçât les différents peuples de vivre en paix entre eux et avec le genre humain. — Dieu vous entende ! s'écrièrent la plupart des convives. »

J'admirais la variété d'opinions de tant de personnes qui disputaient avant de se mettre à table, et qui étaient d'un si parfait accord lorsqu'elles en sortaient. J'en conclus que l'homme était méchant dans le malheur, car c'en est un pour bien des gens d'être à jeun; et qu'il était bon dans le bonheur, car quand il a bien dîné, il est en paix avec tout le monde, comme le sauvage de Jean-Jacques.

J'en tirai une autre conséquence plus importante, c'est que toutes ces opinions qui avaient pour la plupart ébranlé la mienne tour-à-tour, venaient uniquement des éducations différentes de mes compagnons de voyage; et je ne doutai pas que chacun d'eux ne retournât à la sienne quand il serait de sang-froid.

Désirant fixer mon jugement sur les sujets de la conversation, je m'adressai à un voisin qui avait gardé constamment le silence, et m'avait paru d'une humeur toujours égale : « Que pensez-vous, lui dis-je, de la Silésie, et du seigneur du château ? — La Silésie, me répondit-il, est un fort bon pays, puisqu'elle produit des fruits en abondance ; et le seigneur du château est un excellent homme, puisqu'il fait du bien à tous les malheureux. Quant à la manière d'en juger, elle diffère dans chaque individu, suivant sa religion, sa nation, son état, son tempérament, son sexe, son âge, la saison de l'année, l'heure même du jour, et sur-tout d'après l'éducation qui donne la première et la dernière teinture à nos jugements; mais quand on rapporte tout au bonheur du genre humain, on est sûr de juger comme Dieu agit. C'est sur la raison générale de l'univers que nous devons régler nos raisons particulières, comme nous réglons nos montres sur le soleil. »

Depuis cette conversation, j'ai tâché de juger de tout comme ce philosophe; j'ai trouvé même qu'il en était de notre globe et de ses habitants comme de la Silésie; chacun s'en fait une idée d'après son éducation. Les astronomes n'y voient qu'un globe fait en fromage de Hollande, qui tourne autour du soleil avec quelques newtoniens; les militaires, des champs de bataille et des grades; les nobles, des terres seigneuriales et des vassaux; les prêtres, des communiants et des excommuniés; les marchands, des branches de commerce et de l'argent; les peintres, des paysages; les épicuriens, des paradis terrestres. Mais le philosophe le considère par ses relations avec les besoins des hommes, et les hommes eux-mêmes par celles qu'ils ont entre eux.

ÉLOGE

HISTORIQUE ET PHILOSOPHIQUE

DE MON AMI.

ÉLOGE

HISTORIQUE ET PHILOSOPHIQUE

DE MON AMI.

Il n'est pas d'usage de faire l'éloge d'aucun être vivant, car telle est l'instabilité humaine, que souvent les vices succèdent aux vertus qu'on a louées : Néron avait commencé comme finit Titus.

Cependant celui dont j'ai à parler est d'un caractère si inaltérable, que, dans quelque lieu qu'il se trouve, il se conciliera l'estime et l'amitié publique, par l'agrément et la solidité de ses qualités.

Après la guerre terrible qui entretint une haine de trente ans entre l'Espagne et la France, le mariage de Philippe de France et de l'Infante d'Espagne rétablit la bonne intelligence entre ces deux grands peuples. Il est probable qu'alors des familles françaises suivirent leur prince en

Espagne, et que des familles espagnoles vinrent s'établir en France. Il est même plus que vraisemblable qu'ils amenèrent avec eux, de leurs pays, leurs serviteurs, et plusieurs de ces animaux que leur attachement rend si dignes de l'amitié de l'homme, et qui, dans cette longue et cruelle guerre de la succession, n'avaient jamais cessé de vivre en paix. L'homme seul a divisé la terre en royaumes; elle est pour le reste de ses habitants une patrie commune, qui n'a ni frontières, ni barrières, et où chaque espèce parle toujours le même langage, et conserve les mêmes mœurs.

C'est à une de ces familles espagnoles que mon ami doit son origine. On ne pouvait contester sa noblesse, car il venait d'un pays où personne n'en manque. Il naquit à Rouen, capitale de la Haute-Normandie, le 22 février 1762, le même jour que sont nés Socrate, Épaminondas, et plusieurs grands hommes de l'antiquité; et dans une ville où Corneille avait reçu le jour. Malgré sa noblesse et de si heureuses circonstances, il vint au monde les yeux fermés, comme les chiens de berger; et il doit en sortir de la même manière, puisque ni la naissance, ni le lieu ne préservent aucun de la loi commune.

Il n'avait pas encore ouvert les yeux à la lumière, qu'il fut exposé aux plus terribles coups du sort: la moitié de sa famille fut condamnée à périr dans les eaux, d'où un savant célèbre assure que le genre humain est sorti.

On dit qu'il entendit son arrêt sans se plaindre, qu'il lécha même la main cruelle qui l'avait déjà choisi au milieu de ses frères éperdus. Trois fois la cuisinière le prit, le replaça ; et enfin touchée de sa candeur, elle le rendit à son berceau.

O pouvoir surprenant de l'innocence, que vous êtes supérieur à l'éloquence même ! Quand il aurait pu parler, qu'aurait-il pu dire pour s'empêcher d'être jeté à l'eau ? les hommes savent si peu épargner leurs semblables! auraient-ils ressenti quelque pitié pour sa jeunesse, lorsque l'aspect des douleurs humaines peut à peine les émouvoir?

Cet innocent, échappé à la cruauté des hommes, fut abandonné, avec un frère et une sœur, aux soins de sa mère. Elle ne leur fit point part d'un lait étranger. Tout occupée de ses enfants, elle les veilla jour et nuit ; plus de chasse, plus de jeux, plus d'amours : elle renonça aux allures brillantes, aux courses folâtres, à l'envie de plaire, même au sentiment de l'amitié : insensible à la voix d'un maître chéri, son cœur maternel n'était remué que par les cris de ses chers nourrissons. Elle s'appelait Fidèle, et on donna à celui de ses fils dont je parle, le nom de Favori, surnom pris, comme chez les Romains, de ses qualités personnelles.

En effet, rien n'était plus intéressant que sa petite figure. Il était d'une belle couleur marron. Une cravatte blanche descendait sur sa poitrine, comme s'il eût porté du linge. Sa queue se recourbait sur son dos en aigrette touffue; deux longues oreilles faisaient l'arc aux deux côtés de sa petite tête, et il les jetait en arrière, ou les retroussait, à sa volonté. Ses yeux, pétillants de feu, étaient bordés de deux petits cercles, qui, de loin, lui donnaient l'apparence de porter une paire de lunettes. Avec les agréments de la physionomie, on entrevoyait en lui un fonds de mélancolie, qui, selon Plutarque, est signe d'une nature forte.* Son éducation n'eut rien d'artificiel; on ne lui apprit ni à danser, ni l'exercice à la Prussienne, ni à connaître les cartes. On éloigna de lui toute instruction dangereuse ou superflue, et qui énerve le corps. De toutes les parties de la gymnastique, il ne s'exerça volontairement qu'à courir et à lutter. Il n'était pas besoin de lui proposer pour la course, comme à l'élève d'un grand philosophe, un but, des applaudissements, un gâteau; on le voyait, seul et de lui-même, tantôt courir ventre à terre, dans une longue allée; tantôt tourner en rond dans un salon, jusqu'à perdre haleine. Il était à-la-fois son juge, son émule, sa récompense; et pour me

---

* Vie de Numa.

servir des fortes expressions du style moderne, souvent, dans cet exercice, il s'est surpassé lui-même.

Quant à la lutte, il n'hésitait pas à s'adresser à des chiens plus grands que lui : il les saisissait au collet, tantôt dessus, tantôt dessous. Jamais il ne s'est fâché de sa défaite, ni enorgueilli de sa victoire ; jamais ses jeux badins ne mirent ses rivaux de mauvaise humeur. Pour les autres exercices du corps, il refusa constamment de se joindre aux enfants du voisinage. Il redoutait ces écoliers qui, petits, s'amusent à lancer des pierres aux pauvres chiens, et qui ensuite, devenus grands, jettent des bombes aux hommes : jamais il ne voulut se mêler à leurs parties, ayant éprouvé que tous les jeux de mains étaient malhonnêtes.

Il y avait un art pour lequel il se sentait la plus grande disposition, et où véritablement il faut de l'industrie : c'était celui de faire des mines. Était-il au milieu d'un parterre ? son petit museau et ses petites pates avaient bientôt creusé un souterrain ; mais comme ses travaux fâchaient les jardiniers, il y renonça, persuadé qu'il faut toujours sacrifier son plaisir particulier à l'intérêt d'autrui.

Il lui resta de cet essai des connaissances profondes dans les simples. Il ne venait point à la campagne, qu'il ne s'amusât à herboriser. Trouvait-il une plante diurétique ? elle agissait d'abord sur lui; en trouvait-il une purgative? il l'odorait comme médecine, et en faisait l'épreuve comme s'il eût été malade. Ainsi, réunissant la pratique à la théorie, sa science en médecine était devenue infaillible.

Voilà les qualités personnelles et les connaissances acquises qu'il apporta en entrant dans le monde, dont il s'acquit d'abord l'estime, et dont il se concilia l'amitié par les sentiments de son cœur.

Sa franchise et sa bonne foi paraissaient en toute occasion, et notamment par l'aversion insurmontable qu'il avait pour les hypocrites. A la vue d'un chat, il entrait en fureur; mais sachant qu'il faut employer la prudence avec les perfides, immobile, l'œil fixe, s'avançant pas à pas vers cet ennemi qui le croyait inattentif, il se lançait sur lui, et le secouait de toutes ses forces, qui ne répondaient pas toujours à son courage. Sa haine s'étendait à tous les animaux malfaisants. Qui pourrait nombrer les rats qu'il a étranglés, les uns dans la force de l'âge, les autres tout gris de vieillesse? il ne lui manqua qu'une occasion pour devenir un héros.

Mais sa reconnaissance n'était pas moindre envers ceux qui lui faisaient du bien. L'absence et le temps, qui font un si grand tort aux amitiés des hommes, n'affaiblissaient jamais la sienne : j'en ai vu un grand exemple à l'Ile-de-France, où il reconnut, avant moi, un officier qui lui avait donné, six mois auparavant, à dîner dans une hôtellerie de Bretagne.

Mais qui pourrait assez louer en lui la hardiesse de ce même voyage? Certes, si l'histoire loue Pierre-le-Grand, empereur de Russie, d'avoir surmonté, par amour de la gloire, l'aversion qu'il avait pour l'eau; que dirait-elle donc de Favori? y avait-il, hors celle des hydrophobes, une horreur de l'eau égale à la sienne! Tout le monde sait qu'il m'accompagnait par-tout; que, malgré sa petite taille, il n'y avait point de bourbier qu'il n'osât franchir pour me suivre; mais quand j'arrivais sur le bord de la rivière, il s'enfuyait à toutes jambes, et retournait pleurer à ma porte, me croyant infailliblement perdu.

Qui pourrait exprimer son émotion, sa joie, ses cris étouffés, quand il me revoyait? Certes, il ne craignait pas pour lui, qui était en sûreté; mais l'amitié venait toujours doubler le poids des peines que la nature lui donnait à supporter.

Cependant, un jour que je faisais mes malles, et que je disposais tout pour un grand voyage, il fit paraître, à ses mouvements, qu'il était parfaitement résolu à me suivre, tirant son courage du danger même. Quand il fallut s'embarquer, je vis ce que je n'aurais jamais osé croire; il s'élança dans la chaloupe, sans même délibérer, comme César avait fait au passage du Rubicon. Quelle gloire l'attendait donc au-delà des tropiques ? s'agissait-il de conquérir la terre ou de la mesurer ? quel motif le poussa à ce trait d'héroïsme ? était-ce l'ambition ou la curiosité ? Non, c'était le plaisir de suivre son ami.

Pendant ce voyage, il s'appliqua, dans un long loisir, non à connaître la navigation dont il n'avait que faire, mais à distinguer parfaitement le son de la cloche qui appelait aux heures des repas. Quoiqu'on la sonnât plusieurs fois, dans la journée, de la même manière, il ne s'y est jamais mépris. Qu'on ne pense pas que ce fût gourmandise; sa sobriété était connue, et telle, qu'une fois son repas pris, aucune invitation ne l'aurait porté à accepter un morceau de plus. Si je l'en pressais, il le saisissait dans ses lèvres, et le gardait sans l'avaler; après quoi, il allait le cacher pour le besoin à venir, faisant paraître à-la-fois, dans la même action, sa prévoyance, sa sobriété, et sa déférence pour moi.

Il n'eut qu'un objet dans ce voyage, celui de me plaire. S'il me voyait triste, il venait se jeter sur mes genoux, et par ses murmures semblait m'inviter à de plus douces pensées : il s'étudiait à faire passer sa joie dans mon ame. Par une incroyable sagacité, il connaissait les différents degrés d'attachement que les passagers avaient pour moi ; en sorte que par les caresses qu'il faisait à ceux qui m'approchaient, je pouvais m'assurer du degré de leur amitié.

Moi-même, cher Favori, ne vous ai-je pas rendu caresse pour caresse, amitié pour amitié? N'avons-nous pas eu toujours le même lit, les mêmes promenades, la même table? Souvent n'avons-nous pas bu dans le même verre? Quel soin n'eus-je pas de vous dans les tempêtes, et dans le voyage que nous fîmes à pied autour de l'île!

Pourquoi m'avez-vous quitté, moi qui, par amitié, vous avais refusé aux plus aimables dames, et qui n'eusse pas donné votre société pour la protection d'un grand seigneur? Hélas! je m'affligeais quelquefois à votre sujet, en pensant que je vous avais vu petit, et que déjà je vous voyais sur le retour, tandis que j'étais jeune encore. Je me plaignais à la nature, qui vous avait donné à moi pour ami et pour compagnon de mes courses, de ne nous avoir pas fait présent d'une vie d'une égale durée; comme s'il pouvait y avoir des amitiés parfaites dans une carrière si courte. Je pensais souvent à ce que je ferais lorsque vous seriez vieux, aveugle, ne pouvant plus marcher; je pensais que je vous porterais dans mes bras, et que, quelque mauvaise que fût ma fortune, je serais encore assez heureux pour faire le bonheur d'un ami. Pourquoi donc m'avez-vous quitté? Qui a pu vous séparer de moi? Ah! c'est l'amour; cette passion funeste, ce vice des bons cœurs, source intarissable de leurs plaisirs, et surtout de leurs peines.

Favori plaisait aux dames, et il les aimait. Soit politesse, soit instinct, il se mettait volontiers sur les jupes blanches des jeunes créoles. Il était toujours à mes pieds; mais si je fixais quelque temps les yeux sur une demoiselle, il me quittait, allait près d'elle, se couchait sur le bout de ses pieds; et de là il me regardait. Je ne sais si ce fut là qu'il s'enivra du poison de l'amour. Il s'était, par ses caresses, concilié l'amitié des dames : une des plus aimables m'engagea à le lui prêter, afin de perpétuer dans l'île tant de qualités par un heureux mariage. Fatale complaisance! à peine Favori eut-il goûté l'ivresse de cette cruelle passion, qu'il ne mangeait plus. La nuit, il ne faisait que se plaindre; il haletait, il pleurait. On le ramenait le soir; mais dès la pointe du jour, il s'échappait, et courait à une lieue de là.

Dans une de ces courses, il me fut enlevé; et j'appris par des marins qu'on l'avait vu errer dans l'Ile-de-Bourbon.

Oh! comme je l'ai vu combattre entre l'amour et l'amitié! sortir, rentrer, se placer à mes pieds, courir comme s'il avait pris son parti; puis, revenir, se coucher, baisser la tête, remuer la queue : il semblait me dire : vous me reverrez ce soir. Il eût voulu se partager entre ses deux sentiments.

Favori, si vous vivez encore, puissent les Naïades de Bourbon vous offrir, dans vos courses, leurs eaux argentées ! que les vents des tropiques agitent vos soies, et rafraîchissent ce cœur où ont brûlé les feux de l'amitié ! Si quelquefois du haut d'un rocher, aspirant l'air, vous appelez, comme jadis, par vos soupirs, votre maître, hélas ! perdu comme vous, dans un autre hémisphère ; puisse l'amour vous consoler de sa perte ! que les jeunes filles de Bourbon vous prodiguent les soins les plus doux ; qu'elles se plaisent à peigner vos longues soies ; qu'elles vous dédommagent par leurs baisers de ceux que vous aimiez à recevoir du plus tendre des maîtres !

Mais si vous n'êtes plus, cher Favori ; puissiez-vous donner votre nom à quelque promontoire ! puissent vos vertus et votre ami le faire passer à la postérité !

VOYAGES

DE CODRUS.

VOYAGES

DE CODRUS.

Je m'appelle Codrus. Je suis né à Ancyre, petite ville de la Grèce. Si on peut ajouter foi à la tradition de ses ancêtres, je descends de Codrus qui se sacrifia pour sa patrie. Mon père me fit instruire dans les sciences que Minerve a cultivées : il me laissa très-peu de biens, mais de la confiance dans la providence des dieux, et un grand exemple à suivre.

Les Athéniens défendaient leur liberté contre Philippe ; je crus qu'ils recevraient avec plaisir le descendant d'un citoyen qui s'était offert à la mort pour elle. Ils me donnèrent un petit emploi dans leur armée, si on peut donner ce nom à une assemblée de sybarites : le général le plus estimé était celui qui avait la meilleure table ; on y voyait plus de comédiens que de soldats.

J'aimais la vertu militaire ; je ne pus souffrir tant de désordres ; je parlai, et je me fis des ennemis. Je résolus de prévenir ma disgrace, et de chercher une terre où la vertu pût conduire au bonheur : sans le bonheur, à quoi servirait d'être vertueux?

Je partis pour l'île des Phéaciens; je trouvai des républicains occupés de dissensions perpétuelles, un peuple sans femmes, un trésor sans argent, une île sans terres. Ils ne subsistent que des aumônes des autres nations, et ne se perpétuent qu'en adoptant sans cesse de nouveaux citoyens. Ils ont aimé autrefois l'art militaire, dont ils ne font plus de cas. Je quittai avec plaisir une société qui ne peut se nourrir elle-même, ni se reproduire.

Je fus chez les Phéniciens, qui naviguent dans toutes les mers du monde : c'est un peuple sage. Ils sont, de tous les Grecs, les plus sobres et les plus économes; mais de grands défauts ternissent ces qualités : ils n'estiment que les richesses, ils regardent les gens de guerre comme des marchands qui trafiquent de leur propre sang. Je sortis d'un pays où l'argent seul donne de la considération; où tout abonde par le commerce, et où l'on ne jouit de rien.

J'étais pauvre, et j'aimais la gloire; je résolus d'aller chez les Scythes, célèbres par leur bravoure et leur simplicité. Après de grands périls, j'arrivai dans leur capitale. Les Scythes étaient gouvernés par une femme célèbre. De grands talents faisaient oublier en elle de grandes fautes. Elle avait appelé dans son empire les arts de la Grèce; j'étais Grec, j'en fus bien accueilli: j'allais souvent à la cour. Un jour, j'appris qu'un officier scythe, de mes amis, venait d'être envoyé sur le bord de la Mer-Glaciale, où il était condamné à finir ses jours. Son crime était d'avoir été attaché à un des grands qui avaient mal parlé de la souveraine. Cette nouvelle Sémiramis enveloppa dans sa vengeance le protecteur et le protégé.

Je chérissais l'amitié et la reconnaissance comme des chaînes dont les dieux ont voulu lier les ames honnêtes et sensibles : je redoutai une cour orageuse. D'ailleurs, l'aspect d'une terre couverte de glaces la moitié de l'année, et la barbarie des peuples qui l'habitent, me faisaient soupirer après le doux climat de la Grèce; les vices aimables de mes compatriotes me paraissaient préférables aux vertus sauvages des Scythes.

J'avais peu d'argent. Des amis, quelques jours avant mon départ, m'engagèrent à jouer : la fortune me fut si favorable, que je gagnai de quoi faire aisément mon voyage : je partis.

Il s'offrait une belle occasion d'atteindre cette gloire que je cherchais dans les armes. Les Sarmates défendaient leur liberté contre les Scythes, qui voulaient leur donner un roi. J'arrivai chez les Sarmates, qui, divisés entre eux, paraissaient toucher aux horreurs d'une guerre civile. Je pris le parti du citoyen le plus zélé et le plus faible ; je cherchai à l'aller joindre : je fus fait prisonnier dans ma route. Ma cause parut si belle à des peuples qui aimaient la liberté, que toutes les factions s'empressèrent de me donner des marques d'amitié. On m'obligea de renoncer, pour quelque temps, à la guerre, et de laisser ces républicains vider entre eux leurs différents ; mais il me fut permis de me trouver à toutes leurs fêtes.

J'étais dans les premiers feux de la jeunesse, et je m'impatientais déjà de vivre dans l'oisiveté : un dieu, plus puissant que Mars, vint m'enrôler sous ses drapeaux, et me donner un service que la république ne m'avait point interdit. Une princesse sarmate me subjugua : je l'aimai, et j'en fus aimé. Les fêtes, les plaisirs se succédaient chaque jour. Ah! si le bonheur se trouvait dans les palais, j'avais trouvé le bonheur ; les mois se passèrent dans une ivresse perpétuelle. Un jour je la surpris accablée de tristesse ; ses beaux yeux étaient baignés de larmes : « Il faut, dit-elle,
» nous quitter ; mes parents me rappellent près
» d'eux : je dois tout à une famille puissante.
» Malheureuse grandeur ! que n'ai-je pu être
» toute ma vie à Codrus ! bergère, nous eussions
» passé ensemble des jours dignes d'envie. Il faut
» nous séparer ; mais recevez ce dernier gage
» d'un attachement et d'une estime éternels. »

Elle me donna son portrait, qu'elle avait peint elle-même. Toutes les passions s'enflammèrent à-la-fois dans mon cœur : je voulais fuir ; je voulais rester ; je voulais mourir. En vain, je m'efforçai de la retenir ; il fallut nous quitter, et nous quitter pour toujours.

Je connus alors que la volupté était plus difficile à vaincre que l'infortune. Je partis, le cœur rempli d'amour et de regrets, ne pouvant ni oublier mon bonheur, ni penser à une félicité si rapide. Je résolus de chercher à finir une vie qui ne m'offrait dans l'avenir que le souvenir d'une perte irréparable.

Je me rendis chez Philippe. Ce prince victorieux avait donné la paix aux Athéniens ; semblable à un vieux lion, la terreur régnait autour de son palais. Mon ardeur lui plut ; il m'offrit du service ; mais il me parut que la crainte qu'il avait inspirée à ses voisins, prolongerait trop long-temps une paix oisive. Si Philippe eût fait la guerre aux Sarmates, j'eusse volontiers servi comme simple soldat, pour enlever à sa famille mon aimable princesse.

Je quittai la Macédoine, où les seules vertus militaires mènent les hommes à de tristes honneurs ; où les habitants vivent dans la paix comme s'ils étaient dans la guerre : j'arrivai à Athènes, résolu d'y finir mes jours.

Toutes les sciences sont estimées à Athènes ;

mais on préfère à celles qui sont utiles celles qui sont agréables. Je me livrai à la philosophie, persuadé que je viendrais à bout de calmer les agitations d'un cœur en proie à tant de passions : par-tout je portais une inquiétude secrète. J'appris qu'il existait un bonheur que les sciences, ni les arts ne sauraient donner. Je voulais être vertueux, et je sentais redoubler ma tristesse.

Je lus tous les traités des philosophes qui se contredisent sans cesse, et finissent par vous laisser dans un doute pire que l'ignorance.

Je lus l'histoire de différents peuples. Le spectacle de tant de rois malheureux sur le trône, élève l'ame et l'afflige : un bon cœur peut-il se consoler par le malheur d'autrui?

Enfin, je lus les voyageurs, qui mettent toujours la félicité hors de leur patrie, et la raison chez les peuples barbares. Je fus séduit par la description des îles Fortunées; je résolus de porter au-delà des mers mon ambition et ma curiosité : d'ailleurs, j'espérais y acquérir de la fortune, et y travailler à la gloire de mon pays sous un climat délicieux.

Après un voyage plein de dangers et d'ennui, nous arrivâmes dans un port dont l'aspect aride et brûlé était semblable aux forges de Vulcain. Je trouvai dans cette île plus de discorde que chez les Phéaciens, plus de pauvreté que chez les Scythes, un despotisme plus dur que dans cette cour barbare. La plupart des hommes, réduits à l'esclavage, y sont plus misérables que les bêtes. Il n'y a ni liberté, ni société, ni émulation honnête : les talents de l'esprit vous font des ennemis ; les qualités du cœur vous donnent un ridicule. De tous les pays que j'ai vus, je n'en ai point trouvé où il soit plus désagréable de vivre.

Les dieux ont cependant compensé les peines que j'ai éprouvées. J'y ai connu une famille à laquelle j'ai voué un attachement et une estime inaltérables. Heureux, si je pouvais près de Lucinde fixer mes pénates ! Je l'aime sans intérêt ; que désire-t-elle davantage ? que demanderaient de plus des rois; que demanderaient de plus les dieux ?

Si l'on peut ajouter quelque foi à un songe, je puis espérer de trouver le bonheur après lequel j'ai si long-temps couru : il m'a semblé que Lucinde me ménageait dans sa famille une alliance qui doit faire ma félicité ; et ce songe était accompagné de circonstances si frappantes, que le réveil n'a pu les effacer, et je les conserve par écrit.

Après avoir cherché le bonheur dans les cours, à la guerre, dans les plaisirs, dans la retraite, au milieu des glaces du Nord et dans les climats chauds ; j'ai vu que je courais après un fantôme ; j'ai connu enfin que le bonheur consistait à se rapprocher de la nature. Il a plu à la nature de nous donner un corps, un esprit et un cœur. Ces êtres différents ont des besoins distincts ; ces besoins font nos plaisirs : le bonheur est l'harmonie de ces mêmes plaisirs. C'est à la raison à en régler les accords, et à chercher à les satisfaire dans la nature, suivant les besoins de chacune de ces facultés : l'étude de ces besoins est la connaissance de soi-même. Voici ce que mon expérience m'a appris, et d'où dépend mon bonheur particulier.

Le bonheur du corps consiste dans les *plaisirs des sens*. J'aimerais donc à vivre sous un climat tempéré, à la campagne plutôt qu'à la ville : l'azur du ciel, le vert des prés et des forêts, le cristal des ruisseaux récrée ma vue, et me réjouit plus que les lambris et les peintures ; le parfum des jasmins, des violettes, des roses, ravit mon odorat. Oh ! quand pourrai-je me reposer à l'ombre des lilas, ou sous les guirlandes d'un chèvre-feuille ; me réjouir à la vue d'un champ couvert d'épis jaunissants, émaillé de bluets et de coquelicots ! Le gazouillement des oiseaux, la mélodie du rossignol, le chant de l'alouette charme mes oreilles : il n'y a pas jusqu'au bêlement des troupeaux qui n'excite dans mon cœur le désir d'une vie simple et innocente. Quant au besoin de vivre, un vignoble, un verger, une laiterie, un potager, fourniront agréablement à mes plaisirs. Avec un peu d'art, qu'il est aisé de varier ses jouissances ! Donnez, au printemps, un repas sur l'herbe fleurie, à l'ombre des tilleuls; rassemblez quelques honnêtes familles du voisinage, des jeunes filles fraîches et vives, des garçons d'une santé vigoureuse ; offrez-leur des œufs frais, quelques poissons pris dans le ruisseau voisin, des gâteaux, des laitues, des crèmes, des cerises et de vieux vin ; vous verrez la joie et la gaieté animer vos convives ; vous les verrez, après le repas, chanter, danser et folâtrer sur l'herbe : gens des villes, allez digérer sur des canapés !

L'amour peut être regardé comme un plaisir des sens ; mais dans l'homme, il s'allie avec tant d'autres sentiments, que ce serait lui faire tort que de n'en faire qu'un besoin physique.

Les plaisirs de l'esprit consistent à *connaître*. C'est un désir dont je me guéris tous les jours : il vous porte trop loin. Je ne voudrais point exercer mon esprit aux sciences trop abstraites, ni aux ouvrages de pure imagination. L'homme qui s'y livre, s'éloigne trop de la société pour laquelle il est fait : il se plaît dans un monde qui n'existe pas, et qui lui fait souvent trouver insupportable celui qui existe.

J'aimerais l'histoire qui peint les hommes qui nous ont précédés, et nous donne des lumières et de l'indulgence pour vivre avec ceux qui nous environnent.

J'aimerais les ouvrages de littérature légère où

les vices sont tournés, sans fiel, en ridicule, où les vertus et les passions aimables sont mises en action.

J'aimerais les observations sur la nature, pour admirer ses lois et connaître ses ressources.

Voilà où je bornerais mes lectures, afin de me rendre plus utile et plus agréable à mes amis et à moi-même.

Quant aux plaisirs du cœur, ils consistent dans le *sentiment*. Les plaisirs des sens nous sont communs avec les bêtes, ceux de l'esprit nous rapprochent des intelligences ; mais nous ne sommes hommes que par le cœur. Y a-t-il quelque plaisir au-dessus de celui de faire du bien, d'avoir des amis, d'être chéri de ses enfants, d'aimer une femme aimable et d'en être aimé?

Sans amis, il n'y a point de bonheur; sans amis, le monde n'est qu'un désert; sans amis, il vaut mieux ne pas exister. L'amitié n'est pas la vertu des ames faibles : citez-moi un grand homme qui n'ait pas eu un ami.

Je voudrais une femme; tous les célibataires sont tristes. Je voudrais une femme qui me plaise; l'inclination est l'instinct de l'homme. Si le bonheur est l'harmonie des plaisirs, dans une femme aimée se trouve toute la félicité dont l'homme est susceptible. Dans une femme aimable on trouve à satisfaire à-la-fois les sens, l'esprit et le cœur : c'est là le secret de la nature qui rend l'amour si puissant.

Si j'avais à choisir une femme, je la voudrais simple dans ses mœurs, spirituelle, franche, m'estimant assez pour m'avouer ses fautes, m'aimant assez pour n'en pas faire : je la souhaiterais naturellement gaie, se plaisant à faire du bien, sensible et bonne.

Je voudrais qu'un même esprit dirigeât nos actions, et qu'une indulgence mutuelle nous aidât à nous supporter. Je voudrais en faire à-la-fois ma maîtresse et le meilleur de mes amis.

Je voudrais que la religion se mêlât à nos amours; que, semblables à des arbrisseaux entrelacés qui s'élèvent vers le ciel, notre union nous rassurât contre les agitations de cette vie.

Le bonheur de ma femme, le soin de mes enfants et leur éducation, seraient l'objet de mes plaisirs et de mon ambition; car c'est encore une passion du cœur qui demande à être satisfaite. Mais, par la méditation des biens dont l'homme jouit sur la terre, j'aimerais à croire que le Ciel lui en prépare de plus durables. Cette pensée si vraisemblable, si naturelle au cœur de tous les hommes, éleverait l'ame de ma famille bien-aimée ; elle nous rassurerait contre les revers de la fortune : elle serait le principe de notre religion, de notre morale, de notre philosophie.

Mais à quoi servent des vœux inutiles? je désire des amis, et les miens sont dispersés; une petite terre, et je n'ai pas une métairie ; de la liberté, et je vis dans un pays despotique ; une femme choisie dans ma patrie, et je suis aux extrémités du monde.

J'espère cependant que par des lois inconnues les dieux me feront parvenir au bonheur que je désire. Quand les hommes, dit un sage, sont élevés au comble du bonheur, ils n'imaginent pas comment ils en peuvent tomber ; quand ils sont plongés dans l'infortune, ils ne voient pas par où ils en pourront sortir. Les dieux les conduisent par des routes extraordinaires à des fins qu'ils n'ont pas prévues, afin que l'homme connaisse ses faiblesses et le pouvoir des dieux.

LE
VIEUX PAYSAN
POLONAIS.

LE
VIEUX PAYSAN
POLONAIS.

—

Plusieurs mois après le couronnement de Catherine II, au moment où les ambassadeurs venaient déposer au pied du trône les hommages de chaque province, un vieux paysan polonais se présenta tout-à-coup devant l'impératrice, et lui adressa le discours suivant :

Auguste souveraine ! on m'a dit que vos sujets vous appellent leur mère, et qu'ils s'adressent à vous dans leurs peines.

On m'a dit que vous invoquiez dans les vôtres le Père commun de la nature. Puisse le ciel, qui seul peut satisfaire aux besoins des rois, vous être aussi favorable que vous l'êtes à vos peuples !

Quoique étranger et pauvre, j'ai compté sur votre religion qui vous rapproche des hommes, et sur votre bienfaisance qui vous rend semblable à Dieu. J'ai quitté les forêts pour venir à votre cour. Mais la majesté de ce palais m'interdit ; ces marbres et ces toits dorés, ces voiles de pourpre, ce bruit de tambours dont ces voûtes retentissent ; tout annonce votre grandeur, tout déconcerte ma faiblesse. Un vieillard qui se soutient à peine, une voix éteinte, une langue sauvage, un cœur chargé d'ennuis, quel spectacle pour des rois, et quel ambassadeur !

Fille d'Adam, vous avez été épouse, et vous êtes mère ; malgré cette pompe, malgré ces gardes couverts de fer, peut-être que l'adversité, qui ne respecte rien, a pénétré jusqu'à vous ! Ah ! si jamais vous l'avez éprouvée, ne méprisez pas l'éducation qu'elle donne.

Souffrez que je m'approche aussi de ce trône redoutable, où nos voisins ont porté les lois violées de leur commerce, où nos grands proscrits redemandent leurs honneurs, où deux religions se disputent des temples.

Nos droits, si les malheureux en ont, sont plus anciens que les traités d'Oliva ; la politique n'en a point de si respectables, ni la religion de plus sacrés ; ce sont les droits de la nature, que deux millions d'hommes réclament par ma voix : notre misère est si grande, qu'on ne peut l'augmenter sans nous détruire ; elle est si ancienne, que personne ne nous plaint.

Ne pensez pas que je sois un député de cette nation proscrite que poursuit la vengeance divine ; nous ne sommes point juifs, mais chrétiens et polonais. Nous avons des lois, des grands, des magistrats, un souverain, des prêtres ; et plût à Dieu que nous n'en eussions point ! Ces établissements, qui peut-être assurent la félicité des autres nations, semblent imaginés pour notre désespoir.

Nous sommes privés des premiers biens que le ciel n'a pas refusés aux bêtes sauvages ; nous n'avons point de liberté ; et tel est notre esclavage, que chez nous tout est enchaîné, jusqu'aux sentiments du cœur. Nous ne pouvons nous livrer ni à l'amitié conjugale, ni à la tendresse paternelle. Il n'est pas permis à nos jeunes gens de se choisir des femmes, que nos gentilshommes ne les aient refusées pour concubines : nos filles ne peuvent avoir de maris que ceux qu'ils n'ont pas jugés dignes d'être laquais. Tous les ans, notre jeunesse nous est enlevée ; tous les ans, on cueille cette fleur des champs pour la flétrir. Comme les pigeons que les vautours ont décimés, ceux qui restent, interrompus dans leur choix, troublés dans leurs inclinations, se retirent éperdus dans leurs cabanes pour y gémir en liberté ; mais bientôt on vient les distraire de leurs douleurs par des travaux qui font frémir.

Dès l'aube du jour, hommes, femmes, enfants

confondus avec les bœufs, sont accouplés aux mêmes jougs, et sous les mêmes fouets. Accablés de coups, d'imprécations et de fatigues, nous rentrons avec la nuit dans nos villages.

Ah! que ne pouvez-vous voir nos tristes demeures, où la misère confond les âges et les sexes sous les mêmes physionomies! Forcés de nous servir de tout ce que l'avidité de nos maîtres ne nous enlève pas, souvent nous allons chercher au fond des marais, et dans les roseaux, de quoi vivre et de quoi nous vêtir; nos habits n'ont point de forme, nos aliments n'ont point de nom.

Si quelquefois la nature nous inspire des sentiments communs à tous les animaux, jamais ils ne s'annoncent par notre joie. Nos amours ressemblent à des funérailles, et nos chaumières à des tombeaux. La vie s'y allume comme une lampe funèbre, et s'y perpétue comme une contagion; nos enfants naissent au milieu des plus sales bestiaux, pauvres, nus, misérables, et n'ayant rien qui les distingue que leur sensibilité, qui en doit faire des hommes et des infortunés.

A peine commencent-ils à répondre à nos caresses, à peine commencent-ils à essuyer les larmes de leurs mères, qu'on nous les enlève; on les joue, on les trafique, on les vend dans les marchés comme des moutons. Semblables par leur innocence à ces paisibles animaux, leur sort n'en différerait pas, si la cruauté de nos maîtres s'était avisée de se repaître de leur chair : sans doute que le ciel a mis quelque poison dans notre sang, puisque, servant à toutes leurs passions, ils ne nous sacrifient pas encore à leur gourmandise.

Transportés dans leurs maisons, nous éprouvons tous les caprices de l'orgueil, toutes les fantaisies de l'opulence, toutes les inquiétudes de l'oisiveté; enfin leurs vices peuvent s'exercer sur nous librement, puisque la loi, qui leur assujettit nos biens, leur soumet encore nos personnes. Par cette loi cruelle, le prix de notre vie est fixé. Tout homme, assez riche pour payer un bœuf, peut tuer impunément un père de famille.

Nous sommes toujours étrangers dans ces familles barbares, nous essuyons toutes les humiliations de la domesticité sans en goûter les douceurs. Elles nous refusent jusqu'à des lits; nous couchons, comme les chiens, sur les escaliers et dans les cours: nous ne trouvons chez elles ni pitié, ni indulgence; nos faiblesses y sont regardées comme des crimes, et nos moindres fautes punies par des supplices.

Ce peuple de rois se joue des hommes; aux champs nous sommes des bêtes de charge, des esclaves à la ville, des bouffons dans leurs festins, et des soldats dans leurs querelles; car c'est par nos mains qu'ils les décident, et dans notre sang qu'ils lavent leurs offenses. Victimes des passions que nous n'avons point allumées, nous redoutons également les joies et les fureurs de nos maîtres ; leurs divisions nous annoncent la guerre, et leurs alliances nous donnent de nouveaux tyrans.

En vain mêlent-ils à nos aliments des graines de pavots, en vain veulent-ils assoupir le sentiment de nos peines : ces maux ont pénétré notre existence, et nous n'en pouvons perdre le souvenir qu'avec la vie. Le bien même qui console des maux présents par l'espérance des biens éternels, la religion, commence à perdre son crédit dans nos esprits : on nous dit que les vérités qu'elle enseigne ont passé des apôtres à nos évêques ; mais cette source céleste voudrait-elle couler par des canaux impurs ? Ces pontifes d'un Dieu pauvre habitent des palais ; ils parlent de son affabilité, et jamais le peuple ne les approche ; ils prêchent ses bienfaits, et vivent de nos dépouilles ; ils nous recommandent son humilité, et ils ont des gardes ; sa soumission, et ils font la guerre. Quelle foi ajouter à des opinions qu'annoncent des hommes corrompus ? Il semble qu'ils n'ont imaginé des récompenses futures à nos misères présentes, qu'afin de tourner nos vertus au profit de leurs vices.

Quand ils daignent s'excuser, ils disent que la loi est toujours la même, mais que le siècle est différent. Si la loi fut donnée pour régler les mœurs, que ne changent-ils la loi quand les mœurs ont changé !

Verra-t-on toujours en contradiction des préceptes qui condamnent leur vie, et des scandales qui décréditent leur mission ?

Mais sans doute cette loi est divine, qui se soutient par ce qui devrait la détruire. Les ouvrages du ciel tirent leur grandeur d'une faiblesse apparente; et l'intelligence se cache sous la contradiction. La rose croît entourée d'épines; on recueille le meilleur miel dans le tronc des chênes.

O religion sainte ! nous reconnaissons votre empreinte divine ; nous savons que la pauvreté et l'abaissement sont des vertus dignes de vos temples : mais chez nous elles n'ont point de mérite, puisqu'elles sont contraintes ; et quand elles seraient libres, leur excès pourrait-il plaire au Père commun des hommes ? approuverait-il, dans sa religion, des maux qu'il a tempérés dans la nature ? La vie est une épreuve et non pas un supplice. S'il fait retentir le tonnerre quand il verse les moissons sur les campagnes, c'est afin que l'abondance ne nous enivre pas ; quand il a étendu nos plaines sous les glaces du Nord, il les a couronnées de forêts pour fournir un feu perpétuel à nos foyers. Nous sommes ses enfants ; toujours sa bonté nous rassure quand sa justice nous épouvante ; toujours il verse un peu de lait dans la coupe amère de la vie. De quel œil voit-il donc des maux qu'il n'a pas créés? l'homme traité par l'homme comme la bête, des tourments sans fin et des angoisses inexprimables ! Sans doute les malheurs dont gémit la république, sont un effet de sa justice; il la châtie des mêmes verges dont elle nous a si long-temps frappés.

Nobles polonais, vous avez abusé de notre liberté, et aujourd'hui vous réclamez la vôtre ; vous nous avez dépouillés de nos biens, et toutes les nations se disputent vos provinces. Une partie vous a été enlevée ; les Suédois, les Prussiens, les Russes se promènent tour-à-tour dans vos domaines. Quand nos voix suppliantes imploraient votre miséricorde, vous avez rejeté nos prières; et vous vous humiliez aujourd'hui devant des paysans semblables à nous. Vous cherchez des asyles chez ces Moscovites, si long-temps méprisés par votre orgueil injuste. Le ciel les a rendus nos vengeurs et vos maîtres. Quelle loi venez-vous réclamer ici, quand vous avez violé la nature qui nous rendait égaux, l'humanité qui veut que les hommes s'entr'aident, et la religion qui leur ordonne de s'aimer?

O malheureux pays, où ce sabre, qui devait nous protéger, n'est terrible qu'à nous; où celui qui dévore le blé, maltraite celui qui le sème ; où nous sommes serfs avant de naître, et dépouillés avant de jouir! Les juifs, si haïs, sont moins à plaindre. Toujours errants, ils échappent à vos lois féroces ; ils sont libres, ne cultivent point la terre, vivent de vos besoins, s'enrichissent de votre ruine, et attendent encore un libérateur pour vous punir.

Grande impératrice, mettez fin à tant de misères. Quoique nous ne soyons pas vos sujets, vous régnez ; la peine d'autrui n'est point indifférente aux bons cœurs. Il n'y a point pour les grands rois d'injustice étrangère. Étendez votre humanité aussi loin que votre puissance ; ôtez à nos maîtres ce pouvoir arbitraire et cette liberté licencieuse. Dans leurs mains, c'est un couteau dont ils nous égorgent, et dont ils se blessent eux-mêmes.

Lorsque je quittai les sources de la Vistule, pour venir ici, je traversai une partie de la Pologne, et tout le grand-duché de Lithuanie. Dans vingt journées de marche, j'ai trouvé partout les paysans également malheureux. Quand je leur ai demandé quel remède ils croyaient nécessaire à leurs maux : de la liberté et des terres, m'ont-ils dit ! Quand je leur ai demandé ce qu'ils comptaient vous offrir pour de si grands bienfaits, ils ne m'ont rien répondu, car ils n'ont rien.

Respectable souveraine : de la liberté et des terres ! voilà mes instructions ; voilà l'objet de nos souhaits et le principe de tout bonheur. S'il faut l'acheter, contentez-vous des vœux d'un peuple pauvre; nous n'offrons point d'autres présents sur les autels. Nous prierons le ciel, qui vous a donné les lumières d'un grand monarque et les sentiments d'une bonne princesse, de vous récompenser par l'estime de l'univers et par l'amour de vos peuples. Nous instruirons tous les jours nos petits enfants à mêler votre nom dans leurs prières innocentes. Tous les jours, ils vous remercieront, après Dieu, de ce pain quotidien qui leur manque aujourd'hui.

Pour garantir la durée de notre liberté, qu'il nous soit permis de choisir un protecteur dans notre nation. Parmi nos seigneurs, il en est quelques-uns de justes, d'humains, de généreux, tels que le prince palatin de Russie et les princesses Staniska et Miesnik, etc... Qu'il nous soit libre, à l'avenir, de confier nos intérêts à celui des grands que nous estimerons le plus.

Les chevaux du roi de Pologne ont un grand écuyer ; ses chiens et ses faucons ont un grand veneur : pourquoi les paysans n'auraient-ils pas aussi un patron à la cour? sommes-nous plus méprisables que ces animaux? Je sais que nos maîtres superbes nous reprochent une incapacité universelle, et que tous les métiers de la Pologne sont exercés par des étrangers. Mais, peuvent-ils compter sur notre industrie, quand nous cherchons à perdre jusqu'au sentiment? comment pourrions-nous exercer pour eux les arts nécessaires, puisqu'ils nous ont appris à nous passer de tout? que peuvent-ils attendre d'un peuple couvert de lambeaux, et retiré dans des tanières? Nous leur fournirons des tailleurs quand nous aurons des habits, et des architectes lorsque nous habiterons des maisons. Si les villes de Pologne n'ont point de commerce, si l'état n'a plus de défenseurs, qu'ils nous donnent une patrie ; nous deviendrons citoyens pour l'enrichir, et soldats pour la défendre : mais ces objets utiles ne les occupent guère. Ils ne courent qu'après les équipages brillants et les bijoux précieux. Ils font venir à grands frais des comédiens et des danseurs : voilà ce qu'ils appellent servir son pays et en entendre le commerce. Quel commerce, grande reine ! ne permettez plus que le luxe des peuples riches pénètre dans ces déserts ; nos travaux se multiplieraient avec les plaisirs de nos maîtres. Déjà ils paient de la récolte d'un champ une fragile porcelaine ; tous les ans, ce blé, qui manque à nos besoins, sert à payer quelque fantaisie : que deviendrons-nous, lorsque ces rivières, qu'ils veulent rendre navigables, rendront les transports plus faciles? Il n'y aura point, sur la terre, de nation qui ne nous envoie des frivolités pour des biens solides ; on les paiera de nos sueurs, et nous serons obligés de nourrir tout l'univers.

Qu'ils fassent notre bonheur, ces hommes que

l'opulence rend délicats ; et nous cultiverons encore ces arts qu'ils paient si cher, et qui les ennuient si vite. La joie nous rendra musiciens, l'amour nous fera poëtes. S'ils veulent des spectacles, nous leur en donnerons qu'ils n'ont jamais vus : un peuple joyeux sans ivresse ; nos bois retentissants de louanges et de bénédictions ; nos filles dansant, au milieu des guérets, avec leurs amants couronnés de fleurs ; et des vieillards pleurant de joie du bonheur de leurs enfants : fête céleste et digne des anges !

Dans nos chansons, nous ferons passer à nos neveux l'époque de cette félicité plus fidèlement que les historiens : ce que nous portons dans le cœur, passe toujours dans notre mémoire. Nos traditions sont plus durables que les marbres ; nous nous ressouvenons du bon roi Casimir ; et nous avons perdu le souvenir de ceux à qui nous n'avons bâti que des châteaux.

Mais comment osé-je parler de nos faibles efforts, dans ce superbe salon où tous les arts sont rassemblés ? Voici la justice, avec ses balances, bien différente de la nôtre, qui n'a qu'une épée ; près d'elle est l'abondance qui verse des épis. Cette femme, qui allaite des enfants, est sans doute la tendresse maternelle ; et cette figure, dont la robe est parsemée d'yeux et d'oreilles, qui a un coq à ses pieds et un sceptre dans ses mains, est peut-être la vigilance royale. Toutes ces vertus, qui font la richesse des états, sont dorées : une seule ne l'est point ; c'est la religion, simple et pauvre dans ses habits comme dans son esprit. Elle offre des feuillages sur un autel de gazon : présent digne du ciel, puisqu'on peut l'acquérir sans crime, et le posséder sans orgueil.

O grande souveraine ! ici tout annonce les devoirs des rois, et les vertus dignes de la reconnaissance des peuples. Jamais nos mains grossières ne pourront imiter ces chefs-d'œuvre ; mais si vous nous accordez les biens que nous demandons, notre attachement pour vous ira plus loin que celui de vos sujets. Nous ferons faire votre statue par quelque habile artiste, et nous la placerons dans le palais de Varsovie ; elle suffira seule à la vénération du peuple polonais et à l'instruction de nos souverains.

FIN.

NOTES DE L'AVANT-PROPOS

DE

LA CHAUMIÈRE INDIENNE.

1. A cause des intérêts de la vérité.

La science, cette commune de l'esprit humain, a aussi ses aristocraties; ce sont les académies. On en jugera par la conduite d'un de leurs principaux membres, à l'égard de ma Théorie des Marées.

D'abord il l'a décriée tant qu'il a pu, dans ses sociétés particulières; il a empêché les journaux sur lesquels les académies étendent leur influence, c'est-à-dire les plus répandus, d'en faire aucun extrait : il s'est même amusé, m'a-t-on dit, dans ses cercles privés, à jeter des ridicules sur mes noms de baptême qui sont à la tête de mes Études de la Nature, parce que je n'ai pas l'honneur d'accompagner, comme lui, mon nom de famille, d'une longue suite de titres académiques. Comme, pendant l'ancien régime, son nom était dans toutes les feuilles publiques, et sa personne dans toutes les antichambres des grands, il lui a été facile d'agir comme il l'a voulu, à l'égard d'un solitaire qui ne s'occupait que de l'étude de la nature; mais jugeant, depuis la révolution, que tous ses moyens de crédit pourraient fort bien ne plus s'entr'aider, et voyant mes travaux, malgré ses obstacles, gagner peu-à-peu de la faveur, il a changé de conduite à mon égard. Il est venu, l'été dernier, me voir à la campagne, où j'étais allé passer quelques jours Il répandit d'abord dans le voisinage, que j'étais un de ses bons et anciens amis. La vérité est que je ne lui avais jamais parlé, et que, malgré sa célébrité, je ne me rappelais pas même l'avoir vu. Il vint donc dans la maison où j'étais, et nous eûmes ensemble une conversation particulière, dont je retrancherai ici tout ce qui n'a pas rapport à ma Théorie des Marées, l'objet secret de sa visite.

Après quelques préambules de compliments, il me dit : « C'est bien dommage, monsieur, que vous ayez avancé » dans vos Études de la Nature, que la fonte des glaces » polaires était la cause des marées. C'est une opinion in- » soutenable, contraire à celle de toutes les académies de » l'Europe : c'est une grande erreur. — Monsieur, lui ré- » pondis-je, vous auriez dû la réfuter. — Que réfuter, » lorsque vous n'avez apporté aucune preuve en faveur » de votre Théorie ? — Il y en a deux fois plus que dans » celle des astronomes. Je pourrais en faire des volumes » in-4°, si je recueillais seulement celles que j'ai notées » dans les voyages des marins. Après tout, je ne manque » pas de suffrages. — Oh ! il ne faut pas s'arrêter à ce que » disent quelques journaux qui n'y entendent rien. » Je soupçonnai alors qu'il voulait parler de l'extrait des papiers anglais, rapporté par le Moniteur. « Quand il n'y » aurait, lui dis-je, dans ma Théorie, que l'objection » géométrique que j'ai faite contre les académiciens qui » se sont égarés sur les pas de Newton, en concluant, » de la grandeur des degrés vers les pôles, que la terre y » était aplatie, vous auriez dû y répondre. — Qu'enten- » dez-vous par un degré, reprit-il avec chaleur ? — Ce » qu'entendent tous les géomètres, la 360° partie d'un

»cercle. — Vous êtes tombé dans la même erreur que
»M. de la Hire, il y a 130 ans. Ce n'est point par l'arc
»d'un cercle qu'on mesure un degré, c'est par sa perpen-
»diculaire. » En même temps, pour me le démontrer, il
tira de sa poche un crayon blanc, et se mit à tracer, sur
une porte, un cercle, deux rayons, une corde, des si-
nus, etc... Je l'arrêtai, en lui disant : « Vous sortez de la
»question. Ce n'est pas de la perpendiculaire du degré
»de Tornéo que les académiciens ont rapporté la me-
»sure, mais de la portion de la courbe terrestre comprise
»entre deux rayons qui mesurent un degré céleste du mé-
»ridien. Ils ont trouvé au cercle polaire cette portion de
»la circonférence de la terre, qu'ils appellent, ainsi que
»moi, un degré, de 57,422 toises, qui s'est trouvé sur-
»passer de 674 toises le degré mesuré au Pérou, près de
»l'équateur, degré dont l'arc ne contient que 56,748
»toises : d'où ils ont conclu que les degrés ou portions
»de la circonférence de la terre, correspondants aux de-
»grés du méridien céleste, allaient en croissant vers les
»pôles, et que par conséquent la circonférence de la terre
»y était aplatie. Maintenant, si vous pouvez faire en-
»trer cette courbe construite sur le diamètre de la sphère,
»et formée de degrés plus grands que ceux de la sphère,
»dans la sphère même, j'ai tort. »

Ne sachant que me répondre, il changea de conversation.

Il me dit : « Vous avez avancé que les marées étaient de
»douze heures dans la mer du Sud, et cela n'est pas. —
»Je n'ai pas dit cela, lui répondis-je, quoique je sois dis-
»posé à le croire pour tout l'hémisphère entier ; mais je
»n'ai pas eu des preuves suffisantes pour l'affirmer. Je
»n'ai cité que cinq à six endroits de la mer du Sud, où
»les marées sont de douze heures. J'en ai trouvé depuis

»plusieurs autres d'une égale durée, dans la mer des
»Indes et même dans notre hémisphère, entre autres
»celles du Tonquin, rapportées par Dampier. » Comme
un quatrième volume de mes Études de la Nature se trouva
sous ma main, je lui montrai dans l'avis qui est en
tête, les témoignages de Carteret, de Byron, de Cook,
de Clerke, sur les marées de douze heures dans la mer
du Sud. Après les avoir lus, il me dit : « Savez-vous l'an-
»glais ? Je me rappelai alors la circonstance où le Mé-
decin malgré lui demande : Savez-vous le latin ? « Non,
»lui répondis-je; » et je crus qu'il allait me parler anglais. « Il ne faut pas, reprit-il, citer d'après des traduc-
»tions. J'ai chez moi vos voyageurs en originaux; il n'y
» est nulle part question des marées de douze heures. J'en
»suis bien sûr, car j'ai fait un traité de toutes les marées
»du globe, que j'ai trouvées par-tout égales aux nôtres. »
Il me parut d'abord fort étrange qu'il eût fait un traité
des marées de tout le globe, sans avoir cité des traductions; mais ce point ne méritait pas de réponse. « Com-
»ment! lui dis-je, vous voulez que des traducteurs aussi
»éclairés et aussi exacts que ceux que j'ai cités, se soient
»trompés sur des points aussi importants à la navigation
»et à l'astronomie, et qu'ils aient affirmé que les marées
»étaient de douze heures dans plusieurs endroits de la
»mer du Sud, lorsque les voyageurs qu'ils traduisaient,
»assuraient positivement qu'elles n'étaient que de six
»heures ! Cela est impossible. »

Alors je mis fin à la conversation, en lui disant : « At-
»taquez publiquement ma Théorie, et je vous répondrai. »
Il me repartit qu'il n'en avait pas l'intention ; mais qu'il
était venu pour m'éclairer. J'ai rapporté le précis de notre
dialogue; c'est au public à juger de quel côté ont été la
bonne foi et la lumière.

J'ai réfuté l'erreur des académiciens avec des preuves simples et intelligibles à tout le monde; pourquoi n'en emploient-ils pas de semblables à mon égard, si je suis moi-même dans l'erreur?

Il ne s'agit que d'une vérité élémentaire de géométrie. Il est certain que la demi-circonférence de la terre contient 180 degrés, et que ses degrés étant pour la plupart plus grands que les 180 degrés de la demi-sphère construite sur le même diamètre, elle ne peut y être renfermée.

Un officier du génie m'écrivit de Mézières, il y a deux ans, que, par ce simple raisonnement, il avait réduit un professeur de mathématiques, non au silence, car quel professeur s'y est vu forcé? mais à répondre une absurdité. Je lui disais, m'écrit-il, que la courbe terrestre étant plus étendue que l'arc sphérique, elle ne pouvait y être renfermée, si on ne l'y suppose rentrante, et les pôles creusés en entonnoir. Le croirez-vous? ajoute-t-il; il m'a répondu: J'aime mieux croire que les pôles du monde sont creusés en entonnoir, que de croire que Newton s'est trompé.

Plusieurs newtoniens sont disposés à adopter ma Théorie des Marées par la fonte des glaces polaires; c'est déjà un grand point de gagné; mais ils veulent que je leur accorde l'aplatissement des pôles, avec l'élévation des mers sous l'équateur, par la force centrifuge; et c'est ce qui est contraire à l'expérience. Je pourrais faire de nouveaux volumes en faveur de ma Théorie, dussent-ils devenir la proie des contrefacteurs, comme le reste de mes ouvrages. Mais comment détruire une erreur consacrée par le nom de Newton, et professée par tous les géomètres de l'Europe? Comment lutter seul contre des académies coalisées entre elles, qui ferment les yeux à l'évidence, et leurs journaux à mes preuves?

AVIS DE L'ÉDITEUR.

CETTE édition de Paul et Virginie a été faite sur la belle édition in-4°, publiée par l'auteur en 1806, dans laquelle on trouve d'assez nombreuses corrections de style. Le Préambule est extrait de celui qui se trouve à la tête de la même édition. Quelques indications manuscrites de Bernardin de Saint-Pierre nous ont guidé dans ce travail qu'il avait presque achevé; l'autre partie du Préambule trouvera sa place dans les Mélanges.

La Chaumière indienne a été imprimée sur l'édition de 1807. Cette édition, épuisée depuis long-temps, est la seule que l'auteur ait revue avec soin.

Ce volume est terminé par cinq petits opuscules, dont trois, l'Éloge philosophique de mon Ami, le vieux Paysan polonais et les Voyages de Codrus, sont les premiers essais de l'auteur des

Études, et voient le jour pour la première fois. L'Éloge philosophique de mon Ami est une satire ingénieuse des discours académiques : Bernardin de Saint-Pierre le composa pendant son séjour à l'Ile-de-France. Les lecteurs attentifs reconnaîtront sans doute dans les Voyages allégoriques de Codrus, l'histoire des premiers voyages de l'auteur. S'il fait descendre son héros de Codrus, qui se sacrifia pour sa patrie, c'est que lui-même se croyait issu d'Eustache de Saint-Pierre, qui se dévoua pour la sienne, et dont Froissard nous a conservé la touchante histoire.

Quant au vieux Paysan polonais, nous devons ce manuscrit à madame Dupont de Nemours, qui le tenait de l'auteur lui-même. Toujours occupé de l'étude de la nature et des moyens de rappeler les hommes à l'observation de ses lois, Bernardin de Saint-Pierre n'avait pu parcourir les campagnes de la Pologne, sans éprouver le besoin de dévoiler aux souverains la situation déplorable d'un peuple entier d'opprimés. A son arrivée en Russie, où il servait comme ingénieur, il osa présenter à l'impératrice Catherine plusieurs mémoires pleins de vérités trop hardies pour être utiles. Parmi ces mémoires, cependant, le maréchal de Munich, qui aimait la vérité mais qui connaissait la cour, ne voulut jamais permettre à l'auteur de placer les réclamations du vieux Paysan polonais. Il est sans doute inutile de remarquer que cet opuscule est une imitation du Paysan du Danube : il semble même que Bernardin de Saint-Pierre n'ait voulu que développer ces deux vers de la même fable :

La terre et le travail de l'homme
Font pour les assouvir des efforts superflus.

On sera peut-être surpris de ne trouver dans ce morceau si énergique, aucune de ces idées tendres et consolantes qui semblent s'échapper de l'ame de l'auteur, et qui sont le caractère particulier de ses autres ouvrages. Mais il faut se souvenir que ces plaintes éloquentes furent écrites dans un premier mouvement d'indignation, et en présence même du peuple qui frémissait de son avilissement. Bernardin de Saint-Pierre était jeune alors : habitué à souffrir, il fut encore plus révolté de la barbarie des maîtres, que frappé de la misère des esclaves; en un mot, la pitié qu'il ressentit pour les victimes ne s'exprima que par la haine qu'il voua à leurs tyrans. Tel est le sentiment qui domine dans cette pièce, composée il y a près de cinquante ans, et que l'auteur n'a jamais revue.

Sans doute, on ne peut qu'admirer l'élan généreux qui inspira cette noble défense des droits de la justice et de l'humanité; il était honorable de parler ce langage à une époque qui semble séparée de nous par tant de siècles, et qui ne l'est que par les événements les plus désastreux ! Mais aujourd'hui qu'on abuse de toutes ces idées, devenues des idées libérales, et qui étaient alors des idées courageuses; aujourd'hui que ces mêmes principes sont invoqués pour émouvoir, pour soulever les nations, et non pour les éclairer et les protéger, tout nous porte à croire que Bernardin de Saint-Pierre aurait sacrifié, peut-être même condamné ce morceau, qu'il destinait à adoucir le sort d'un peuple, et non à exciter les passions d'un parti.

Malgré leur indifférence, j'ose leur prédire que cette vérité qu'ils rejettent, deviendra un jour la base de l'étude de la nature.

O hommes de mon siècle, on ne vous intéresse qu'avec des contes !

P. S. Je me suis trompé en accusant les astronomes d'inconséquence, ainsi que je l'ai dit franchement dans une note de l'avis du premier volume de ma quatrième édition des Etudes de la Nature. J'ignorais qu'ils supposaient à la terre les degrés de son méridien, la plupart plus petits que ceux de la sphère, sur-tout près de l'équateur. Je n'admets pas leur théorie, et il ne me sera pas difficile de la réfuter un jour par des preuves de fait, géographiques et physiques.

J'ai encore bien d'autres objections à faire contre elle. Si la force centrifuge élève la mer sous l'équateur, de cinq lieues et demie au-dessus des pôles, elle doit y élever encore davantage l'atmosphère, qui est un fluide bien plus mobile que l'Océan. Le baromètre, chargé de ce grand volume d'air, devrait hausser considérablement sous la Ligne : or, c'est ce qui n'arrive pas. Par la même raison, si la lune, en passant au méridien, attire l'Océan, elle doit attirer aussi l'atmosphère, et le baromètre alors devrait hausser et annoncer les marées : or, c'est ce qui n'arrive pas. On ne peut répondre à ces objections que par des sophismes.

D'un autre côté, on explique, par ma Théorie de la fonte alternative des glaces polaires, une infinité de problèmes inexplicables par celle des physiciens. Par exemple, pourquoi l'hiver est-il plus tiède et l'été plus froid sur les bords de la mer Atlantique, que dans les parties correspondantes des continents? C'est parce qu'en hiver, l'océan Atlantique vient de la zone torride, et qu'en été, il descend de la zone glaciale. Voyez la note citée du premier volume des Etudes. On peut expliquer par là même Théorie, pourquoi les îles de l'Asie sont plus chaudes que celles de l'Amérique, situées aux mêmes latitudes, ainsi que beaucoup d'autres effets physiques dont je ne peux m'occuper ici.

2. Et la seconde par la France.

La France n'a eu besoin d'imiter aucune nation sur ces deux points : depuis long-temps, elle envoyait des savants dans les pays étrangers, et y répandait ses arts, ses modes et sa langue; mais c'était pour sa gloire : il faut espérer qu'elle la dirigera au bonheur des hommes par sa nouvelle constitution. Le patriotisme n'est qu'une des branches de l'humanité.

3. Quand on lui dédia le pin.

On dédia pareillement le chêne à Jupiter, l'olivier à Minerve, le pin à Pan, le laurier à Apollon, le myrte à Vénus, etc.... On consacra aussi des arbres aux demi-dieux et aux héros : le peuplier était l'arbre d'Hercule. Enfin, des nymphes, des bergers et des bergères eurent part au reste de la végétation : la jalouse Clytie donna sa jaunisse et son attitude au tournesol, Adonis teignit de son sang la fleur qui porte son nom, etc. Les plantes, et sur-tout les arbres, furent les premiers monuments des hommes. J'ai donc pu faire servir, à l'Ile-de-France, deux cocotiers, de monuments à la naissance de Paul et de Virginie, sans prendre cette idée dans un poëte moderne célèbre, qui s'en est plaint sans sujet; il est assez riche de ses propres idées, pour qu'on puisse lui en emprunter; mais si celle-là n'était pas dans la nature, je l'aurais trouvée, comme lui, dans les Anciens, ses modèles. Elle est fort commune chez les botanistes, qui déterminent avec des plantes nouvelles, des époques d'amitié et de reconnaissance, en leur faisant porter les noms de leurs patrons et de leurs amis. Enfin, les astronomes ont étendu ce sentiment aux astres; et les marins, aux terres, aux fleuves et aux îles qu'ils découvrent, auxquels ils donnent des noms de saints, de rois, de capitaines, d'événements, de conquêtes et de massacres dont ils veulent conserver le souvenir. Quand la plupart des objets de la terre et des cieux servent de monuments aux passions des hommes, et souvent à leurs fureurs, n'ai-je pu avoir la pensée de consacrer, dans une forêt, deux arbres à l'innocence et à l'amour maternel?

FIN DES NOTES.

TABLE DES MATIÈRES

CONTENUES DANS CE VOLUME.

Avis de l'Éditeur............................ page 1
Paul et Virginie............................. 1
    Avant-propos............................. 3
    Préambule................................ 7
    Paul et Virginie......................... 41
La Chaumière indienne...................... 213
    Avant-propos............................ 215
    Préambule............................... 231
    La Chaumière indienne................... 259
Le Café de Surate.......................... 317
Voyage en Silésie.......................... 331
Éloge de mon Ami........................... 343
Voyages de Codrus.......................... 357
Le vieux Paysan polonais................... 371
Notes de l'avant-propos de la Chaumière.... 386

FIN DE LA TABLE.

ŒUVRES	ŒUVRES
COMPLÈTES	COMPLÈTES
DE J.-H.-BERNARDIN	DE J.-H.-BERNARDIN
DE	DE
SAINT-PIERRE.	SAINT-PIERRE.
Tome XI.	Tome VI.
VŒUX D'UN SOLITAIRE.	ÉTUDES DE LA NATURE. IV.

www.ingramcontent.com/pod-product-compliance
Lightning Source LLC
Chambersburg PA
CBHW071857230426
43671CB00010B/1375